HANZU ERTONG JUFA
XIDE YANJIU

汉族儿童句法习得研究

周国光 著

广东高等教育出版社

·广州·

汉语言文字学

【研究丛书】

图书在版编目（CIP）数据

汉族儿童句法习得研究/周国光著．—广州：广东高等教育
出版社，2016.3
（汉语言文学学研究丛书）
ISBN 978 - 7 - 5361 - 5482 - 7

Ⅰ.①汉…　Ⅱ.①周…　Ⅲ.①汉族 - 句法 - 研究
Ⅳ.①H146.3

中国版本图书馆 CIP 数据核字（2015）第 248210 号

广东高等教育出版社出版发行
（地址：广州市天河区林和西横路）
邮政编码：510500　　电话：（020）37091783
广州市穗彩印务有限公司印刷
890 毫米 × 1 240 毫米　32 开本　13.5 印张　330 千字
2016 年 3 月第 1 版　2016 年 3 月第 1 次印刷
印数：1 ~ 1 000 册
定价：32.00 元

提　　要

　　本书以"词组本位语法观""三个平面语法观""三个充分观"为指导思想，考察了汉族儿童习得现代汉语基本句法结构和基本句式的状况。本书具体考察的项目有：儿童语言中的定中结构、"的"字结构、状中结构、述宾结构、述补结构、连谓结构、主谓结构、联合结构、"把"字句、被动句、"给"字句、比较句、空间句等。本书对汉族儿童习得现代汉语基本句法结构和基本句式的状况进行了较为充分的观察，对儿童语言中基本句法结构和基本句式的结构类型、语义关系、句法功能等方面做了较为全面、细致的描述。在充分观察和描述的基础上，作者还对相关的问题进行了讨论。本书所讨论的相关问题有：儿童习得基本句法结构和基本句式的心理基础和语言基础，儿童习得基本句法结构的策略、手段和机制，关于儿童语言发展阶段的划分，句法分解和句法合成在语言习得过程中的作用，儿童句法分解能力和句法合成能力的发展及其表现，从儿童语言中的有关现象看汉语中的"序"的因素，从儿童语言的有关现象看工具格在汉语句法结构中的地位，汉族儿童习得被动句的手段和机制，等等。

　　本书的研究成果在儿童语言教学、对外汉语教学的实践中和在语言学习理论的研究中有较高的应用价值，对于儿童语言学、心理语言学、儿童发展心理学、汉语语法学等学科的研究和建设也有较高的理论价值。

Abstract

Following the grammatical views of "Phrase Basic Unit", "Three levels" and "Three Adequacy", this book seeks to explore the situation in which Chinese children of Han nationality acquire basic syntactic structures and basic sentence models of modern Chinese, with particular reference to: adjunct – center structure, *de* （的） – structure, adverbial – center structure, V – O structure, V – C structure, V – V structure, S – P structure, coordinate structure, *ba* （把） – sentence, passive sentence, *gei* （给） – sentence, comparative sentence and space sentence, etc.. A result of fairly adequately observations of Chinese children of Han nationality acquiring the basic syntactic structures and basic sentence models of modern Chinese, the book is also devoted to a rather comprehensive and detailed description of types of basic syntactic structure and basic sentence model, its semantic relations and its syntactic functions. Based on the adequately observations and description also discussed are some relevant issues: Child psychological and linguistic readiness for acquisition of basic syntactic structure and basic sentence model, strategy, modes and mechanism concerning child acquisition of basic syntactic structure and basic sentence model, division of stages in child language development, function of syntactic segmentation and synthesis in the process of language acquisition, development and performance of child linguistic faculty with respect to syntactic segmentation and synthesis, sequential elements and status of instrument case from a point of view of some relevant child language performances, and modes and mechanism for the acquisition of passive sentence of Chinese children of Han nationality, etc..

Of high applied value is the result of the book in the field of Child Language Teaching, Chinese Language Teaching for Overseas Students and Study of Language Learning Theory. Its theoretic value consists in the great contribution to the exploration and construction of such subject as Linguistics of Child Language, Psycholinguistics, Child Developmental Psychology and Chinese Grammar.

目　　录

第一章　定中结构习得研究

一、引言

本章考察儿童语言中定中结构的状况。我们首先描述儿童语言中定中结构的结构类型及其语义关系，然后分析影响儿童习得定中结构的若干因素。在此基础上，探讨儿童习得定中结构的手段和机制。

二、结构类型

定中结构是体词性的偏正结构，由定语和中心语构成。根据语法单位的大小，定语可以分为两种情况：一种是词充当定语，另一种是词组充当定语。根据语法功能的区别，定语可分为两大类：一类是体词性定语，包括名词、代词和名词性词组、数量词组等成分构成的定语；另一类是谓词性成分，包括动词和动词性词组、形容词和形容词词组、主谓词组等成分构成的定语。在儿童语言中，中心语一般都是由名词性成分充当。本节把儿童语言中词和词组充当定语的情况、体词性成分和谓词性成分充当定语的情况结合起来，按照儿童语言发展的状况进行描述。

被试的年龄我们分别用数字标注为 1.5、2、2.5 等，并加上括号。

（一）"体词性定语＋中心语"构成的定中结构

上述格式中的"体词性定语"包括名词、代词和名词性词组、数量词组等成分构成的定语。

1. 名词 + 事物中心语

在儿童语言中，最早出现的做定语的名词是表示人名或称谓的名词。这类定语始现于 1.5 岁年龄段。2 岁以后，又出现了表示生物、单位等的名词。这类定中结构中的中心语都表示事物。下面是这类定中结构的例子：

（被试喊取样人）阳阳爸爸。（1.5）

（被试甲要乙的球，乙不给。甲说）婷婷球。（1.5）

（被试玩取样人的笔）把叔叔笔搞好。（2）

（被试对取样人说）买。（取样人：买什么？被试）嘎嘎肉。（"嘎嘎肉"指鸭子肉。）（2）

（被试要喝茶）妈妈，我要喝你茶，我要喝妈妈茶。（2）

（被试跟取样人讲公园里的事）猴子要到树上，孙悟空的猴子。（"孙悟空的猴子"意思是说公园里的猴子是孙悟空手下的猴子。）（2.5）

（被试在取样人家看书玩玩具）你们家有老虎书。（2.5）

（被试要取样人画一个机器人）画一个机器人。还有机器人脚没有画，还有机器人手没有画。（2.5）

（被试指着停在门口的自行车说）那是老师车。（2.5）

（被试看《猪八戒吃西瓜》）猪白戒的耙子掉得了，掉在地下去了。（3）

（被试问取样人）你会讲大灰狼的故事对不对？（3）

（一辆警车和好几辆小汽车开了过去，被试说）公安局的车子过去了。（3）

（被试找书看）大灰狼书我找找看。这个就是的。（3）

（被试谈论动物）大象的鼻子好长好长。（3.5）

（被试讲故事）……后来小山羊的妈妈就带小山羊到街上去买玩具。（3.5）

（在回幼儿园的路上被试对取样人说）把脖子的嗓子都搞哑

了。(3.5)

（被试看爸爸的笔）这个也是爸爸的铅笔，我也不能乱搞。
(3.5)

（被试吃过鸡头说）爸爸，我们已经吃过了小鸟的脑子啦。
(3.5)

（被试跟爸爸谈话）以前我到××家，他给我吃狼耳朵，就
是巧克力做的狼耳朵。(3.5)

值得注意的是上面例子中的"婷婷球、叔叔笔、妈妈茶、
老虎书、机器人脚、机器人手、老师车、大灰狼书"这一类无
"的"定中结构。按照现代汉语语法规则，当名词做修饰语，而
中心语不是亲属称谓名词而是一般名词时，修饰语和中心语之间
一般要加上结构助词"的"。儿童语言中的这类定中结构应该说
是不合语法的，而且这种不合语法的定中结构同正确使用结构助
词"的"的定中结构（如"大灰狼的故事、爸爸的铅笔"等）
参差交叉出现。这类现象的出现有其内在的原因。这种现象的出
现，实际上反映了儿童习得语言过程中的某些问题。关于这一
点，我们后面还要讨论。

2. 代词 + 事物中心语

儿童语言中最早出现做定语的代词是"我"和"这"，始现
于1.5岁年龄段。2岁时又出现了指量结构"这个"和疑问代词
"什么"做定语的用法。"它""你、你们""那、那个"等代词
做定语的用法出现得较迟，到了2.5岁以后才出现。下面是这类
定中结构的例子：

（被试对取样人说）我妈妈，……抱。(1.5)

（被试指着墙上挂的帽子说）我帽帽。(1.5)

（被试甲指着乙手里的手帕说）是我手帕。(1.5)

（被试甲抢乙的帽子。乙说）这，这，这我帽子。(1.5)

（被试甲压住了乙的手。乙大叫）哎呀，我的手破掉啦！(2)

（被试指着寝室对取样人说）到这里面去。(2)

（被试摘下左手的手套）把这个手套搞下来。(2)

（取样人问被试：妈妈呢？被试说）我妈妈，妈妈上课去了。(2)

（被试把球从门缝往外塞）这球甩不掉。(2)

（被试出了幼儿园的门看见两辆卡车）这卡车没开走。(2)

（被试玩玩具枪）这个大枪，我的小枪呢？(2)

（被试问取样人）到什么地方去玩玩？(2)

（被试对取样人说）我家有好多玩具给你玩，你要玩什么玩具就给你什么玩具。(2.5)

（被试拿起玩具枪）这是什么枪呀？(2.5)

（被试玩枪）这个枪不响，这个枪坏掉了。(2.5)

（被试的鞋子掉了，对取样人说）鞋子掉掉啦，掉那个洞里去了。(2.5)

（被试甲对乙说）我坐过碰碰车的，我爸爸都怕我的。(2.5)

（被试让取样人看自己的鞋子）我的鞋子多好看啊！在上海买的。(2.5)

（被试看到沙发上有一支笔，问取样人）你们的笔怎么甩到这里来了？(3)

（被试讲自己玩的情况）……我就去那个公园啦，我昨天去的。(3.5)

（被试甲不让乙叠手帕，乙对取样人说）他压着我手帕。(3.5)

（被试的鞋子掉了一只）哎呀，我的鞋子丢啦，我的鞋子真的掉啦！(3.5)

（被试走出了汗）走一头汗，我的汗真出来啦。(3.5)

（被试甲踩乙的鞋子）正好踩到了，踩到你鞋子了。(3.5)

（被试对取样人说）那天晚上妈妈跟我到上海去了。(3.5)

同上面名词做定语构成定中结构的情况相似，这类定中结构中也有一些不合语法的，如"我帽帽、我手帕、你鞋子"等，而且这类定中结构也同正确使用结构助词"的"的定中结构（如"我的小枪、我的鞋子、你们的笔"等）参差交叉出现。这些现象同上一节指出的现象一样，既有其内在的原因，也反映了儿童习得语言过程中的某些问题。这个问题我们后面一并讨论。

3. 数量词 + 事物中心语

表示数量的词语做定语修饰中心语的用法到 2 岁时出现。儿童开始使用较多的数量词语是表示概数的"好多"，而后表示确数的数量词语的使用也渐渐多了起来，但一般限于比较小的数量（在十以内）。这显然是受到儿童数量概念发展水平的限制。下面是这类定中结构的例子：

（被试要取样人给她拿布娃娃）宝宝，小宝宝，好多宝宝。(2)

（被试对取样人讲家里发生的事）好多饼干掉在地下了。(2)

（被试玩玩具飞机、火车）这个快给妈妈看，好多大飞机！(2)

（被试要取样人给她拿布娃娃）宝宝，好多宝宝。(2)

（两个小朋友被接回家去了。被试说）三个妹妹都走掉了。(2)

（被试看看屋里的小朋友说）就剩两个小朋友了。(2)

（取样人问被试：现在还剩几个小朋友？被试说）三个小朋友。（说完一看）两个小朋友了。(2)

（被试让取样人看他的球鞋）买一双球鞋。(2)

（被试要取样人讲故事）讲一个大公鸡吧。(2)

（被试指着树上的树种说）好多果果子。(2.5)

（被试对取样人说）我家有好多玩具给你玩。(2.5)

（被试举起手中的草）我摘了好多好多的狗尾巴草噢！(2.5)

（被试看取样人画火车）许多许多的轮子。(2.5)

（被试对取样人说）你们到我家去，我给你们玩玩具，买了好多好多玩具。(2.5)

（取样人看手表。被试说）我家有三个手表，还有白的，还有黑的，还有绿的。(2.5)

（被试看图书讲故事）我讲三个小朋友听。(2.5)

（被试看图书讲故事，问取样人）这两个故事是一样的吧？(2.5)

（被试看《三只小猪》的画册）大灰狼会把两个小猪全吃掉。(3)

（被试对取样人说）明天我叫妈妈带两个手帕。(3.5)

（被试讲玩的情况）……两个兵器，就是两个兵器，刀和棍子。(3.5)

4. 名词 + 方所中心语

中心语表示方位处所的定中结构也始现于 2 岁。这类定中结构中的中心语基本上都是由合成方位词或方位词组充当，定语都是表示人或事物的名词或名词性成分。下面是这类定中结构的例子：

（被试的球滚到椅子底下去了，被试说）搞到洞里边去了。(2)

（被试要取样人给他拿滚到椅子下面的球）球搞到这个里面去了。(2)

（被试跌倒在一个小水坑边，说）跌倒，掉水里面去了。(2)

（被试一下把几个玩具都抱走了）我全抱到奶奶那边去。(2)

（被试甲、乙谈话，甲说）月亮里面有嫦娥，有白兔，还有小乌鸦。(2.5)

（被试跟取样人讲黑猫警长的故事）黑猫警长把狐狸搞到大黄狗家里。(2.5)

（被试看小画书）游击队。那电视里面是铁道游击队。(2.5)

（被试对取样人说）我在池塘里头游泳。我现在我就学会了游泳了。(3.5)

（被试讲故事）从前，有一个大公鸡和一个小孔雀在树林里头玩。(3.5)

（被试讲《木偶奇遇记》）……他们从大鲨鱼嘴里冲出来了。(3.5)

（被试对取样人说）我们幼儿园外面有许多好玩的东西。(3.5)

从上面的例子中我们可以看出，儿童在事物的里外位置的认识方面，对于"里"的认识要优于对"外"的认识。这大概同早期儿童在室内生活时间较长有关。

5. 时间词+时间中心语

这类定中结构到2.5岁时才出现，而且数量也很少，基本上都是表示时间的。下面是几个例子：

（被试对取样人说）昨天晚上我把车子搞倒了。(2.5)

（被试和爸爸分手时说）爸爸，明天下午来接我啊。（因为在幼儿园睡午睡，一觉醒来，就成了"明天"。）(2.5)

（被试对取样人说）昨天晚上妈妈带我出去玩了。(3)

（被试对取样人说）那天晚上妈妈跟我到上海去了。(3.5)

（二）"谓词性定语+中心语"构成的定中结构

上面格式中的"谓词性定语"包括动词或动词性词组、形容词或形容词性词组、主谓词组等谓词性成分充当的定语。下面分别描述。

1. 动词 + 中心语

动词做定语修饰中心语的情况包括动词单独做定语和动词词组做定语两种情况。动词单独做定语修饰中心语受到比较大的限制，因而出现得比较迟（到 3.5 岁时才出现）；动词词组做定语的情况则出现得较早，到 2.5 岁时就出现了。我们先来看看动词做定语的情况。例子如下：

（被试甲指着一所小屋对乙说）这里面关的是坏人。（3.5）

（被试跟取样人谈话）鸡不能卖票，它是吃的东西。（3.5）

（被试甲、乙玩烧饭的游戏。甲说）这是烧饭的炉子。（3.5）

（被试甲想象自己去打猎）我拿一把打猎的枪。（4）

（被试甲、乙争论，甲说）我看了电视，刚刚死的人都不会报案的。（4）

（被试装作弹钢琴的样子，对取样人说）我弹个歌曲给你听，打仗的歌曲。（4）

（被试听到雷声）是打雷的声音。（4.5）

按照现代汉语语法规则，动词做定语修饰中心语时一般要加结构助词"的"。从上面的例子中我们可以看出，在定语的后面都有结构助词"的"。这说明这条规则具有较大的强制性。

下面是动词词组做定语的情况。做定语的动词词组主要是动宾词组。下面是一些例子：

（被试看到一个小朋友哭了，说）好哭的小朋友不听话。（2.5）

（被试对取样人说）我家有弹 12345 的琴。（2.5）

（取样人问被试：你知道大海吗？被试说）大海是蓝色，有水，是逮鱼的地方。（3）

（被试跟取样人谈话）我会讲变颜色的小公鸡。（3.5）

（被试指着路边的小店说）这个是卖豆腐乳的地方。（3.5）

（被试把叠好的船拿给取样人看）冒火的船。(4.5)

（被试甲、乙在一起玩。甲说）我们两个玩拔萝卜的游戏。(4.5)

（被试跟取样人讲看魔术的情况）变魔术的人把一张纸套在蜡烛上，手一捏，就捏灭了。(4.5)

上面例子中，除了第一例中的动宾词组是谓宾动宾词组以外，其他例子中做定语的都是名宾动宾词组。

动补词组做定语的情况我们只发现一例：

（被试手里拿着一个烟头）我手里有一个香烟根子，抽不起来的香烟根子。(4.5)

2. 主谓词组 + 中心语

在汉语中，主谓词组可以做谓语，构成主谓谓语句。因此，我们把主谓词组同动词性词组一样，看作谓词性词组。

在儿童语言中，主谓词组做定语的情况比较多。分析起来，可以分为两种情况。一种情况是主谓词组中的谓语动词后面不出现宾语，即宾语空缺。这时，中心语往往就是谓语动词所要带的宾语。这种宾语空缺的主谓结构做定语的情况占绝大多数。例子如下：

（被试看画册）这是妈妈写的字。(2.5)

（被试骑着车子跟取样人讲话）这是我妈妈买的车子。(2.5)

（被试甲、乙谈话。甲说）老爷爷做的直升飞机会飞。(3)

（被试指着桌子上的包子对妈妈说）我给爸爸留的肉包子。(3)

（被试跟爸爸谈话）以前我到××家，他给我吃狼耳朵，就是巧克力做的狼耳朵。(3.5)

（被试对妈妈说）我讲的话妈妈你给我记下来。(3.5)

（被试请爸爸看他的画）爸爸，我画的太阳可像呀？(3.5)

（被试听妈妈买的磁带）妈妈买的真好，是妈妈买的录音磁带。（3.5）

（被试在地上乱画，一边说）老师画的树叶子比我们还大呢。（4）

（被试问妈妈）我留给你的瓜子怎么不吃啊？（4）

（被试甲、乙争论。甲说）鹅比鸭子大些，鹅生的蛋比鸭子生的蛋也要大些。（5）

另一种情况是主谓词组中的谓语动词后面出现宾语。这种主语、谓语动词和宾语齐全的主谓词组做定语的情况较少，而且到了较高年龄段（4岁以后）才出现。下面是两个例子：

（被试在纸上画了一气说）我做作业的本子用完了。（4.5）

（被试对取样人说）我昨天看了孙悟空大闹天宫的小画书。（5）

3. 形容词＋中心语

形容词做定语的情况出现得比较早，在1.5岁时就出现了。

根据语法功能和语法意义，形容词可以分为性质形容词和状态形容词两类。儿童语言中形容词做定语构成定中结构的情况据此也可以分为两类，即性质形容词修饰中心语构成的定中结构和状态形容词修饰中心语构成的定中结构。我们先来看性质形容词修饰中心语构成的定中结构的情况。

最早出现的做定语的性质形容词都是单音节的，而且一般都是直接修饰中心语。出现得最早、使用得最多的性质形容词就是"大、小"。此外还有"好、坏、破、新、白、红、黑、圆、横、脏、真"等。下面是单音节性质形容词修饰中心语的情况的例子：

（取样人指着玩具猫的鼻子问：这是什么？被试说）小鼻子。（1.5）

（被试玩玩具。取样人问：你拿的什么？被试说）小鹿鹿，小猫咪。（1.5）

（被试指着玩具猫的头说）小宝宝长高了。（1.5）

（取样人要抱被试，被试说）不要大老师抱。（2）

（被试见老师发鸡蛋，说）大蛋给我吃。（2）

（一个小朋友打人，取样人说：你打人就不是好孩子。被试说）我不打人就是好孩子，要打人不是好孩子。不能打小孩子，不能打小朋友。（2）

（被试听到外面汽车发动的声音）这是大汽车。（2）

（被试要球）我要大球。（取样人给他一个大球）好球。（2）

（吹来一股风，被试大叫）大风！快跑！（2）

（被试捡起一个树叶子）我有树叶子，大树叶子。（2）

（被试搭棋子）做小楼房，给叔叔住。（2）

（被试摆弄玩具狗）大狗，小狗，坐小椅子看。（2）

（被试甲把两个塑料鱼给乙一个）你拿破鱼，我拿好鱼。（2.5）

（被试指着一片枫叶说）这是一片红树叶，小树叶会跳舞。（2.5）

（被试指着停在车场的汽车说）各种各样的颜色，白颜色，还有红颜色，还有黑颜色。（2.5）

（要上学去了，被试要带手帕）爸爸，我到房间拿一个新手帕。（3.5）

（被试要扫地）今天该我扫地了。地下都是脏东西。（3.5）

（被试不愿意要给他的玩具枪）这是坏的枪。（3）

（被试甲对乙说）我有好的铅笔。（3.5）

（被试讲故事）老爷爷给他（孙悟空）吃个圆的东西。（4）

（被试甲、乙争胜，甲说）我当一个老虎，我当一个真的老虎。（4.5）

（被试对取样人说）横的笛子我见过的。（5）

双音节性质形容词修饰中心语的情况到2.5岁时出现。从使用的频率来看，要比单音节形容词使用得少。在我们取得的语料中，充当定语的双音节形容词只有"好吃、漂亮、真正、狡猾、所有、原来、美丽、一般"等。下面是例子：

（被试甲对乙说）我家有好吃的糖。（2.5）

（被试向取样人炫耀自己的鞋）我是新鞋，你是不漂亮的鞋，我是漂亮的鞋。（2.5）

（被试讲《木偶奇遇记》）结果呢，匹诺曹成了真正的好孩子。（3.5）

（被试讲故事）从前有一个狐狸，狡猾的狐狸，狡猾得很。（3.5）

（被试讲《阿里巴巴和四十大盗》）强盗头子最坏了，他把所有的门都画上白圆圈、红圆圈。（3.5）

（取样人看到被试甲脸上有一条伤痕，问：你脸上怎么啦？被试甲说）给小朋友抓破得了。（指乙）这个小朋友不抓我，原来的小朋友抓我。（2.5）

（被试看图说话）天下雪了，看到了美丽的小鸟。（3.5）

（被试甲指着乙叠的飞机说）这是一般的飞机。（4.5）

儿童语言中的状态形容词一般由性质形容词转化而来。所以儿童语言中状态形容词做定语的情况也受到性质形容词发展状况的制约。在我们取得的语料中，做定语的状态形容词全部是单音节性质形容词的重叠形式。此外，状态形容词做定语的用法也比性质形容词做定语的用法出现得迟，到2.5岁时才出现。从使用的数量上看，状态形容词做定语的情况也大大少于性质形容词做定语的情况。下面是一些例子：

（被试用手扒着眼睛做鬼脸）大大的眼睛。（2.5）

（被试抬起自己的脚）我穿大大的胶鞋。（2.5）

（被试对取样人说）我家有红红的铅笔，有蓝蓝的铅笔。（2.5）

（取样人扮演大狮子。被试说）大狮子是黄黄的头发，小马是绿绿的头发。狮子和小马不一样。（2.5）

（被试对取样人说）我家有小小的铅笔，有大大的铅笔。（2.5）

（被试讲故事）……小兔子跳进去，圆圆的鼻子都搞冒血了，它就慢慢地死了。（3.5）

（三）"综合性定语＋中心语"构成的定中结构

上面我们分别描述了各类词语充当定语构成定中结构的情况。实际上，儿童一旦习得了一定的语言知识以后，就会把这些语言知识综合起来，形成一定的语言知识系统。在定中结构的发展过程中，儿童也同样表现了这种综合能力。这种综合能力反映在儿童语言中，就是定中结构的综合性定语的出现。

根据综合性定语中成分排列的语序，儿童语言中定中结构中的综合性定语大致可分为如下情况：

1. 数量词语为首的综合性定语

在以数量词语为首的综合性定语中，出现最多的是数量词语和形容词性成分连续排列而成的定语。例如：

（被试看到一个人扛一个箱子，说）老伯伯抬一个大盒子，抬回家了。（2）

（被试对取样人说）我今天又带了一块花手绢来了。（2）

（被试对取样人说）我家有瓶子糖，我家有好多瓶子糖。（2）

（被试对取样人说）我妈妈代我买好多好多黑猫警长的手帕。（2.5）

（被试在本子上画）这是我画的小鹅。再画个小鹅。（2.5）

（被试用积木搭楼房）我重新搭一个小顶楼。（2.5）

（过去了一辆小汽车。被试说）爸爸，前面一辆小汽车。（3）

（被试甲向乙要纸叠，乙说）我就两张白纸。（3.5）

（被试对取样人说）叔叔，我见到一个老大的猫，我一点也不怕。（3.5）

（被试对取样人说）我们幼儿园外面有许多好玩的东西。（3.5）

（被试对取样人说）我妈妈代我买一个小红汽车是花的，后来又搞坏了。（3.5）

数量词语和名词性成分连续排列而成的定语较少，而且出现得也比较迟。例如：

（被试跟妈妈谈话）姥姥家里有两个解放军帽子。（3.5）

（被试讲故事）我讲一个孔雀妈妈和大公鸡的故事。（3.5）

数量词语和主谓词组连续排列而成的定语我们只发现一例：

（被试讲故事）我讲一个小朋友骑自行车的故事。（3.5）

数量词语和动词性词组连续排列而成的定语我们没有发现。

上述情况表明，当修饰性成分同时出现在中心语前面时，形容词性成分同中心语的关系要相对密切一些。

2. 代词为首的综合性定语

在以代词为首的综合性定语中，出现最多的是代词同形容词性成分连续排列而成的定语。这一点同以数量词语为首的综合性定语中的情况有些类似。下面是一些例子：

（被试把手帕给取样人）这个小妹。（2）（意思是要把手帕给另一个小朋友）

（被试给取样人讲到叔叔家的事）阿姨叔叔带我到那个大楼房，睡觉的那个楼房。（2.5）

（被试用积木搭楼房）我的大楼房要倒掉了！（2.5）

（被试玩枪）这个小枪开不响。（2.5）

（被试对取样人说）我下午带这么大苹果给你吃。（2.5）

（电视播放啤酒广告。被试问爸爸）爸爸，这么多啤酒你喝不喝呀？（3）

（被试看着一群人说）怎么这么多的人呢？（3）

（被试对取样人说）我爸爸带我看这么大的猴子的。（3）

（迎面来了一群小朋友，被试说）这么多的小孩呀！（3）

（被试讲的故事）小猫钓到这么大的鱼，猫妈妈高兴极了。（3.5）

（回家的路上被试跟爸爸谈话）今天有什么好电视呀？（3.5）

（被试对妈妈说）把《孙悟空大闹水晶宫》那本好看的书拿来好吧？（3.5）

当两个代词连续排列时，人称代词排列在指示代词前面。这种情况我们发现两例：

（取样人看被试的手，被试说）把我这个手杀掉！（2.5）

（被试玩独臂布娃娃）他那个手跑哪去了？他那个手呢？（2.5）

代词和名词性成分连续排列而成的定语出现得较少，而且基本上都是表示方位处所的。例如：

（被试把一个玩具放在口袋里）放在这个口袋里边。（2）

（被试甲对乙说）我家的书上还有大灰狼吃小羊。（2.5）

（被试还要吃饼干。取样人说：没有了。被试问）给老鼠吃完了？给这个洞里的老鼠吃完了？（3）

（被试讲自编的故事）我打小老虎（班里的一个小朋友），他还偷我的解放军帽子，偷我的妈妈的钱。（3）

代词和动词性成分连续排列而成的定语出现得更少。我们只发现如下两例：

（被试装作老师）好，这个做梦的故事我就给大家讲完了。（4.5）

（被试跟取样人谈话）小时候妈妈带我去赭山公园照相，在那个喝汽水的门口照相。（5）

　　这类综合性定语的情况似乎也说明形容词性成分同中心语的关系要密切一些。

　　3. 名词为首的综合性定语

　　这类综合性定语出现较少，大致可分为两种情况，一种是两个名词性成分连续排列。例如：

　　（被试看到小朋友在玩翘翘板，说）奶奶家的翘翘板。（2）

　　（被试把玩具往取样人领子里塞）把塞到叔叔领子里面去。（2）

　　（被试走近一所房子）小白兔的房子里面有大灰狼。（2.5）

　　（被试甲告乙的状）他站在×××的位子上面。（3.5）

　　另一种是一个方位名词或时间名词成分后面跟着一个动词性成分。这种情况更少。例如：

　　（被试问取样人）后面那个打枪的叔叔上哪去了？（3）

　　（被试要喝水）我要喝老早跟××喝的那个杯子。（4.5）

　　4. 形容词为首的综合性定语

　　这类综合性定语出现得也较少，大致可以分为两种情况，一种是形容词和名词连续排列。例如：

　　（取样人拿着布娃娃问被试这是什么？被试）这是小娃娃头。（2）

　　（被试穿了一双新皮鞋）我爸爸给我买个小狐狸皮鞋。（3.5）

　　另一种是副词修饰形容词构成的状中词组做定语。例如：

　　（被试手拿一根草，玩烧饭的游戏）好大一个虾子！（2）

　　（被试在取样人家里玩玩具）我家有最漂亮最漂亮的玩具。（2.5）

　　（被试对取样人说）我家有好漂亮的鞋子。（3）

　　（被试甲、乙比谁见多识广，甲说）有时候妈妈带我到老远老远的地方坐大汽车。（3.5）

5. 主谓词组为首的综合性定语

这类综合性定语出现得更少，我们一共发现三例。但是其复杂程度却超过上面几种综合性定语。这三个例子如下：

（被试甲、乙比富，甲说）我妈妈给我买的很漂亮的雨伞，还有小熊猫。(3)

（被试要写字，找本子）爸爸，妈妈给我买的那个小本子在哪里呀？(3.5)

（被试在地上看到一个塑料扣子）是我老早以前穿的那个菊花衣服上的扣子掉下来了。(3.5)

在上面三例中，第一例是主谓词组和以形容词为中心的状中词组连续排列而成的定语；第二例是主谓词组、指量词组、形容词连续排列而成的定语；第三例是主谓词组、指量词组、定中词组和方位词构成的方位词组连续排列而成的复杂定语。从这三个例子我们可以大略看到儿童定中结构长度的发展以及儿童在语言习得活动中对扩展手段的运用。

动词为首的综合性定语我们在儿童语言中没有发现。这一情况似乎说明动词性成分对中心语成分要求更强烈一些。即是说，当动词性成分做定语时，它一旦出现，就要求中心语成分立刻出现。这样，以动词为首的综合性定语也就很难形成了。这一看法我们是根据儿童语言中的综合性定语的情况而形成的。实际情况是否如此，还有待于进一步的检验。

三、语义关系

在定中结构中，修饰语同中心语之间存在多种语义关系，修饰语因而也具有不同的语义性质。下面我们对儿童语言中定中结构的修饰语同中心语之间的语义关系进行描述。

（一）"体词性定语＋（的）＋中心语"结构中的语义关系

在上述这种结构中，充当定语的是体词性成分。为了简便，我们把充当定语的体词性成分记作"名₁"，把充当中心语的名词记作"名₂"。

根据定语"名₁"同中心语"名₂"之间的语义关系，这类定中结构中的定语"名₁"表示以下几种语义性质：

1. 表领属

中心语"名₂"表示的事物为定语"名₁"表示的人或事物所有，名₁对名₂是领属关系。领属关系可以分为两种：一种是固有领属关系；另一种是非固有领属关系。所谓固有领属关系，是说名₁必定有名₂，不存在名₁没有名₂的情况。例如：

（被试用玩具枪打橡皮鸭子）它身上打得净是血。它身上都是血。(2.5)

（被试对取样人说）叔叔，你的身上有一个虫。(3)

（被试讲故事）姐姐坐在大象的背上，大象说："怎么搞的？"(3.5)

（被试讲故事）有个大老虎，钻到幼儿园的里面。(3.5)

（被试问取样人）这个笔怎么能画出大鲨鱼的样子呢？(4)

（被试同取样人谈话）那里有个镜湖，湖的中间有个大桥。(4.5)

拿"湖的中间"来说，一个湖必然有中间部分，不存在没有"中间"的湖。

所谓非固有领属关系，是说名₁不一定有名₂，可能有，也可能没有。例如：

（被试指着一个帽子说）婷婷的帽子。(2)

（被试找玩具刀）我的刀呢？(2)

（被试对取样人说）我穿姐姐的衣服。（2.5）

（被试对取样人说）我要自己的花手帕。（3）

（被试对取样人说）我想玩幼儿园的滑梯。（3.5）

（被试说了几句话对取样人说）你把我的话记下来。（4）

以"婷婷的帽子"为例，"婷婷"同"帽子"之间的关系并不是密不可分的。"婷婷"可能有"帽子"，也可能没有"帽子"。注意，这里讲的只是可能性，不是讲事实上如何。

2. 表范围

"名₁"为"名₂"的范围。"名₁"为"故事、书、歌、电影、电视"等词语。例如：

（被试对取样人说）我讲一个大桃子的故事。（2.5）

（被试问取样人）你会讲大灰狼的故事对不对？（3）

（被试讲故事）我讲一个孔雀妈妈和大公鸡的故事。（3.5）

（被试甲对乙说）我家有《黑猫警长》的书。（4）

（被试跟取样人谈话）我只听过《西游记》的歌。（4.5）

（被试甲、乙谈话，甲说）猪八戒喜欢吃人参果，我还看过人参果的电影的。（5）

3. 表处所

"名₁"是"名₂"存在的处所。例如：

（被试对取样人说）搞那高头的花。（3）

（被试对妈妈说）妈妈，坐在旁边的位子，听小燕子歌。（3.5）

（被试甲、乙谈论荷花，甲说）荷叶不长，底下的秆子才长呢。（4）

（被试讲故事）……地里的人他们都在干活，……（4.5）

（被试讲自编的故事）……他就赶快放下手里的东西，然后拿方向盘里的东西。（4.5）

4．表时间

"名₁"是"名₂"出现或存在的时间。例如：

（被试跟妈妈谈话）中午的饭我没吃，晚上的饭我吃了。（3.5）

（被试跟取样人谈话）昨天的电视我没看。（4）

（被试跟取样人谈话）这是以前的事。（5）

5．表质料

"名₁"是"名₂"的质料。例如：

（被试甲、乙斗嘴，甲说）后来我就用铁的东西一打，把你的头敲破了。（5）

（被试甲给乙一个棋子，乙不要）这个塑料的棋子我不要。（4.5）

（被试跟取样人谈话）爸爸，你给我买一把铁的刀。（5）

6．表颜色

"名₁"表示"名₂"的颜色。例如：

（被试看纸贴画）黄颜色的花贴在方形纸的中间。（4.5）

（被试甲对乙说）我有红色的蜡笔。（4.5）

（被试对取样人说）你把粉红色的纸递给我。（5）

7．表形状

"名₁"表示"名₂"的形状。例如：

（被试甲对乙说）刚才一个半圆形的年糕好好吃哟！（4.5）

（被试跟取样人谈话）我在电视上看过大炮的，长方形的身子，圆形的轮子。（5）

（被试对取样人说）我会画椭圆形的圈子。（5）

8．表数量

"名₁"表示"名₂"的数量。例如：

（被试问取样人）有一个小孩他掉到井里面去怎么办？是一

岁的小孩。（5）

（被试跟取样人谈话）我们班都是 5 岁的小朋友。（5）

9. 表标志

"名₁"是"名₂"的标志。例如：

（被试抬脚让取样人看她的鞋子）我还有小猫鞋。（2）

（在取样人家，被试拿起一把枪）这唐老鸭枪吧？（2.5）

（被试用纸叠飞机）我叠个螺旋桨的飞机。（3.5）

（被试看到取样人的台灯罩上有唐老鸭和米老鼠的图形，就说）唐老鸭的台灯！米老鼠的台灯！（4.5）

10. 表施事

"名₁"是"名₂"的施事。例如：

（被试甲说）我长大当将军。将军本事很大。（乙说）将军要戴帽子的，警察衣服、警察裤、警察帽。（3.5）

（妈妈下班回来，问被试：饭烧好没有？被试说）爸爸的花生米还在锅里炒着呢。（3.5）

上面两例中，"警察衣服、警察裤、警察帽"指的是警察穿的衣服、裤子、戴的帽子；"爸爸的花生米"指的是爸爸炒的花生米。

11. 表受事

"名₁"是"名₂"的受事。在我们取得的语料中，我们发现这样一个例子：有个 5 岁的儿童说了这样一句话："把山楂片放在山楂片的纸上。"句子中"山楂片的纸"这一定中结构的意思是"用来包山楂片的纸"，"山楂片"为"纸"的受事，"纸"为工具。

（二）"动＋的＋名"结构中的语义关系

上述格式中的"动"包括动词和动词性词组，以及主谓词组中的动词性成分。在这类定中结构中，定语中的"动"与

"名"之间也存在多种语义关系。"动"一般表示动作、行为、和变化，而"名"则在动作行为变化中充当不同的角色。从我们取得的语料来看，有以下几种：

1. 表施事

"名"是"动"的施事（动作行为的发出者）。例如：

（被试看到一个小朋友哭了，说）好哭的小朋友不听话。(2.5)

（被试问取样人）后面那个打枪的叔叔上哪去了？(3)

（被试跟取样人谈话）我会讲变颜色的小公鸡。(3.5)

（被试甲和乙争论，甲说）我看了电视，刚刚死的人都不会报案的。(4)

（被试跟取样人讲看魔术的情况）变魔术的人把一张纸套在蜡烛上，手一捏，就捏灭了。(4.5)

2. 表受事

"名"是"动"的受事（动作行为的承受者）。例如：

（被试骑着车子跟取样人讲话）这是我妈妈买的车子。(2.5)

（被试跟取样人谈话）鸡不能卖票，它是吃的东西。(3.5)

（被试问妈妈）我留给你的瓜子怎么不吃啊？(4)

（被试手里拿着一个烟头）我手里有一个香烟根子，抽不起来的香烟根子。(4.5)

（被试甲乙争论，甲说）鹅比鸭子大些，鹅生的蛋比鸭子生的蛋也要大些。(5)

3. 表结果

"名"是"动"的结果。例如"这是我用纸叠的裤子"，从语义上分析，我用纸叠的结果是成了"裤子"。这类例子如下：

（被试看画册）这是妈妈写的字。(2.5)

（被试甲、乙谈话，甲说）老爷爷做的直升飞机会飞。(3)

（被试在地上乱画，一边说）老师画的树叶子比我们还大呢。(4)

（被试把叠好的船拿给取样人看）你看我叠的火船。(4.5)

4. 表工具

"名"是"动"的工具。例如：

（被试甲、乙玩烧饭的游戏。甲说）这是烧饭的炉子。(3.5)

（被试甲想象自己去打猎）我拿一把打猎的枪。(4)

（被试在纸上画了一气说）我做作业的本子用完了。(4.5)

（被试要喝水）我要喝老早跟××喝的那个杯子。(4.5)

5. 表处所

"名"是"动"的处所。例如：

（取样人问被试：你知道大海吗？被试说）大海是蓝色，有水，是逮鱼的地方。(3)

（被试指着路边的小店说）这个是卖豆腐乳的地方。(3.5)

（被试跟取样人谈话）小时候妈妈带我去赭山公园照相，在那个喝汽水的门口照相。(5)

6. 表范围

"名"是"动"的范围。例如：

（被试讲故事）我讲一个小朋友骑自行车的故事。(3.5)

（被试装作弹钢琴的样子，对取样人说）我弹个歌曲给你听，打仗的歌曲。(4)

（被试甲、乙在一起玩，甲说）我们两个玩拔萝卜的游戏。(4.5)

（被试装作老师）好，这个做梦的故事我就给大家讲完了。(4.5)

（被试对取样人说）我昨天看了《孙悟空大闹天宫》的小画书。(5)

7．表伴有

"名"是"动"伴有或产生的事物。例如：

（被试甲、乙吹牛，甲说）我叫的声音比你大。（4.5）

（被试听到雷声）是打雷的声音。（4.5）

（被试给取样人讲游公园的情况）孔雀开屏的颜色真好看。（5）

（三）"形 +（的）+名"结构中的语义关系

上述格式中的"形"包括形容词和形容词性词组。在这类定中结构中，定语中的"形"与"名"之间也存在多种语义关系。"名"一般表示人或事物，而"形"则表示人或事物各方面的特征。根据这类定中结构中的"形"和"名"之间的语义关系，"形"表示的语义性质有如下几种：

1．表体积

"形"表示的是"名"的体积方面的特征。表示体积的"形"主要是"大"和"小"。例如：

（被试玩玩具，取样人问：你拿的什么？被试说）小鹿鹿，小猫咪。（1.5）

（被试摆弄玩具狗）大狗，小狗，坐小椅子看。（2）

（取样人要抱被试，被试说）不要大老师抱。（2）

（被试见老师发鸡蛋说）大蛋给我吃。（2）

（被试要球）我要大球。（2）

（被试捡起一个树叶子）我有树叶子，大树叶子。（2）

（被试抬起自己的脚）我穿大大的胶鞋。（2.5）

（被试对取样人说）我家有小小的铅笔，有大大的铅笔。（2.5）

2．表颜色

"形"表示的是"名"的色彩方面的特征。例如：

（被试指着停在车场的汽车说）各种各样的颜色，白颜色，还有红颜色，还有黑颜色。（2.5）

（被试指着一片枫叶说）这是一片红树叶。(2.5)

（被试对取样人说）我家有红红的铅笔，有蓝蓝的铅笔。(2.5)

（取样人扮演大狮子，被试说）大狮子是黄黄的头发，小马是绿绿的头发。狮子和小马不一样。(2.5)

（被试讲《阿里巴巴和四十大盗》）强盗头子最坏了，他把所有的门都画上白圆圈、红圆圈。(3.5)

3. 表品质

"形"表示的是"名"的品质方面的特征。例如：

（一个小朋友打人，取样人说：你打人就不是好孩子。被试说）我不打人就是好孩子，要打人不是好孩子。(2)

（被试甲把两个塑料鱼给乙一个）你拿破鱼，我拿好鱼。(2.5)

（被试向取样人炫耀自己的鞋）我的新鞋。(2.5)

（被试不愿意要给他的玩具枪）这是坏的枪。(3)

（被试甲对乙说）我有好的铅笔。(3.5)

（被试讲《木偶奇遇记》）结果呢，匹诺曹成了真正的好孩子。(3.5)

（被试讲故事）从前有一个狐狸，狡猾的狐狸。(3.5)

（被试甲、乙争胜，甲说）我当一个老虎，我当一个真的老虎。(4.5)

（被试甲指着乙叠的飞机说）这是一般的飞机。(4.5)

4. 表感觉

"形"表示的是"名"所引起的感觉。例如：

（被试甲对乙说）我家有好吃的糖。(2.5)

（被试炫耀自己的鞋子）你是不漂亮的鞋，我是漂亮的鞋。(2.5)

（被试看图说话）天下雪了，看到了美丽的小鸟。(3.5)

（被试要扫地）今天该我扫地了。地下都是脏东西。（3.5）

5. 表形状

"形"表示的是"名"的形状方面的特征。例如：

（被试讲故事）……小兔子跳进去，圆圆的鼻子都搞冒血了，它就慢慢地死了。（3.5）

（被试讲故事）老爷爷给他（孙悟空）吃个圆的东西。（4）

（被试对取样人说）横的笛子我见过的。（5）

以上我们对儿童语言中定中结构的语义关系进行了描述分析。下面我们将结合上面的描述分析对儿童习得定中结构中的一些问题进行讨论。

四、分析和讨论

（一）关于儿童语言中不合语法的定中结构的分析讨论

我们在本章（一）一节中曾指出，在儿童语言中出现了不合语法的"名 + 名"和"代 + 名"定中结构，如"婷婷球、叔叔笔、妈妈茶、老虎书、机器人脚、机器人手、老师车、大灰狼书"和"我帽帽、我手帕、你鞋子"等，而且这种不合语法的定中结构同正确使用结构助词"的"的定中结构（如"大灰狼的故事、爸爸的铅笔"和"我的小枪、我的鞋子、你们的笔"等）参差交叉出现。我们当时也曾指出，这类现象值得注意；这种现象的出现有其内在的原因；这种现象的出现反映了儿童习得语言过程中的某些问题。下面我们就这一问题做一讨论。

有关儿童语言习得的研究曾指出，泛化是儿童语言习得过程中必然出现的一种现象。它指的是儿童对一定语言项目的理解或使用超出母语范围的现象。儿童在初步学习到某种语法规则后，对这种语法规则做类推性的运用。儿童的这种类推的结果，一方面使语法规则的使用范围逐渐扩大；另一方面也会出现类推过度的情况。例如，以英语为母语的儿童在语言习得的初期所出现的不合规则的名词复数形式和动词的过去式、过去分词形式等。

　　我们觉得，以前的研究对于泛化现象的出现的解释还不够全面。实际上，泛化现象的出现，除了儿童对语法规则的类推性的使用外，句法同化也是泛化现象出现的主要原因。所谓句法同化，是说儿童在初步掌握了一种句法结构之后，会利用运用这种句法结构去容纳更多的成分和更多样的语义关系。这种句法同化得以进行的理论依据，一是由于句法结构的概括性，二是由于汉语词类同句法成分之间对应的多样性，三是由于句法结构同语义结构之间的"一对多"和"多对一"关系。句法同化的结果，使得一种句法结构中的句法结构成分和语义关系逐渐丰富复杂，但另一方面也会伴随出现同化过度现象。上述不合语法的"名＋名""代＋名"定中结构就是句法同化过度的结果。

　　儿童在同成人的交往中，会同时接收到不同的定中结构。但是由于这些定中结构的习得难度不同，因此，儿童首先习得的是"人名、人称代词＋称谓词语"和"形＋名"构成的定中结构。一是因为这两类定中结构不包含结构助词"的"，二是因为这两类定中结构中的词语儿童已较早习得。也就是说，这两类定中结构有较好的习得基础。儿童在掌握了这两类无"的"定中结构之后，就运用这两类定中结构去同化其他的成分和语义关系。但是由于这两类定中结构的结构模式对进入的成分有很大的限制，所以，当儿童把不能进入的成分也同化进去时，这时就出现了同化过度现象。这样，不合语法的"名＋名""代＋名"定中结构也就出现了。如下所示：

　　　阳阳爸爸→婷婷球、妈妈茶……

　　　我妈妈→我手帕、你鞋子……

　　这种不合语法的定中结构的出现，说明儿童习得语言不仅仅是词语的习得，更重要的是结构的习得和规则的习得；儿童掌握一种句法结构或一种语法规则不是一次完成的，而是有一个

"试错→纠错→再试错→再纠错"的多次反复、直至掌握的过程。同时也说明了儿童习得语言是一种积极主动的探求学习，而不是消极被动地模仿接受。

（二）儿童掌握定中结构语义关系的顺序

从本章"三、语义关系"的描述中可以看出，儿童对定中结构的各种语义关系不是一下子就掌握的，而是有一个逐步掌握的过程。

如前所述，在"名$_1$ +（的）+ 名$_2$"定中结构中，"名$_1$"与"名$_2$"之间存在多种语义关系。儿童掌握这些语义关系的顺序是：表非固有领属关系（2 岁）→表内容（2.5 岁）→表固有领属关系、表处所（3 岁）→表时间（3.5 岁）→表标志（4 岁）→表质料、颜色、形状、数量（4.5 岁）→表工具（5 岁）。

在"动 + 的 + 名"定中结构中，儿童习得其语义关系的顺序是：表施事、受事（2.5 岁）→表处所（3 岁）→表结果、工具、范围（3.5 岁）→表伴有（4.5 岁）。

当我们把名词性成分、动词性成分、形容词性成分充当定语构成的定中结构综合起来进行观察，我们就会发现各种类型的出现时间同出现的频率之间存在共变关系：出现较早的类型在各年龄组的各种用法之中出现的频率也较高，反之，出现较晚的类型在各年龄组的各种用法之中出现的频率也较低。当然，这种共变关系不是绝对的，但从宏观上看，确实存在这种倾向。

（三）影响儿童习得定中结构的顺序的因素

上面谈到，儿童对定中结构及其语义关系不是一下子就掌握的，而是有先有后，按照一定的顺序逐步掌握的。那么，影响儿童的习得顺序的因素是什么呢？我们认为，起直接作用的因素有两个，一个是语言因素，另一个是儿童的认知因素。正是这两个因素的共同作用决定了以上习得顺序。关于儿童认知结构的发展，心理学家做过许多研究。从广义上说，任何语言项目的掌握都是与儿童认知发展的一定时期相联系的，因此，在讨论某一具体语言项目的习得时，语言自身的因素就显得特别重要。下面我们着重分析影响儿童习得定中结构顺序的语言因素。

具体来说，影响儿童这一习得顺序的语言因素有三：

第一个因素是定语的语义理解难度。在"名$_1$+（的）+名$_2$"和"动+的+名"结构中，"名$_1$""动"同中心名词之间存在种种语义关系，每一种语义关系对"名$_1$"和"动"都有一定的语义限制，"名$_1$"和"动"表现为一定的语义类型。这些不同的语义类型的"名$_1$"和"动"理解难度不同，从而影响了儿童的习得速度。一般来说，语义理解难度小的词语儿童先习得，语义理解难度大的词语儿童后习得。例如，在"名$_1$+（的）+名$_2$"结构中，当"名$_1$"与"名$_2$"之间是非固有领属关系时，"名$_1$"往往是表示人或事物的具体名词。这类词理解难度较小，所以在儿童语言中也出现得较早。当"名$_1$"与"名$_2$"之间是处所关系时，"名$_1$"一般是表示空间范畴的处所词、方位词或方位短语，儿童要掌握这类词语必须依赖于其空间智慧的发展，所以这类词语出现的时间就晚一些。当"名$_1$"与"名$_2$"之间有数量关系时（"一岁的孩子"），"名$_1$"为表示数量的词语，如果儿童的思维还没有形成数的概念，要掌握这类词语是不大可能的。

第二个因素是中心名词的语义理解难度。当定语同中心名词之间存在多种语义关系时，不仅定语表现为一定的语义类型，中心名词有时也表现为一定的语义类型，同样存在语义理解难度问题。我们可以拿"名$_1$+（的）+名$_2$"结构中的非固有领属关系同固有领属关系做个比较。这两种语义关系是领属关系的下位类型，"名$_1$"没有多少区别，都是表示人或事物的具体名词，但是"名$_2$"却不同，非固有领属关系的"名$_2$"一般也是表示人或事物的具体名词（"我的爸爸""我的刀"），而固有领属关系的"名$_2$"常常为抽象名词（"大鲨鱼的样子"）或处所词（"幼儿园的里面"）。很明显，后者的理解难度大于前者，因而习得的时间也就晚于前者。这样，我们就能解释为什么在儿童语言中，同为领属关系，固有领属关系要比非固有领属关系晚些出现。

第三个因素是定语同中心语之间语义关系的理解难度。定语同中心语之间的语义关系既不是由定语单方面决定的，也不是由中心语单方面决定的，而是由二者的相互关系来决定的。总的来说，这些语义关系比定语或中心语所表示的词汇意义理解难度要大。从细微处着眼，程度又有所不同。例如在"名$_1$ +（的）+ 名$_2$"结构中，当"名$_1$"与"名$_2$"有处所关系时，"名$_1$"为表示空间处所的词语；有时间关系时，"名$_1$"是表示时间的词语；有质料关系时，"名$_1$"为物质名词。这些语义关系的难度与"名$_1$"的理解难度相去不远，当儿童掌握了这些词语之后，一般都能较快地运用这些词语构成具有相应语义关系的"名$_1$ +（的）+ 名$_2$"结构。但是也有另外一种情况，有一些定语与中心语的语义关系的理解难度大大超过了单独理解定语或单独理解中心语的难度。例如，在4.5岁儿童的语言中我们才发现了表工具关系的"名$_1$ + 的 + 名$_2$"结构——"山楂片的纸"。就这个词组的内部情况看，"名$_1$""山楂片"和"名$_2$""纸"都是具体名词，这两个词在2.5岁儿童的话语中就已经出现。由于理解"名$_1$"与"名$_2$"之间具有工具关系相当困难，而分别理解"名$_1$"和"名$_2$"要容易得多，所以"山楂片的纸"出现的时间比"山楂片"和"纸"出现的时间迟了两年。

（四）影响儿童习得定中结构的结构类型的因素

定中结构类型的习得同其他语言项目的习得一样，要受到认知因素和语言因素的影响。从广义上说，任何语言项目的掌握都是与儿童认知发展的一定水平相联系的，因此，在讨论某一具体语言项目的习得时，语言自身的因素就显得特别重要。下面我们着重分析影响儿童习得定中结构的结构类型的语言因素。

从定中结构的结构类型以及结构长度发展的状况来看，影响儿童习得定中结构的结构类型的语言因素有四：词类；结构助词"的"；语序；组合。

1. 词类

词类是构成句法结构的要素，也是构成句法结构的基础。同理，词类习得也是句法结构习得的基础。这里所说的词类，既包括像名词、动词、形容词这样大的词类，也包括大类下面的各种次类。从本章"二、结构类型"的描述可以看出，儿童语言中的定中结构的构成成分还是比较多样的。就充当定语、中心语的词类来说，各类实词基本上都涉及了。但是充当定语、中心语的各类词并不是一齐出现的，而是有一个先后顺序。在实词习得中，儿童较早习得的词类是表示人名称谓和具体事物的名词、人称和指示代词"我""这"、单音节性质形容词"大""小"等，所以，由这些较早习得的词类的词语构成的"名＋事物名""代＋事物名""形＋事物名"这三种定中结构也最早出现。定中结构的结构类型的习得还要受到词的次类的习得的影响。不同的次类，其习得难度不同，因而由这些不同的次类构成的定中结构在出现的时间上也就有先后的区别。例如，在"名＋事物名"这类定中结构中，表示人名称谓的定语修饰表示人或具体事物的中心语的定中结构（如"阳阳爸爸、婷婷球"）最早出现（1.5岁），而表示几何图形的定语修饰事物中心语的定中结构（如"长方形的身子、圆形的轮子"）到5岁时才出现，前后相差3年多。再比如，表示体积的性质形容词"大、小"修饰中心语构成的定中结构在1.5岁时就出现了，而表示一维特征和中等品质的性质形容词修饰中心语构成的定中结构（"横的笛子、一般

的飞机")到 4.5 岁以后才出现。从这些例子我们可以看到词类
的习得对定中结构的习得的影响。

2．结构助词"的"

在现代汉语中，动词性成分修饰中心语一般要加上结构助词
"的"。名词性成分做修饰语，中心语不是亲属称谓名词而是一
般名词时，修饰语和中心语之间一般也要加上结构助词"的"。
形容词做修饰语时，由于韵律因素（主要是音节的多少）的影
响，有时也要求加上结构助词"的"。这就是说，能否正确使用
结构助词"的"，关系到儿童能否全面、完整地习得定中结构。
从本文第二部分的描述可知，儿童对结构助词"的"的用法尚
未完全正确地掌握，因此我们只能说儿童基本上掌握了定中结
构，但还不是完整、全面地掌握了定中结构。只有儿童完整地掌
握了结构助词"的"的使用规则，不再生成不合语法的无"的"
定中结构，这时我们才能说儿童较全面、完整地掌握了定中
结构。

3．语序

当充当修饰成分的词语在两个以上时，这就涉及排列修饰成
分的语序问题。学会正确地排列多个修饰成分的语序，也是儿童
全面地习得定中结构的重要一步。在简单的定中结构（只有一
个结构层次）的习得中，不涉及修饰成分的语序问题；而要习
得复杂的定中结构（结构层次在两个或两个以上），则必须掌握
多个修饰语的语序规则。从本文第二部分的描述中可以看到，绝
大部分多层定语的语序排列都是正确的，这说明儿童对多层定语
语序的掌握要优于对结构助词"的"的掌握。儿童对汉语的语
序掌握的质量较高，这同汉语语序的特点密切相关。关于汉语语
序的特点，请参阅徐通锵《语义句法刍议》（载《语言教学与研
究》1991 年第 3 期）。

4．组合

语言中的结构成分是线性排列的，但是结构成分之间的组合却是有层次的。结构成分之间组合的层次性反映在话语的生成中，就是结构成分的板块组合。儿童在生成复杂的定中结构时，也同样涉及板块的先后组合问题。复杂的定中结构的层次结构的走向有左向和右向之分，这实际上是两种不同的组块过程。以下面两例中的定中结构为例：

（被试对取样人说）我讲一个大桃子的故事。（2.5）

（被试讲自编的故事）他还偷我的解放军帽子，偷我的妈妈的钱。（3）

"一个大桃子的故事"的组块程序是：

一个＋｛［（大＋桃子）＋的］＋故事｝

"我的妈妈的钱"的组块程序是：

｛［（我＋的）＋妈妈］＋的｝＋钱

这种组块过程隐藏在线性的语言结构形式下面，使人们得到一种假象，仿佛复杂的句法结构的生成就是简单地排列词语的顺序而已。这就把话语生成的机制和儿童习得句法结构的复杂性大大简单化了。尽管我们还没有通过严格的实验来证明儿童话语生成中的组块过程，但是通过下面这两个例子我们可以窥见儿童话语生成中这种组块过程之一斑：

（被试讲到叔叔家的事）阿姨叔叔带我到那个大楼房，睡觉的那个大楼房。（2.5）

（被试讲故事）从前有一个狐狸，狡猾的狐狸，狡猾得很。（3.5）

从上一例中我们可以看到，"睡觉的那个大楼房"这个复杂的定中结构是先组合成"那个大楼房"，然后再组合为"睡觉的那个大楼房"。下面一例中，被试没有把"一个狐狸"和"狡猾的狐狸"合成为一个复杂的定中结构。不过如果合成的话，被试很可能只会合成为"一个狡猾的狐狸",而不会是"狡猾的一个狐狸",换言之,是把"狡猾的"同"狐狸"先组块,而后再和"一个"组块。关于这一点,儿童语言中有充分的例子来证明这一组块程序的极大可能性。

组合还包含着另外一个方面的内容,即定语同中心语之间的语义组合。关于这一点,我们在"三、语义关系"中已经做了描述和分析,请参阅。

(五) 儿童习得定中结构的基础、过程、手段和机制

1. 儿童习得定中结构的基础

幼儿是在同客观世界的接触中逐步建立起自我意识的。接近一岁的儿童开始能把自己的动作和动作的对象区分开来,以后又能把自己这个主体和自己的动作区分开来,出现了自我意识的萌芽。随后不久,儿童开始认识到自己的存在,知道了自己的名字,开始关心自己同周围事物的关系,渐渐懂得哪些东西是属于自己的,哪些东西是属于别人的。此时儿童已初步形成了自我意识。这种自我意识反映在儿童语言中,就是表示人名的名词和代词"我"修饰称谓名词和事物名词而构成的表示领属关系的定中结构:

阳阳爸爸｜我妈妈｜婷婷球｜我帽帽

上面这种无"的"定中结构和儿童早期习得的名词、动词、形容词共同构成了儿童习得定中结构的语言基础。

2. 儿童习得定中结构的过程

从我们取得的语料来看,儿童首先习得的是无"的"定中结构和"名₁+的"结构。这时儿童语言中的无"的"定中结构都是表示领属关系,句法手段是直接把领属者(如"我、阳阳、婷婷"等)附加在被领属者(如"球、爸爸、帽帽"等)的前面;而"名₁+的"这种"的"字结构则首先是通过模仿、练习而习得的。

　　儿童在同成人和大龄儿童的交往接触中，经常听到含有"名+的"和"名$_1$+（的）+名$_2$"的句子。由于智力和语言理解能力的限制，他们首先觉察到的是领属关系和表达这一关系的"名$_1$+（的）+名$_2$"结构和由"领属者+的"构成的替代领属物的"的"字结构。由于"名$_1$+（的）+名$_2$"的长度比"名$_1$+的"长，习得难度大，所以儿童首先习得的是"名$_1$+的"结构。儿童在理解的基础上不仅记忆了关于"名$_1$+的"这一结构的信息，而且在日常生活中还自觉或不自觉地模仿。例如，有一个1.5岁的被试××，他的妈妈买了几个苹果，回到家里把苹果从包里拿出来，一边拿一边说："这是宝宝的，这是爸爸的，这是妈妈的。"被试××在旁边跟着说："宝宝的，爸爸的，妈妈的。"从最初的情况看，儿童只是在简单地重复成人的现成话语。但是我们不能低估这种简单模仿的意义，正是在多次的简单模仿中，儿童强化了结构意识，掌握了结构形式。此后，儿童的语言能力得到进一步的发展。他们可以借助于一定的语境来替换"名$_1$+的"中的"名$_1$"。我们在托儿所里曾记录到这样两段对话：

　　①保育员：这只鞋是哪个的？

　　兰兰（1.5）：兰兰的。

　　②保育员：这是谁的手帕？

　　芳芳（1.5）：芳芳的手帕。

　　兰兰和芳芳的答话虽然具体形式和具体内容都不相同，但有一些共同的特点：第一，她们的答话同成人问话中的有关部分（"哪个的""谁的手帕"）保持着结构上的一致性；第二，根据表达的需要替换了部分实词（把"哪个"替换成"兰兰"，把"谁"替换成"芳芳"）。我们把这两个特点概括为"结构模仿+实词替换"。很明显，这种模仿是比简单的、亦步亦趋式的模仿更高层次的模仿。当"名$_1$+的"结构通过这种"结构模仿+实词替换"习得活动获得以后，就出现在儿童自发性的言语中，而不再依赖成人话语所提供的语境。这时，无"的"定中结构中的"名$_1$"为"名$_1$+的"所取代，"名$_1$+（的）+名$_2$"结构中的"名$_1$"和"名$_2$"也能够根据表达的需要进行替换。我们说这时的儿童已初步掌握了定中结构中的"名$_1$+（的）+名$_2$"结构。

在儿童掌握"名$_1$+（的）+名$_2$"结构之后，儿童习得定中结构的活动便进入了句法同化阶段。

从我们掌握的材料来看，"形+名"结构（"小球"）出现的时间在"名$_1$+名$_2$"结构（"婷婷球"）之后，在"形+的"结构（"小的"）和"形+的+名"结构（"小的球"）之前，而"形+的""形+的+名"这两种结构出现在"名$_1$+的"和"名$_1$+的+名$_2$"结构之后。根据这个时间关系，我们估计"形+的+名"的来源可能是"形+名"，而"形+名"结构之所以能够发展为"形+的+名"主要是受了"名$_1$+名$_2$"结构发展为"名$_1$+的+名$_2$"结构的影响。因为"形+名"结构和"名$_1$+名$_2$"结构同属无"的"定中结构。既然"名$_1$"的后面可以附加上"的"构成"名$_1$+的+名$_2$"结构，那么"形"的后面也可以附加上"的"构成"形+的+名"结构。

"动+的+名"结构的习得则可能是另外一种情况。通常情况下，"动+名"（如"买车"）是述宾结构，而"动+的+名"（如"买的车"）则是定中结构，有"的"无"的"大不一样。所以"动+的+名"结构不大可能由"动+名"结构发展而来。我们的解释是："动+的+名"结构的习得很大程度上依赖于"名$_1$+的+名$_2$"结构的习得。儿童在掌握"名$_1$+的+名$_2$"结构以后，逐渐抽象出更高层次的结构形式"X+的+名"结构。在成人语言的影响下，动词也逐步同化到结构中的"X"的位置上，从而形成了"动+的+名"结构。

在句法同化的同时，随着儿童智能的发展，儿童懂得了事物之间更多、更为复杂的相互关系，一些新的语义角色（如处所、时间、施事、受事、结果等）也不断地进入定中结构之中，这样，儿童语言中的定中结构便逐步成为能够容纳多种语义关系的句法结构。

3. 儿童习得定中结构的手段

儿童习得定中结构不仅需要一定的心理基础和语言基础，而且还需要使用一定的习得手段。儿童习得定中结构的主要手段有模仿、替换和扩展。

（1）模仿。儿童习得句法结构离不开成人语言的示范，同时也需要儿童自身的模仿、学习和练习。儿童习得活动中的模仿分为两种：一种是亦步亦趋式的模仿，即儿童完全模仿成人的话语。这种模仿活动一般发生在儿童习得语言的最初期。儿童在同成人和大龄儿童的交往接触中，经常听到含有定中结构的句子。由于智力、词汇量和语言理解能力的限制，他们首先领悟到的是表示领属关系"名、代＋名"定中结构，并且在日常生活中自觉或不自觉地模仿。从最初的情况看，儿童只是在简单地重复成人的现成话语。但是我们不能低估这种简单模仿的意义，正是在多次的简单模仿中，儿童强化了结构意识，为以后的定中结构的习得打下了基础。

另一种模仿是选择性模仿。这种模仿不是鹦鹉学舌，而是有选择性地模仿成人语言所示范的句法结构模式或特定的结构成分等。这种模仿活动常常同替换手段配合使用，构成"结构模仿—成分替换"学习活动。成人和儿童在进行"提问式示范—选择性模仿回答"教学活动时我们经常可以看到这种学习活动。所谓"提问式示范"是指成人向儿童提问时，用问句示范了一个含有疑问成分的句法结构。这样，儿童在回答时就不能简单模仿，而必须替换掉其中的疑问成分。"选择性模仿回答"是指儿童在回答成人的示范性提问句时，模仿成人问句的句法结构模式，而替换掉问句中的疑问成分（例如：谁的鞋子→我的鞋子）。由于涉及疑问成分的理解和替换，所以这种模仿活动的水平显然高于亦步亦趋式的简单模仿。"结构模仿—成分替换"这种学习活动进行多次，儿童就习得了最基本的定中结构模式"名、代＋（的）＋名"。

（2）替换。儿童掌握了最基本的定中结构模式以后，在前一阶段"结构模仿—成分替换"活动的基础上，儿童开始进行新的替换活动，即利用习得的"名、代＋（的）＋名"结构模式，用新的、不同的成分分别去替换其中的修饰语和中心语。例如：

  婷婷球→婷婷的帽子
  婷婷球→小球→好球→一个球
  我妈妈→我帽帽→我的手→我的刀
  大灰狼的故事→睡觉的故事→孔雀妈妈和大公鸡的故事→妈妈讲的故事

这样替换的结果，使定中结构模式容纳了多种多样的结构成分，不同性质的成分分别出现在定语和中心语的位置上，定中结构因而形成了不同的结构类型，定中结构的语义内容也逐渐丰富起来。

（3）扩展。儿童每掌握一种句法结构，都会运用添加的手段来扩展这种结构。在 2～2.5 岁儿童的话语中，定中结构一般还是比较简单的。随着儿童语言能力的发展，儿童开始对定中结构进行扩展，定中结构也逐渐变得复杂起来。从下面这几个例子中，我们可以清楚地看到儿童对定中结构的扩展：

  （被试要饼干，没有了。被试问）给老鼠吃完了？给这个洞里的老鼠吃完了？（3）老鼠→这个洞里的老鼠

  （被试跟爸爸谈话）我到××家，他给我吃狼耳朵，就是巧

克力做的狼耳朵。(3.5) 狼耳朵→巧克力做的狼耳朵

（被试手里拿着一个烟头）我手里有一个香烟根子，抽不起来的香烟根子。(4.5) 香烟根子→抽不起来的香烟根子

儿童习得句法结构的手段中，比较重要的还有句法同化。这种习得手段我们在"儿童习得定中结构的过程"一节中已有论述，请参阅。

总之，通过简单模仿和"结构模仿—成分替换"，儿童习得了定中结构最基本的句法结构模式和句法成分；通过替换和句法同化，定中结构的结构类型和语义内容日益多样和丰富；通过扩展，定中结构日益复杂，从而成为具有多种构成成分、多种语义内容和较多结构层次的句法结构。以上可能就是儿童习得定中结构的结构类型的基本过程和机制。

第二章 "的"字结构习得研究

一、引言

本章考察儿童语言中的"的"字结构的状况。我们首先描述儿童语言中"的"字结构的结构类型、语义关系及其转指功能，然后对儿童习得"的"字结构的相关的问题进行讨论。

指称和陈述是语言成分的两大基本功能。指称形态和陈述形态是语言表达的两种基本形态。指称形态反映在语法上是体词性成分，陈述形态反映在语法上是谓词性成分。指称形态和陈述形态可以互相转化。结构助词"的"就是把陈述形态转化为指称形态的句法成分之一。谓词性成分"VP"后加上"的"构成"VP 的"结构即转化为体词性成分，亦即由陈述形态转化为指称形态。

根据我们的初步观察，儿童对于谓词性成分首先掌握的是它的陈述功能，而后才学会把谓词性成分转化为体词性成分的。"谓→体转化"这一语言现象的出现标志着儿童语言能力的一个重要发展。"的"字结构的转指功能是我们考察的主要项目，而"VP 的"结构的转指功能又是我们考察的重点。我们拟根据朱德熙先生关于"VP 的"结构的歧义指数理论、自指和转指的理论，[①] 对汉族儿童运用"VP 的"结构表转指的状况进行考察，并对汉族儿童掌握"VP 的"结构转指功能的习得机制进行探讨，附带讨论一下与"VP 的"结构转指相关的问题。

二、结构类型和转指功能

儿童语言中的"X＋的"结构大致可以分为三类：①"NP＋的"。②"VP＋的"。③"AP＋的"。其中的"NP""VP""AP"分别指名词或名词性词组、动词或动词性词组、形容词或形容词性词组。

"X＋的"结构是体词性结构，可以充当主语、宾语、谓语，也可以单独成句，这是其句法功能。从语义功能来看，"X＋的"结构还可以转指"X＋的＋中心语"结构中的中心语，指称各种事物，并且可以从不同角度实现其转指功能。下面我们分别对儿童语言中的"X＋的"结构的转指功能进行描述分析。

（一）"NP＋的"结构及其转指功能

"NP＋的"结构转指中心语，实现其转指功能时，要受到它所转指的中心语同结构中的"NP"之间的语义关系的制约。当结构中的"NP"同中心语具备了一定的语义关系时，"NP＋的"结构才能转指中心语。在我们取得的语料中，"NP＋的"结构转指中心语的情况有以下几种类型：

1. "领有者＋的"转指领属物

这类"NP＋的"结构中的"NP"表示领有者，一般由表示人的名词或代词充当。"NP＋的"结构转指的中心语表示领有者的领属物。在这种情况中，领有者同领属物之间一般是非固有领属关系。下面是这类情况的例子：

（被试拿玩具）这是我的。（2）

（被试看见刚才玩的玩具给别的孩子拿去了，说）婷婷的！（"婷婷"是被试的名字。）（2）

（被试的妈妈来接被试回家，被试指着柜子上的帽子说）上面有我的，还有我的呢！（2.5）

（被试甲抱着玩具对乙说）这是老师的。（3）

（被试甲让乙先讲故事）先讲她的，等一会儿再讲我的。
（3.5）

（被试甲和乙吃东西。甲说）把我的也吃光了，那你的就拿出来了。（4）

2. "方位处所 + 的" 转指存在物

这类 "NP + 的" 结构中的 "NP" 表示方位处所，被转指的事物或者是 NP 所表示的整体事物上的一部分，或者是存在于 NP 所表示的方位处所的事物。这类 "NP + 的" 结构到 3 岁时才出现。下面是这类情况的例子：

（被试拿起玩具汽车看了看底座说）这是小轿车上面的。
（3）

（被试要取样人给他拿摆在柜子里的玩具钢琴）叔叔，你把这个里面的拿出来，把琴拿出来。（3.5）

（被试喝桂圆精喝到最后说）现在比上面的还甜些。（4.5）

3. "质料 + 的" 转指制成物

这类 "NP + 的" 结构中的 "NP" 表示用于制作物品的质料，被转指的是由这些质料制成的物品。这类 "NP + 的" 结构到 4 岁时才出现。例子如下：

（被试看取样人的书架）我看到这上面有个梅花鹿，瓷的。
（4）

（被试甲和乙玩跳棋。甲说）你这个跳棋是木头的，我那个是塑料的。（4.5）

（被试观察玩具，对取样人说）你看，前面是个小轮子，后面是个大轮子，小轮子是橡皮的。（5）

4. "颜色 + 的" 转指事物

这类 "NP + 的" 结构中的 "NP" 表示事物的颜色，这种颜色是被转指的事物的特征之一。例子如下：

（被试指着自己的鞋子说）穿红颜色的。（2.5）

（被试跟取样人谈话）我家有个小猫，是黄颜色的。(2.5)

（被试甲和乙谈论画画。甲说）我会画房子，房子还要涂颜色。（乙说）房子不要深颜色的。(4)

（被试讲故事）大公鸡把小公鸡一甩，哦，甩到河里去了。它本来是白颜色的，后来它甩的河里是蓝颜色的，它就变个蓝公鸡了。(4.5)

（被试甲和乙谈论饮料。甲说）杯子是草绿色的，还有咖啡色的。(5)

（二）"AP＋的"结构及其转指功能

"AP＋的"结构也能够表示转指。结构中的"AP"或者表示事物的形体特征，或者表示事物的色彩特征，或者表示事物的质量特征等。"AP＋的"结构转指的都是具有"AP"所表示的性质的事物。这类情况我们不再分别描述，一并举例如下：

（被试向阿姨要月饼吃）阿姨拿饼，不要小的，要大的。(2)

（老师发茶鸡蛋，被试说）我来吃这个大大的！(2)

（取样人看手表，被试说）我家有三个手表，还有白的，还有黑的，还有绿的。(2.5)

（被试甲向乙炫耀）我的枪是好的。(3)

（被试指着取样人裤子上的白条说）你这个裤子上白的是什么？(3)

（被试要给爸爸倒开水）爸爸，我给你倒点热的。(3.5)

（被试对取样人说）我妈妈代我买一个小红汽车是花的。(3.5)

（被试早晨起来穿衣服，对妈妈说）爸爸不让我穿这件，我穿漂亮的。(3.5)

（被试向取样人要糖吃）我不喜欢吃方的，我喜欢吃圆的。(4)

（被试甲和乙看汽车。甲说）那个黑的是方向盘。(4)

（取样人分玩具。甲说）我要好看的。(4)

（取样人问被试）前面有几个人？（被试）这个年轻的，还有一个年轻的，还有两个老奶奶。(4.5)

（三）"VP＋的"结构及其转指功能

"VP＋的"结构的转指功能是我们考察的重点。根据"VP＋的"结构中的动词和"VP＋的"结构的转指成分之间的语义关系，"VP＋的"结构的转指情况可以分为一下几种：

1. 指施事

这种用法在儿童语言中始见于2岁年龄段。例如：

（被试要喝汽水。取样人问：汽水呢？被试指着一个卖冰棒的说）在那边，卖冰棒的。(2)

（被试对取样人说）你画一个爸爸妈妈。（取样人画了一个戴眼镜的头像。被试不高兴地说）不要戴眼镜的嘛。(2.5)

（被试指着桌子上糕点对取样人说）当班长的吃那个。(3)

（被试讲到医院看病的情况）医生伯伯，一个穿白衣服的，男的。(3.5)

（被试指着公园的门说）去看猴子的买票。(4)

（被试甲和被试乙争论。甲说）农民是种菜的。（乙说）农民是种饭的。(4)

（取样人和被试走过拆掉的教工食堂。被试说）这个房子拆掉了，卖大馍的现在又不在这边卖大馍了。(4)

（经过花坛，被试要摘花。取样人问：摘什么花？被试说）就是长在那个泥巴上的。(4)

（被试和爸爸一起看电视。被试见屏幕上出现了两个苏联军官，问爸爸）爸爸，你讲是有胡子的高还是没胡子的高？(4.5)

（被试甲和乙比本领。甲说）我是开大炮的。(4.5)

（被试甲和乙斗嘴。甲说）我喊警察。（乙说）警察是管汽车的，不是打坏蛋的，他不是打仗的，他是管汽车的。(4.5)

上述例子中"VP 的"结构中的"VP"全部是述宾结构。

从句法结构来看，这些述宾结构的句法空位是主语；从动词的价来看，这些述宾结构中的动词绝大部分是双价动词，其配价结构多为P〈施事　受事〉，由于受事成分已出现在结构中，故其歧义指数为1，且只能转指施事成分。"卖冰棒的"和"卖大馍的"两例中的"卖"为三价动词，其句法空位为主语和近宾语，其配价形式中缺省的配价成分为施事和与事，其歧义指数为2。不过在这两例中儿童意在用"卖什么"指明一定的人，而不是表达实际的交换行为，所以例中"VP 的"的所指是确定的。

2. 指受事

这种用法在儿童语言中始见于2.5 岁年龄段。例如：

（被试指着取样人的圆珠笔问）叔叔，这个铅笔可是买的？(2.5)

（被试让取样人看自己的鞋子）我的鞋子多好看啊！在上海买的。(2.5)

（被试甲和乙分玩具。甲说）我拿的是坏刀。(2.5)

（被试指着取样人手里的笔说）这个铅笔可是买的？(2.5)

（被试对取样人说）我有好多东西，我妈妈给我的。(2.5)

（被试甲对乙说）我等一下拿机关枪，我爸爸妈妈买的。(2.5)

（被试看画册）小人穿的是小皮鞋。(3)

（被试指着画册上的黑猫警长说）他骑着车子，他骑的摩托车。(3)

（被试甲拿着《黑猫警长》对乙说）这是爸爸妈妈送给我的。(3)

（被试带了两瓶橘子水回家，对妈妈说）这是老师发给我的。(3)

（被试对取样人说）我家有两个皮鞋，下雪穿的。(3)

（被试甲指着一所小屋对乙说）这里面关的是坏人。(3.5)

（被试卖弄知识）最热的叫赤道，是妈妈教我的。(3.5)

（被试拿着手帕对取样人说）才买的都是新的。(3.5)

（被试跟取样人谈话）我妈妈好，因为我妈妈经常给我买吃的。(4)

（被试甲指着玩具不倒翁问乙）这是装钱的吧？（被试乙）这不是装钱的，这是玩的，万花筒也是玩的，这些都是玩的。(4.5)

（被试问妈妈）我留给你的瓜子你怎么不吃啊？是留给你的。(4.5)

（被试甲指着跳棋棋子对乙说）这都是涂上漆的。(4.5)

（被试给取样人讲假期出去旅游的情况）……在苏州看到的是虎丘剑池。(5)

在上面的例子中，"我拿的""小人穿的"两例里"VP 的"结构中的 VP 是一般主谓结构，其句法空位是宾语；其中的"V"为双价动词，其配价形式中缺省的是受事成分，其歧义指数为 1。"我妈妈给我的""爸爸妈妈送给我的""老师发给我的""妈妈教我的"几例中"VP 的"中的"VP"是双宾主谓结构，其句法空位是远宾语，其中的"V"为三价动词，其配价形式中缺省的也是受事成分，其歧义指数也为 1。"留给你的"是一个双宾"VP 的"，其句法空位是主语和远宾语，动词"留给"也是三价动词，其配价形式中缺省的配价成分是施事和受事，其歧义指数为 2，但上文已出现了"VP + 的 + 中心语"的完整形式，所以不会引起误解。"涂上漆的"一例情况与其他有所不同。"涂上漆的"是一个述宾结构，其句法空位是主语，为什么这个"VP 的"结构还能指称受事成分呢？这是因为动词"涂"是一个加工动词，可以联系三个配价成分，即施事、受事、工具。例中的"漆"是工具成分，因而"涂"的配价形式中缺省的成分为施事、受事，所以"涂上漆的"依然可以指称受事成分。其余几例中"VP 的"中的"VP"为动词，其句法空位是主语和宾语；动词的配价形式中缺省的配价成分是施事和受事，其歧义指数都大于1。不过由于语境的限制，例中的"VP的"所指是确定的。

给予类三价动词构成的"VP的"结构表示转指情况的出现，表明儿童配价能力的发展和"谓→体转化"能力的进一步发展。

3. 指工具

这种用法始见于2岁年龄段。例如：

（被试捡树叶子。取样人问：干什么？被试说）烧饭的。（2）

（被试玩取样人的指甲剪）刀削耳朵的。（2）

（被试在地上捡起一个断锹把，看了看说）这不是打猴子的。（取样人问：这是干什么的？被试说）打乒乓球的。（2）

（被试甲和乙斗嘴。甲说）我家有大刀，杀你头的。（2.5）

（被试甲拿着一个小杯子对乙说）我有这个小小的……喝酒的。（3）

（被试看图讲话）剪刀剪指甲。刀切菜。这是笔，笔写字的。（3）

（被试甲和乙玩烧饭的游戏。甲说）这当我们的小碗，吃饭的。（3.5）

（被试跟取样人说自己吃打虫药的事）有的药是杀害虫的。（3.5）

（被试指着桌子上的橡皮说）这做作业的。（4）

（被试甲和乙斗嘴时说到了消防车。甲说）消防车是救人的。（4）

（被试甲指着乙手里的书说）这是打谜语的。（4.5）

（被试甲和乙斗嘴。甲）军马是打仗的，它打不死的。（4.5）

（被试甲指着不倒翁问乙）这是装钱的吧？（4.5）

（被试甲让乙看自己的铅笔刀。乙说）削铅笔的嘛，我家也

有。(5)

在上面的例子中，"VP 的"中的"VP"全部是述宾结构，其句法空位都是主语；其中动词 V 的配价形式中缺省的配价成分为施事和工具，其歧义指数为 2。如"喝酒的"除了指酒杯以外可以指喝酒的人。儿童消除上述"VP 的"结构歧义的语言手段是在"VP 的"结构前先行用被指成分限定其所指，消除歧义的非语言手段是借助于实物。

4. 指结果

这种用法始见于 2.5 岁年龄段，其数量要比上面三种用法少得多。下面是几个例子：

（被试让取样人看自己叠的东西）你看，钢琴叠好了吧？是我自己叠的。(2.5)

（被试指着取样人画的头像问）这个是你画的？××叫你画的？(2.5)

（被试指着墙上的画对取样人说）这是我画的。(2.5)

（被试跟取样人谈话。取样人问：爸爸妈妈给你讲故事吗？被试说）妈妈讲的好听，我爸爸讲的不好听。(2.5)

（被试甲用笔在纸上画，对乙说）我写的你不认识。(3)

（被试用纸叠飞机）我叠的能飞。(4)

（被试给取样人讲到公园看菊展的情况）……看到一个菊花展览，小草做成的像个大鲨鱼。(4.5)

从上面的例子可以看出，指称结果成分的"VP 的"结构中的动词比较贫乏，这恐怕同儿童没有加工、制作的实践有很大关系。上面的例子中的"VP 的"结构中的"VP"都是主谓结构，故其句法空位都是宾语。除了动词"叠"可以联系受事、结果两种宾语外（如"叠纸""叠飞机"），动词"画""写""讲"都不联系受事宾语，所以由它们构成的主谓式的"VP 的"结构一般都是指称结果成分。例如"小草做成的"中的"做成"是一个动结式复合动词,故由它构成的"VP 的"指称结果成分是很自然的。

5. 指处所

这种用法只有一例,见于 2.5 岁年龄段:

(被试来到卫生间小便)这撒尿的。(意思是这是撒尿的地方。)(2.5)

6. 指范围

这种用法只有两例,分别见于 4.5 岁和 5 岁年龄段:

(取样人:昨天看电视了吗?被试)我没看电视,看电影的,是逮特务的。(4.5)

(被试看电视剧《末代皇帝》时说)今天又有打针的,像昨天一模一样。("打针的"指电视剧里面的情节,这里被试用来指代这部电视剧。)(5)

从以上的描述可以看出,汉族儿童语言中的"VP 的"结构用于转指的情况主要集中在指称施事、受事、工具三类语义成分上;"VP 的"结构中的句法空位一般为主语或宾语;"VP 的"结构中的动词既有一价动词,也有二价动词和三价动词;"VP 的"结构的歧义指数大部分为 1,也有为 2 的。当"VP 的"结构的歧义指数大于 1 时,儿童采用一定的语言手段或非语言手段消除歧义,以保证"VP 的"结构所指的确定性。

三、分析和讨论

(一)"的"字结构转指中心语的机制

在分析儿童掌握"的"字结构的转指功能的有关问题之前,我们先来解释一下为什么"的"字结构可以转指中心语,亦即"的"字结构转指中心语的机制,这样可以使以后的分析讨论更为清晰。

人们思维中的概念形式有两种,一种是综合形式,另一种是分析形式。概念的综合形式一般表现为词语，概念的分析形式则往往表现为词语的释义形式。也就是说，概念的分析形式可以认为是对概念的综合形式的解释。粗略地说，二者是等值的。例如，关于一种上螺丝的工具的概念，"螺丝刀"是概念的综合形式，"上螺丝的"则是概念的分析形式，二者指称的是同一种事物。不过，概念的分析形式往往是概念的最主要的内涵部分，而不是概念内涵的全部。所以，严格地讲，概念的分析形式只是指出事物某一方面最突出的特征，而不是全部特征。但是，用概念的分析形式指称事物是一种很方便的方式，所以在日常生活中人们经常使用这种方式。例如，"卖菜的"所指称的对象就不大好用专有的词语（例如"菜贩"）来指称。因为"卖菜的"中间还有一部分菜农。

在概念的分析形式中，有的表示的事物属性是事物固有的，例如"上螺丝的"中的"上螺丝"这一功能就是螺丝刀固有的功能；有的表示的事物的属性则是临时的、可变的。这种由临时的、可变的属性形成的概念的分析形式使用起来更为方便，因为人们可以运用这种方便分析形式随时对人或事物进行定义并指称。

说明了概念的分析形式和综合形式，我们也就解释了为什么"的"字结构可以转指中心语，因为二者之间的关系也就是概念的综合形式和分析形式之间的关系。在日常生活中，使用中心语或使用"的"字结构都可以达到指称人或事物的目的，而使用"的"字结构指称人或事物则更为方便、灵活。道理前面已述，此处不赘。特别应该指出的是，对于形成概念的综合形式的能力较弱的儿童来说，"的"字结构确实是他们指称事物的非常便利的工具。这样我们也就从一个方面解释了为什么汉族儿童语言中"的"字结构出现得较早，并且用法也较多样这一现象。

（二）儿童掌握"的"字结构转指功能的顺序

从上面的调查结果可以看出，儿童对"的"字结构的转指功能不是同时掌握的，而是有一个逐步掌握的过程。

在我们取得的语料中，各类"的"字结构转指中心语先后出现的情况如下：

"NP＋的"结构转指中心语的用法出现的顺序是："领有者＋的"（2）→"颜色＋的"（2.5）→"方位处所＋的"（3）→"质料＋的"（4）。

"VP＋的"结构转指中心语的用法出现的顺序是：转指施事、工具（2）→转指受事、结果（2.5）→转指范围（4.5）。

儿童掌握"的"字结构的转指功能之所以呈现上述顺序，主要是受到相关的因素的影响。根据我们的分析，影响儿童掌握"的"字结构的转指功能的因素有两个方面：一个是语言因素，另一个是儿童的认知因素。从广义上讲，任何语言知识的获得都与儿童的认知水平密切相关。因此，当我们讨论具体的语言知识的学习、获得时，不仅要分析语言方面的因素，而且还要联系认知方面的因素。

根据我们的分析，影响儿童掌握"的"字结构转指功能的具体因素可能有如下两个方面：

第一是儿童对"的"字结构所转指的事物的属性的认知。儿童是在同客观世界的接触中逐步建立起自己的知识和意识系统的。关于儿童自我意识的建立，有关的研究指出，接近一岁的儿童开始能把自己的动作和动作的对象区分开来，以后又能把自己这个动作的主体和自己的动作区分开来，出现了自我意识的萌芽。随后不久，儿童开始认识到自己的存在，知道了自己的名字，也开始关心自己同周围世界的关系，渐渐懂得了哪些东西是自己的，哪些东西是人家的。可以说，这时的儿童已初步形成了自我意识，这种自我意识也是儿童形成的最早的意识。所以，

"物—我"之间的领属关系和非领属关系也是早期儿童所关心的问题。这一认知活动反映在语言中，就是儿童运用"的"字结构指称属于自己的领有物。用来指称的"的"字结构中的名词性成分或者是"我"，或者是儿童自己的名字。这就是为什么"的"字结构转指领属物中心语的情况最早出现的基本原因。

在"NP＋的"结构转指领属物情况之后出现的其他各种情况的顺序是："颜色＋的"（2.5）→"方位处所＋的"（3）→"质料＋的"（4）。"方位处所＋的"结构所转指的中心语同"方位处所"或具有"整体—部分"关系，或具有存在的方向、位置关系，运用这类"NP＋的"结构指称事物，有待于儿童空间意识的发展，所以这类"名＋的"结构指称中心语的情况出现也较迟。至于"质料＋的"结构转指中心语直接涉及加工制作方面的知识，这些知识对于儿童来说，其习得难度是比较大的。除了简单的手工制作知识以外，其他加工制作知识有赖于教学才能获得，所以这类"NP＋的"结构转指中心语的情况出现得最迟。

第二是构成"的"字结构的语言成分之间的相互关系对习得顺序的影响。按照儿童自我意识形成的过程，在"VP＋的"结构转指中心语的用法中，似乎应该是"VP＋的"结构转指受事成分的用法首先出现。因为儿童首先把自己的动作和动作的对象区分开来，然后才把自己这个主体和自己的动作区分开来。也就是说，儿童对受事（动作的对象）首先认知。带着这个问题，我们分析了相关的语料。我们发现，初现阶段的转指受事的"VP＋的"结构中的动词性成分都是主谓结构（例子请见本书第44页"'VP＋的'结构及其转指功能"），而转指施事的"VP＋的"结构则都是述宾结构。宾语同述语的联系相对紧密，而主语同谓语的联系则相对松散，因此述宾结构更容易构成"VP＋的"结构去指称没有出现的主语成分，而主谓结构构成"VP＋

的"结构去指称受事一般要求述宾结构中的宾语空缺，这相对于述宾结构构成"VP＋的"结构去指称施事主语要困难一些，所以出现得也就迟一些。

"VP＋的"结构转指范围中心语出现在最后，这是符合认知难度同习得时间之间的关系的。但是"VP＋的"结构转指工具的用法比转指结果的用法出现得早，这一现象同西方格语法理论的某些观点不相符合。在西方格语法理论中，工具格是同动词较为疏远的外围格，一般较难被"VP＋的"结构转指。不过汉语同英语等印欧语是有区别的，汉语语法也自有区别于印欧语语法的特点。关于这一点，我们下面还要做进一步的讨论。

附带说明一下，在我们取得的语料中，"X＋的"结构要比"X＋的＋中心语"结构出现得早。形成这一情况的原因是：一是就指称功能来说，二者基本等值；二是"X＋的"结构比较短，习得难度小；三是儿童用"X＋的"结构指称事物更为方便。

（二）儿童掌握"X＋的"结构转指功能的手段和机制

从本章第二节的描述来看，在儿童语言中，"X＋的"结构转指中心语的用法已相当复杂。上面我们主要从认知角度解释了"X＋的"结构各种用法出现的先后顺序的原因，但是并没有具体地说明儿童是通过什么习得手段、根据什么机制来习得"X＋的"结构转指中心语的各种用法的。下面我们将讨论这个问题。

从习得机制的角度来看，儿童习得"X＋的"结构转指中心语的各种用法大致经历了如下过程：

根据我们的观察和对所取得的语料的分析，儿童首先习得的是"NP（领有者）＋的"结构转指领属物的用法。之所以如此，不仅是因为这一习得活动有儿童自我意识的基础，而且也有语言知识的基础。儿童自己的名字和代词"我"都是较早习得的语言项目，因而这些词语自然地较早构成"NP＋的"结构。

　　儿童早期的"NP＋的"结构是在理解的基础上，通过模仿而习得的。这种模仿或者是自觉的，或者是不自觉的。例如，我们观察到这样一个场面：被试××的妈妈买了几个苹果，到家后一边往外拿苹果，一边说："这是宝宝的，这是爸爸的，这是妈妈的。"××在旁边也跟着说："宝宝的，爸爸的，妈妈的。"这种模仿学习活动带有较多的机械学习的成分。这时儿童是把"NP＋的"结构作为一个整体来看待的，并没有把"NP"和"的"分化开来。但是，我们不能低估这种简单模仿学习活动的意义。这种简单模仿学习活动是儿童语言知识从无到有的必由之路。正是在多次的简单模仿中，儿童强化了结构意识，掌握了结构形式，为进一步学习打下了基础。

　　当儿童的语言能力进一步发展时，"NP＋的"结构的整体性开始动摇，逐渐变为可分解的结构。儿童借助于一定的语言环境，开始能够替换"NP＋的"结构中的实词。我们在托儿所取样时曾记录到这样两段对话：

　　①保育员问被试：这只鞋是哪个的？被试（1.5）答：兰兰的。

　　②保育员问被试：这是谁的手帕？被试（1.5）答：芳芳的手帕。

　　兰兰和芳芳的答话虽然具体形式和内容都不相同，但有一些共同的特点：

　　第一，她们的答话同成人问话中的有关部分（"哪个的""谁的手帕"）保持着结构上的一致性；

　　第二，她们根据答话的需要都替换了部分实词（把"哪个"替换为"兰兰"，把"谁"替换为"芳芳"）。

　　我们把这两个特点概括为"结构模仿＋实词替换"。显然，这种模仿学习活动的质量和难度都高于早期的简单模仿。通过这种模仿—替换学习活动，儿童才真正获得了"NP＋的"结构。

到了 2 岁,"NP + 的"结构便出现在儿童的自发性言语中,而不再依赖成人的话语所提供的语言环境,也不再依靠成人话语的诱导。这时,儿童语言中的"NP + 的"结构已经是一个组合性的结构了,其中的"NP"也能够根据表达或交际的需要进行替换。

儿童通过模仿—替换学习活动掌握了"NP + 的"结构以后,接下来又采取新的习得手段去学习更多的语言知识。当替换不再同模仿相联系,替换的成分也由同类而变为异类,这时"NP + 的"结构实际上已成为"X + 的"结构。这时,儿童习得"的"字结构的学习活动开始进入了句法同化阶段。

句法结构同语义内容之间存在"一对多"和"多对一"的关系。"一对多"是说一种句法结构可以容纳多种语义内容;而"多对一"则是说多种句法结构可以表达一种语义内容。前者"一对多"关系正是句法替换和句法同化得以进行的依据。所谓句法同化是说儿童在语言习得过程中,根据句法结构的概括性和可替换性,用不同性质的成分去替换同一个句法位置上的成分,例如用"VP"去替换"NP + 的"结构中的"NP",这就是异类替换,或者说把"VP"同化到"NP"的位置上。这样,"VP + 的"结构就出现了。句法同化的结果,形成了结构形式相同、语义内容复杂、转指功能多样的"X + 的"结构。

通过简单模仿和结构模仿—实词替换这两种习得手段而掌握"NP + 的"结构,然后通过句法同化获得"VP + 的"结构,并把多种语义内容容纳在同一结构中,这大概就是儿童习得"X + 的"结构的机制。

(四)儿童习得"VP 的"结构转指功能的基础

下面我们来重点讨论一下有关儿童习得"VP 的"结构转指功能的几个问题。

同习得其他句法结构一样,儿童习得"VP 的"结构的转指功能是需要一定的心理基础和语言基础的。儿童习得"VP 的"

结构转指功能的心理基础包括对人和事物的行为角色、特点功能及其同动作行为之间的关系的认知和把握，以及概念的分析形式的形成及其和综合形式等值关系的建立；儿童习得"VP 的"结构转指功能的语言基础则包括三个方面，即"VP"结构的习得、结构助词"的"的习得和"X + 的"结构模式的习得。

语言知识的习得离不开对客观世界的知觉和认识，离不开儿童心理水平的发展。汉族儿童习得"VP 的"结构的转指功能的心理基础必须依赖于儿童的感知能力、动作行为能力和思维能力的发展。这些能力达到相应的水平，儿童才能把握、理解 VP 结构所表达的语义内容，也才能运用"VP"结构去表达相应的语义内容，在此基础上才能把"VP"结构由陈述形态转化为指称形态去指称相应的事物。

根据有关的研究，1 岁末的儿童开始能区分动作和动作对象，20 个月的儿童已能运用较简单的器具完成较精密的操纵、处置性动作。这些方面的发展，使儿童对自我、他人、客体事物、动作行为及其间的关系有了一般的、较明确的认识，并建立起动作者、动作对象、凭借物、动作行为这些表象类型及其间的联系，也使儿童逐渐掌握了施事、受事、工具、动作行为这些语义成分的性质及其间的联系。

思维能力的发展，使儿童对人和事物的属性、关系（例如他人同自我的关系、人和动作行为的关系、事物同动作行为的关系、事物同人的关系、事物对于人的价值等）有了较为明确的认识，逐渐概括出词语的较朴素的意义。如前所述，名词是概念表达的综合形式，而指称性的"VP 的"结构则是概念表达的分析形式。例如食物就是"吃的（东西）"，玩具就是"玩的（东西）"，吃、穿、用的东西是"爸爸、妈妈买的"，厕所是"撒尿的或屙粑粑的（地方）"，夏天站在马路边吆喝的是"卖冰棒的"，站在食堂里出售食品的是"卖大馍的"等。这些朴素词义的概括抽象，使儿童逐渐形成了事物概念的分析形式，并逐渐与概念的综合形式——词语建立起等值关系。这种概念的分析形式的形成及其与综合形式等值关系的建立，是儿童把陈述形态的"VP"转化为指称形态的"VP 的"结构必要的心理基础。

从另一方面说，儿童运用"VP 的"结构指称施事、受事、工具等成分也反映了儿童对人和事物的功能、作用的认识，也反映了儿童对相应的名词意义的理解和掌握。例如：警察 = 管汽车的，玩具 = 玩的（东西），铅笔刀 = 削铅笔的（东西）。由此看来，儿童运用"VP 的"结构表示转指同儿童的逻辑—语义水平的发展也是分不开的。这一点也说明了句法和语义是密切相关、互相作用的。

从我们取得的语料来看，汉族儿童在 1.5 岁时就能够使用述宾结构和主谓结构，例如：

抱宝宝/喝水/关门/吃饼饼/打人/揩屁股/写字/

叠个小老鼠/给我/我拿球/奶奶买饼干/我坐这里了。

这些主谓结构和述宾结构是构成"VP 的"结构必不可少的基础之一。

（五）儿童习得"VP 的"结构转指功能的手段和机制

如前所述，儿童通过"结构模仿—实词替换"手段逐渐习得了"NP + 的"结构的指称用法和结构助词"的"的语义功能，进而通过句法抽象，逐步抽象出具有概括能力的结构模式"X + 的"。然后，儿童通过句法同化手段，逐渐把"VP"成分同化到结构模式中的 X 位置上。上述这些方面可以说是儿童习得"VP 的"结构的内部因素。从外部因素来说，成人语言的输入，成人—儿童交际中儿童对"VP 的"结构的运用和成人的纠错、教学活动，都促进了儿童的这一习得过程。在上述两个方面的作用下，儿童逐步掌握了"VP 的"这一结构形式。

仅仅习得"VP 的"结构的结构形式还不能说儿童已经习得

了"VP的"结构的转指功能。因为"VP的"结构表示转指还有其句法上的要求和限制，那就是："VP的"结构必须处于非定语位置上，其句法位置由定语转移的主语、宾语或谓语，其句法功能由修饰转变为转指，其句法地位由附加转变为独立。也就是说，儿童要完全习得"VP的"的转指功能，还必须完成其句法功能的转变。在这一习得过程中，有一个把说明性的"VP的"转化为转指性的"VP的"变化，实际上也就是取消"VP的"结构的谓词性功能，增加其体词性功能。当"VP的"结构处于定语位置上时，其谓词性功能已经部分地减弱，而其体词性功能则部分地加强。在儿童已经掌握"NP＋的"结构的指称用法后，儿童就把"VP的"结构同"NP＋的"结构在功能上相比较，并逐渐把"VP的"结构放置在"NP＋的"结构的位置上，使二者在句法功能上逐渐等价。到了这个时候，我们才能够说儿童比较完全地掌握了"VP的"结构的转指用法及其转指功能。

（六）儿童语言中的"VP的"结构转指功能与成人语言的差异

"VP的"结构转指的语义成分比较多样。根据我们的观察，"VP的"结构表转指的情况大致如下：

指施事：骑车的/买菜的。

指受事：刚买的/才借的。

指工具：这把刀是切肉的。/这把钥匙是开锁的。

指结果：这封信是我写的。/这张画儿是他画的。

指目的：这个会议是语言所筹备的。/小张攻读的是博士学位。

指材料：这些木料是打家具的。/这些毛线是打毛衣的。

指处所：这间屋子是堆化肥的。/这个橱窗是放样品的。

指方式：他跑的是马拉松。/他存的是活期。

指与事：给的是老王。/小偷偷的是老李家。

指范围：刚才那个电影是个打仗的。/这个故事是个抓坏蛋的。

从本书第 44 页 "VP + 的" 结构及其转指功能的描述我们可以看到，儿童语言中表示转指的 "VP 的" 结构共有 6 种类型，分别为指称施事、受事、工具、结果、处所和范围。实际上指称处所的情况只有一例，指称范围的情况只有两例，指称结果的用例也比较少，所以儿童语言中的 "VP 的" 结构用于转指的情况主要集中在指称施事、受事、工具三类语义成分上。由此看来，儿童语言中的 "VP 的" 结构转指的范围要比成人语言中的 "VP 的" 结构转指的范围小得多。这是二者的主要差异。

那么，造成这种差异的原因是什么呢？

毫无疑问，造成这种差异的因素是多方面的。但是我们最关心的是造成这种差异的语言因素。带着这个问题，我们重新观察了儿童语言中的 "VP 的" 结构。结果发现，出现在儿童语言中 "VP 的" 结构中的动词相当贫乏。列举如下：

哭 叫 死 抽 生 长 弹 拔 变 当 有 买 卖
戴 穿 看 种 管 拿 骑 玩 装 涂 烧 削 打 杀
逮 喝 吃 做 救 叠 画 写 讲 给 教 送给 发给
留给 打针 撒尿 做梦 打猎 打仗

上述动词中，有的只能联系施事成分（例如：哭、叫、死、做梦），因而这些动词构成的 "VP 的" 结构只能指称施事成分；有的一般只联系施事、受事、结果三种成分（例如：写、画、叠、讲），因而这些动词构成的 "VP 的" 结构一般也只能指称这三种成分；有的一般只联系施事、受事、与事三种成分（例如：给、教、送给、发给、留给），由于与事成分一般不空位，因而这些动词构成的 "VP 的" 结构一般也只能指称施事、受事成分。其余的动词一般只联系施事、受事、工具三种成分，因而这些动词构成的"VP的"结构一般也只能指称这三种成分。

我们在考察儿童习得其他句法结构时发现，儿童习得句法结构的速度要高于习得词汇的速度，句法结构相对完备而构成句法结构的词语相对贫乏是儿童语言的特点。通过对儿童语言中的"VP的"结构的考察，我们又一次证实了这一结论。

（七）工具格在汉语句法结构中的地位

对于工具格在汉语句法结构中的地位，我国语法学界有不同的看法。下面我们结合儿童语言中"VP的"结构表转指的情况，对这个问题进行讨论。

袁毓林先生在前人研究的基础上进一步考察了"的"字结构自指、转指的情况以及"的"的语法、语义功能。他在《谓词隐含及其句法后果》一文中指出：

"的"字结构的称代规则可以在句法、语义和语用三个平面上加以概括。从句法上看，在"X＋的＋Y"中，"的"字结构"X＋的"要称代中心语 Y，必须满足下列句法约束（syntactic constraint）条件：

（1）X 中必须有句法空位，这个空位受 X 中的谓词（包括隐含的谓词）或有价名词的支配。

（2）Y 跟 X 中的空位同指（co-reference），即 Y 是 X 的从属成分。

"的"字结构称代中心语的句法规则是：

（3）在"X＋的＋Y"中，如果 Y 是从 X 中提取出来的从属成分，那么"X＋的"可以转指 Y。这是"X＋的"称代 Y 的必要条件，但不是充分条件。

"的"字结构称代中心语的语义规则是：

（4）在"X＋的＋Y"中，如果"X＋的"是 Y 的区别性定语，那么"X＋的"可以称代 Y。

"的"字结构称代中心语的语用规则是：

（5）在具体语境中，如果"X＋的"能明确地指示 Y，那么"X＋的"可以称代 Y。

袁毓林先生认为，"VP＋的"结构在语义类型上都是表转指的，它转指跟 VP 直接或间接相关的某一种语义格。不过提取不同语义格的"VP＋的"具有不同的句法、语义功能。只有提取核心格的"VP＋的"才有独立的转指功能，可以自由地做主、宾语；提取其他格的"VP＋的"不同程度地缺乏独立的转指功能，通常只能做同位性定语。他认为，施事、当事、受事、结果等是同动词关系紧密的核心格（kernel case），提取施事、当事和受事、结果的"VP＋的"是自由形式，它既能做定语修饰中心语，又能转指中心语独立做主宾语；与事、工具等是跟动词关系较松的外围格（peripheral case）；时间、地点等是跟动词关系很松的环境格（situational case）。提取时间、处所、工具、与事等的"VP＋的"是黏着形式，它通常只能做定语修饰中心语，不能转指中心语独立做主宾语。②

从"VP＋的"结构及其转指功能（见本书第 44 页）的描述中可知，汉族儿童很早（2 岁时）并且较自由地运用"VP 的"结构转指工具（见本书第 47 页）。这一情况同袁毓林先生关于"VP 的"结构转指工具的结论不太一致。现在要讨论的问题是：在汉语句法结构中，工具格是不是核心格？提取工具格的"VP 的"是不是像袁毓林先生所讲的那样"通常只能做同位性定语"？

朱德熙先生在《自指和转指》一文中指出："'VP 的'结构所表示的转指意义的范围很广。它可以指动作的施事，也可以指受事、与事、工具等。"朱先生举出的"VP 的"结构转指工具的例子是：

吃药的（杯子）｜裁纸的（刀）｜我开大门的（那把钥匙）｜装书的（箱子）。③

陆俭明先生在《"的"字结构和"所"字结构》一文也指出"VP的"结构可以转指工具。陆先生举出的例子是：

抽的是烟斗。

洗的是凉水。

切的是这把刀。

切熟肉的是那把刀。

这支笔是画画儿的。

我自己做了个舀水的。

把切熟肉的给我拿来。④

朱德熙先生和陆俭明先生指出了"VP的"结构可以转指工具（不限于只做同位性定语）的语言事实，但却没有解释可以转指的原因。根据我们的观察，"VP的"结构能否转指工具，跟"VP的"结构中动词的性质关系十分密切。如果"VP的"结构中的 V 的配价结构中包含着工具成分，或者说工具成分是 V 的配价成分（是 V 的一个向），那么就可以被这个"VP的"结构转指；否则则不能被转指。

周国光在《确定配价的原则与方法》一文中论证了动词的词汇意义是决定动词配价的基础。并指出：不能笼统地把工具成分一律排斥在动词的配价成分之外，而要在语义分析的基础上确定其是否为配价成分。对于加工制作动词来说，工具成分同它们的联系是相当紧密的，有些动词本身就是工具性名词演变转化而来，如"锁、锯、锄、锉、犁、耙"等，因而这些动词的意义中包含着相应的工具意义成分，工具成分自然也就是这些动词的配价成分。⑤

物的有用性也许是人对物的价值最朴素的认识。凡是物，对于人总是有一定的使用价值，或可吃，或可玩，或可以做某事，或可以做成某种东西。儿童的认知能力虽然较成人低，但在对物的有用性的认识上与成人却只有量的区别，而没有质的差别。关于这一点，大家只要看一下上文举出的儿童语言中"VP 的"结构转指工具的例子就很清楚了。这样，事物随着人们对它们的认知，就逐渐具有了受事、工具、质料等性质，或者说，受事、工具、质料这些性质是人们对自身、事物和动作行为之间的关系认知的结果。因此，工具属性是事物名词的重要属性，工具格也是同相关动词关系十分密切的核心格之一，而不是关系疏远的外围格。工具成分包含在加工制作动词的语义之中，并且可以从其词汇意义中推导出来的，因而毫无疑问是这些动词的配价成分。关于这一点，我们只要看一下《现代汉语词典》对相关动词、名词的释义就很清楚了。例如：

切　用刀把物品分成若干部分。

刀　切、割、削、砍、铡的工具。

捆　用绳子等把东西缠紧打结。

绳子　用两股以上的麻、棕毛或稻草等拧成的条状物，主要用来捆东西。

犁（名）　翻土用的农具。

犁（动）　用犁耕地。

此类例子甚多，稍微翻阅一下《现代汉语词典》就可以找到很多。（此处从略）

上面我们从语义上证明了工具名词同相关动词密切的语义联系，说明工具格是同相关动词语义关系密切的核心格。其实，从句法角度来看，工具成分同谓语动词的关系也是很密切的。其一，工具成分可以不借助于介词的引介而直接同动词组合成述宾结构，例如：

打枪｜抹泥｜捆绳子｜打肥皂｜写毛笔｜炖砂锅｜抽鞭子｜盛大碗

按照格语法理论，上述这些述宾结构充当句子的谓语时，其中的工具成分都是域内成分，理应看作动词的核心格。其二，工具成分也可以占据主语位置，同述宾结构构成主谓结构。例如：

    这根绳子捆箱子

    这十块钱买肉

    这块肥皂洗衣服

    这个砂锅炖牛肉

当我们用这些句子中充当谓语的述宾结构构成"VP 的"结构时，同样也可以指称主语位置上的工具成分。例如：

    这根绳子捆箱子的

    这十块钱买肉的

    这块肥皂洗衣服的

    这个砂锅炖牛肉的

即使给上述这些述宾结构补上施事主语，它们依然还可以表示转指。请看：

    这根绳子我捆箱子的

    这十块钱我买肉的

    这块肥皂我洗衣服的

    这个砂锅我炖牛肉的

联系上文朱德熙先生、陆俭明先生举出的转指工具的例子，我们可以看到，"VP 的"结构转指工具格时，并非像袁毓林先生所说的那样，"通常只能做同位性定语"。

另外，对于处所格（或者说表示处所的成分）也不能一概而论，也应根据汉语的特点和语言事实来归纳有关的规则。朱德熙先生曾指出汉语中有一类附着动词（如"坐、站、躺、挂"等）。附着动词可以直接带处所宾语而不用介词引入，处所成分也可以做附着动词构成的述宾结构的主语。例如：

    屋里堆化肥　　化肥堆屋里

    橱窗里摆样品　样品摆橱窗里

    书架上放杂志　杂志放书架上

箱子里装旧书 旧书装箱子里

由于附着动词的词汇意义中包含着相应的处所成分，所以附着动词的配价结构中也要求处所成分与之同现。换言之，处所成分是附着动词的配价成分，并且在句法形式上也可以同附着动词构成述宾或主谓关系。这样，处所成分也可以被附着动词构成的不饱和的"VP的"结构所转指。例如：

这间屋子堆化肥的

这个橱窗摆样品的

这个书架放杂志的

这个箱子装旧书的

给句中的"VP的"结构补上施事主语，处所成分依然可以被转指：

这间屋子公社堆化肥的

这个橱窗商店摆样品的

这个书架系里放杂志的

这个箱子老张装旧书的

由此可见，对于处所成分能否被转指也应该具体情况具体分析，特别要注意汉语的特点。

以上我们从语义、句法两个方面说明了工具格是同加工制作动词关系密切的核心格，同时也说明处所成分是同附着动词关系密切的语义格。不过，上面还留下一个问题没有解释。

观察"这根绳子我捆箱子的"这一组例句，我们可以看出，工具成分"这根绳子"是被"我捆箱子的"这个"VP的"结构所转指的。"这间屋子公社堆化肥的"这一组例句情况也相似。按照袁毓林先生的观点，"我捆箱子"中已无句法空位，"我捆箱子的"也不能表示转指。但实际情况并非如此。那么，为什么像"我捆箱子"这样"没有句法空位"的"VP"构成的"VP的"结构还能表示转指呢？

　　朱德熙先生在《语法答问》中曾经指出："跟印欧语比较的时候，主谓结构可以做谓语是汉语语法的一个明显的特点……主谓结构做谓语的格式是汉语里较常见的句式之一。应该看成是正好跟'主—动—宾'相匹配的基本句式。"⑥根据朱德熙先生的这一论断，我们可以由此推导出以下结论：在汉语中，以动词为核心的句法结构构成"VP的"结构中可以有三个句法空位，即大主语、小主语、和宾语。双宾结构中实际上只可能出现主语和受事宾语两个空位，与事宾语一般不空缺。当小主语和宾语位置上没有空位而大主语位置上有空位时，这时"VP的"结构仍然可以表示转指。换一种更简单的说法，我们可以把主谓结构做谓语的格式看作一个名词加上一个单向动词构成的主谓结构。当这个主谓结构中的主语空缺时，这个主谓结构中就出现了句法空位。这样，由这个空缺主语的"VP"构成的"VP的"结构依然具有了转指功能。这样，我们也就解释了为什么"我捆箱子"构成的"VP的"结构还能表示转指的原因。这种解释同袁毓林先生给出的"的"字结构转指中心语的规则并不矛盾，不过把"VP的"中可能并且允许出现的结构空位增加了一个。

　　当然，并非所有的大主语都能被"VP的"结构转指。那么，什么样的大主语能够被"VP的"结构转指呢？

　　通过以上举例，我们可以发现：当大主语是某个动词的配价成分（或曰一个向）时，这时大主语可以被由这个动词构成的不饱和"VP的"结构所转指；否则不能被转指。例如：

　　　　这辆汽车我们装行李的

　　　　这块布料妈妈做上衣的

　　　　这盆热水我洗头的

　　　　这块面我擀面条儿的

　　以上我们论证了工具格在汉语句法结构中的核心格地位，讨论了相关的问题。我们觉得，归纳"VP的"结构的转指规则时要结合汉语的特点，例如，主谓结构做谓语的句式，可以直接带工具、处所宾语的动词小类，以及加工制作动词、附着动词的语义特点等。

也许，西方一些语言学家把工具格看作外围格有他们的理由。但是在汉语中，工具格却是同动词关系密切的语义格之一。无论是从工具名词同相关动词的词汇意义的联系来看，还是从工具成分在句法平面同谓语动词的联系来看；无论是从成人语言中工具成分被"VP 的"结构指称的情况来看，还是从儿童语言中"VP 的"结构指称工具成分的情况来看，我们都无法否认工具成分同动词联系的密切性。

注　释：

①朱德熙．"的"字结构和判断句［M］//现代汉语语法研究．北京：商务印书馆，1980：125 – 150．自指和转指［M］//语法丛稿．上海：上海教育出版社，1989：55 – 84．

②袁毓林．谓词隐含及其句法后果［J］//中国语文，1995(4)，247 – 252（有修改）．

③朱德熙．自指和转指［M］//语法丛稿．上海：上海教育出版社，1989：55 – 59（有修改）．

④陆俭明．"的"字结构和"所"字结构［M］//现代汉语虚词散论．北京：北京大学出版社，1985：231 – 248．

⑤周国光．确定配价的原则与方法［M］//现代汉语配价语法研究．北京：北京大学出版社，1995：6 – 19．

⑥朱德熙．语法答问［M］．北京：商务印书馆，1985：8（有修改）．

第三章　状中结构习得研究

一、引言

　　状中结构是汉语中的基本句法结构之一。本章考察儿童语言中的状中结构的状况。我们首先描述儿童语言中的状中结构的类型，然后分析其语义关系和句法功能。在此基础上，探讨汉族儿童习得状中结构的手段和机制。

　　状中结构由谓词性结构附加上修饰性成分而构成。汉语中的谓词性结构包括动词性结构和形容词性结构，常见的充当修饰性成分的有副词、形容词、介词结构等。本章主要考察副词和副词性结构、形容词和形容词性结构以及其他性质的成分修饰动词性结构的状中结构的状况。介词结构做状语的情况请参阅本书中关于儿童语言中的比较句、"把"字句、空间句、被动句等句式的描述和分析。

　　我们对取样获得的语料做了初步分析，分析的结果表明，1～3.5岁是儿童习得状中结构的发展阶段，到了3.5岁，各种性质的状语和中心语构成的状中结构基本上都出现了，此后开始进入稳定期。因此，我们将对1～3.5岁儿童语言中的状中结构做重点描述分析。

二、状中结构以及状语、中心语的类型

　　状中结构由状语和中心语两部分构成。在儿童语言中，状语和中心语分别是由不同类别的成分充当的，状语和中心语相互之

间在功能、语义方面还有着一定的选择性。也就是说，状语和中心语之间是相互适应的。下面我们分别描述各类状中结构构成的状况。

（一）状语的类型

充当儿童语言中状中结构的状语成分的句法类别有副词、形容词、时间名词、动词、象声词等。下面分别描述。

1. 副词做状语

副词性状语在儿童语言中比较常见，出现的频率也比较高。副词做状语的情况首见于1.5岁。2岁以后，副词做状语的情况大量出现。充当状语的副词有程度副词、范围副词、时间副词、频次副词等。

（1）程度副词做状语。

1～3.5岁儿童语言中出现的程度副词如下：

①还：表示程度加高，数量增加，范围扩大，更进一层。1.5岁时出现。使用较多。例如：

（被试吃了右手的饼干，伸右手说）没有了。（又伸出左手）还有。(1.5)

（被试跟两个保育员再见）奶奶再见，还有个奶奶再见。(1.5)

（被试跟取样人谈话）我家有大汽车，还有小汽车，还有黑猫警长书，还有黑猫警长手绢，还有唐老鸭手绢。(2)

（取样人给被试搽风油精，被试说）好辣！……还搽。(2)

（被试对取样人说）我吃咸的还吃糖。(2)

（被试吃完月饼喝完水说）我吃完了，我喝光了。（又要）我还吃。(2)

（被试甲对取样人说）我还会唱歌。（被试乙说）我还会唱小白兔歌 (2.5)

（被试甲、乙谈论变形金刚。甲说）机器人霸天虎，会打枪还会变形。(2.5)

（被试跟取样人谈话）妈妈还给我看唐老鸭，还给我看米老鼠。我爸爸还带我看灯笼，还代××买灯笼。（2.5）

（被试指着一棵大树）大树，这么高！……我比大树还高！（2.5）

（被试甲、乙比个子。甲说）我吃饭了，长得好高好高哟！比树还高！（2.5）

（被试讲"阿里巴巴和四十大盗"）他偷人家的金银财宝，还偷人家的书，偷人家的钥匙。（3.5）

（被试对取样人说）我爷爷奶奶还要比我爸爸妈妈年纪大一些。（3.5）

（被试甲看乙写字）××写字好整齐哟，××写字比我还整齐呢！（3.5）

②好：表示程度高。2 岁时开始出现，使用的最多。例子如下：

（被试甩积木）我甩积木，一二三，（甩了出去）我甩好高。（2）

（取样人给被试搽风油精，被试说）好辣！……还搽。（2）

（被试让取样人看自己的手）好胖的。（2）

（被试闻到一股臭味）好臭！（2）

（被试甲指着自己的脸说）妈妈带我回家搽香的。（被试乙说）好香，好香。（2）

（被试抱来了几个玩具）好多好多。（2）

（被试从台阶上跳下来）好危险呀！（2.5）

③真：表示程度高或确实如此。2 岁时开始出现。例如：

（被试玩玩具兔子）小白兔蹦蹦跳跳真可爱。（2）

（被试玩玩具，拿起一把枪）这唐老鸭枪吧？真闪光的吧？（2.5）

（被试闻一朵玫瑰花）好香好香！（对取样人说）真香吧。喷香的。（2.5）

（被试对着一辆汽车说）大汽车，真听话。(2.5)

（被试喝奶粉）啊，真好喝！(3)

（取样人装大灰狼逗被试，被试说）大灰狼来啦，大灰狼真的来啦！(3)

（被试看爸爸画火车）你画得真像火车。(3.5)

（被试的鞋子掉了一只）哎呀，我的鞋子丢啦，我的鞋子真的掉啦！(3.5)

（被试走出了汗）走一头汗，我的汗真出来啦。(3.5)

④老：表示程度高。2岁时开始出现。例如：

（被试来到公园后门）小猴子在爬树，爬，爬，爬，爬老高哟！(2)

（被试蹦蹦跳跳地走路）我蹦老高老高哟！(2.5)

（取样人说：这孩子肚子大。被试听到说）我肚子挺得老远老远。(2.5)

（被试对取样人说）叔叔，我见到一个老大的猫，我一点也不怕。(3.5)

（被试）我去过一个地方。（取样人：什么地方？被试）就是我小时候老早去过的，我爸爸就在那上班。(3.5)

（被试在地上看到一个塑料扣子）是我老早以前穿的那个菊花衣服上的扣子掉下来了。(3.5)

⑤多：表示程度高。2岁时开始出现。例如：

（被试看画册）黑猫警长多好看啦。(2)

（被试跑了几步）我跑得多快呀！(2.5)

（被试让取样人看自己的鞋子）我的鞋子多好看啊！在上海买的。(2.5)

⑥蛮：表示程度比较高。2岁时出现，使用不多，3.5岁前仅两例：

（被试玩手帕）这个（手帕）蛮好的。(2)

（被试听爸爸妈妈唱完了歌说）你们都唱得蛮好的。(2.5)

⑦有点：表示程度较浅。2 岁时出现。3.5 岁前仅一例：

（被试听大灰狼故事时插嘴）外面有大灰狼。小白兔有点害怕了，跑了。(2)

⑧太：表示程度高。2.5 岁时出现。例如：

（被试觉得自己的枪不顺手）我的枪太大了。(2.5)

（被试甲从水泥墩跳下来以后指着乙说）他太小了，蹦不起来。(2.5)

（取样人抱起被试，被试说）我太小了。我爸爸为什么要抱我呀？(2.5)

（爸爸逗被试：你吃辣椒好吧？被试）辣椒太辣。(3)

（被试洗脚）太烫啦，把脚上的虫烫坏啦！(3.5)

⑨最：表示程度达到极点，超过其他。2.5 岁时出现，使用较多。例如：

（取样人把被试抱在窗台上，被试说）我站得高，我站得最高。(2.5)

（被试甲、乙比赛跑。甲说）我第一，我第一名，我跑得最快！(2.5)

（被试在取样人家里玩玩具）我家有最漂亮最漂亮的玩具。(2.5)

（被试看画册讲故事）黄牛伯伯有力气，一顶，就把那个大灰狼顶，顶出去了。黄牛伯伯最厉害，黄牛伯伯好厉害！(3)

（被试跟妈妈说话）……我衣服是阿姨给我买的，我最喜欢××的妈妈。(3)（阿姨和××的妈妈是一个人。）

（被试看画册）桃子，孙悟空最喜欢吃桃子了。(3)

（被试讲“阿里巴巴和四十大盗”）强盗头子最坏了，……(3.5)

⑩很：表示程度高。3 岁时出现。例如：

（过去了一辆小汽车。被试说）小汽车很漂亮嘛。(3)

（被试甲、乙比富。甲说）我妈妈给我买的很漂亮的雨伞，还有小熊猫。(3)

（被试玩蚂蚁）蚂蚁很厉害，但是斗不过×××（自己的名字）。(3.5)

（被试听故事，插嘴说）狐狸很狡猾，大灰狼也很狡猾。(3.5)

⑪更：表示程度上高了一层，进了一步。3.5岁时出现。3.5岁前只有一例：

（回家的路上，爸爸跑了几步，问被试：爸爸跑得快不快？被试说）爸爸跑得快，我跑得更快。(3.5)

⑫差一点（差点儿）：表示程度高。3.5岁时出现。3.5岁前两例：

（被试跑步闪了一下）我刚才差一点跌倒。(3.5)

（被试走路闪了一下）我刚才没差点儿跌倒，把头快要跌破了。（被试实际上想说的是"差点儿没跌倒"，这句说错了。）(3.5)

⑬快要：表示程度高。3.5岁时出现。3.5岁前一例：

（被试走路闪了一下）我刚才没差点儿跌倒，把头快要跌破了。(3.5)

⑭透：表示程度高。2.5岁时出现。3.5岁前只有一例：

（被试对取样人说）我头发透潮的。(2.5)

在上面的例子中，除了"还""真""有点""最"修饰的中心语是动词性成分外，其他中心语都是形容词性成分。此期儿童用得最多的程度副词是"好"。根据儿童对程度副词使用的情况来看，儿童对高程度较易掌握，特别是没有量级区别的高程度；而对低程度则不易掌握。例如，副词"还"既可以表示高程度（例如"比天还大"），也可以表示低程度（例如"他水平还可以"）。但是，在 3.5 岁前的儿童语言中，我们只发现了表示高程度的"还"的用例，而没有发现表示低程度的"还"的用例。我们在考察儿童比较句的时候，发现儿童对事物有一种趋大倾向，即喜欢大的东西。从儿童对程度副词的掌握来看，儿童对高程度的倾向同趋大倾向是一致的。

（2）范围副词做状语。

1～3.5 岁儿童语言中出现的范围副词如下：

①都：表示总括。2 岁时出现。在范围副词中使用最多。例子如下：

（取样人问：爸爸妈妈哪个好？被试）爸爸好，妈妈好，奶奶好，都好。（2）

（取样人手拿着糖问被试甲、乙：谁吃呀？甲）××吃，××吃，都吃。（××各代表甲乙的名字。）（2）

（两个小朋友被接回家去了。被试说）三个妹妹都走掉了。(2)

（被试）你吃不吃姜？（爸爸：我怕辣。被试）我也怕辣，我们都怕辣。(2.5)

（爸爸妈妈唱了一首歌。被试说）你们都唱得蛮好。(2.5)

（被试甲、乙玩橡皮鸭子，甲）啪，它淌血啦。（乙）它身上都是血。(2.5)

（被试玩玩具兔子）两个都是小白兔。(2.5)

（取样人给被试一根树枝说：我们打坏蛋！被试）我们都打坏蛋！(2.5)

（被试向远处幼儿园的小朋友喊）小朋友们都到这边来玩。(2.5)

（被试看到幼儿园的小朋友回去了，说）他们小朋友们都上学了。(2.5)

（被试指着公园说）这里面有老虎、大象，都躲在洞里睡大觉。(3)

（被试一个人讲话）你也学习，我也学习，大家都来学习。
（3）

（被试吃饭的时候蘸豆）我把酱豆都给蘸完了。（3）

②全：表示总括。2 岁时出现。例子如下：

（被试一下把几个玩具都抱走了）我全抱到奶奶那边去。（2）

（被试见邻居借走了球拍，说）你全拿走了，我们家怎么办哪！（3）

（被试看《三只小猪》的画册）大灰狼会把两个小猪全吃掉。（3）

在儿童语言中，我们还发现了"全、都"同用的用法。例子如下：

（被试到室外看到几只鸡）我来上，把公鸡全都打死了。（2.5）

（被试向爸爸提要求）把这两本书全都讲完，再上被窝里睡觉。（3.5）

（被试讲《龙宫借宝》的故事）猴子们练武，棍子呀，刀呀，枪呀，他们全都拿光了。他们练得好快活。（3.5）

③一道：表示同时行动。2 岁时出现。3.5 岁前出现两例：

（取样人问被试：爸爸呢？被试）爸爸和妈妈一道去有事去了。（2）

（被试对取样人说）爸爸妈妈一道拖地板的。（3.5）

④一起：表示同时行动或同时发生。2.5 岁时出现。使用较多。例如：

（被试讲到公园去的情况）我爸爸我妈妈还有园园一起到里面看。（2.5）

（被试和爸爸换板凳）我们一起换板凳。（2.5）

（被试喂爸爸吃饼干，向妈妈要）妈妈，我们一起还要吃。（2.5）

（被试向取样人要求）我们一起出去玩，出去玩好吧？(2.5)

（被试看画册）两个孩子一起滑跌了。(3)

（被试不愿意在取样人家里）我要到公园去玩，我们一起到公园去玩。(3)

（被试向爸爸提要求）爸爸，你今天跟我一起上学去好不好？(3)

（被试睡在床上和妈妈谈话）妈妈和××明天一起到浴池去洗澡。(3.5)

（被试讲"芭蕉扇"的故事）最后哇，他们一起上西天取经啦。(3.5)

⑤一齐：表示同时行动。3.5 岁时出现一例：

（被试讲故事）……老猴子喊小猴子，爬进一个大洞，他们一齐告诉黑猫警长。(3.5)

⑥一块儿：表示同时行动。3.5 岁前出现一例：

（被试看妈妈学习，说）妈妈，我来学习，跟你一块儿学习，好吧？(3.5)

⑦净：表示总括。2.5 岁时出现。3.5 岁前出现一例：

（被试打橡皮鸭子，取样人：它哭了吗？被试）没哭，它不怕死，它不怕疼，它身上打得净是血。(2.5)

⑧也：表示相同或范围扩大。2 岁时出现。使用较多。例如：

（家里来了个新小朋友。妈妈问被试：来的是谁？被试）不是 AA，也不是 BB。（AA、BB 都是小朋友的名字。）(2)

（两个小朋友从教室这边跑到那边。被试说）她跑那边去了，小不点儿也到那边去了。（"小不点儿"是一个小朋友的外号。）(2)

（被试甲看到乙拾树种自己也去拾）你搞这个豆豆，我也拾豆豆。(2.5)

（被试甲、乙谈话。甲说）我家有变形金刚。（乙说）我家也有变形金刚。(2.5)

（被试甲种狗尾巴草。对乙说）我把我的狗尾巴草插在这上面，你把你的狗尾巴草也插在这上面好吗？(2.5)

（被试甲不让取样人抱，说）我自己会走。（被试乙说）我自己也会走。(2.5)

（被试对取样人说）我到那边玩，你们也到那边玩一会儿。(2.5)

（保育员：谁不动谁吃饼干。被试甲说）我没动。（被试乙说）我也没动。(2.5)

（被试要到公园去玩，问××说）我们到公园去，你也去吗？(3)

（被试甲说）我吃过毛栗子的。（乙说）我也吃过毛栗子的，我妈妈给我买的。(3)

（被试看到××，说）××好漂亮，我也漂亮。(3.5)

（取样人问被试：你爸爸什么工作？被试说）我爸爸在体育系，我妈妈也在体育系。我爸爸妈妈都在一块儿。(3.5)

⑨就：表示限制、量少。2岁时出现。例如：

（被试看看屋里的小朋友说）就剩两个小朋友了。(2)

（被试发现一群鸡，数鸡的只数）一、二、三、四，就四个啦。(3.5)

（被试甲向乙要纸叠。乙说）我就两张白纸。(3.5)

（被试甲、乙采树种。甲对取样人说）她还要采一个，我都不采了，我就这几个。(3.5)

（被试发现饼干不多了）这怎么就三个呀？(3)

⑩才：表示限制、量少。3.5岁时出现。使用不多。例如：

（爸爸：几点了？被试看看钟说）爸爸，才七点五十五。(3.5)

（被试对墙打乒乓球）才打一次就打坏啦，不对，重打一

次。(3.5)

⑪只：表示限制、量少。3岁时出现。3.5岁前只有一例：

（被试对取样人说）我到过爸爸厂里去的，只去过一次。
(3)

1~3.5岁儿童使用的范围副词的情况如上。此期范围副词主要是修饰动词性中心语。儿童用得最多的是表示总括范围的"都"、表示相同和范围扩大的"也"。从总的情况来看，儿童使用表示总括、共同、相同和扩大的范围副词要大大超过表示限制的范围副词。在上面的范围副词中，表示限制的副词只有"就、才、只"。儿童这种对总括、共同、相同和扩大的倾向同儿童对大物、高程度的倾向是一致的。

（3）时间副词做状语。

1~3.5岁儿童语言中出现的时间副词如下：

①在：表示动作行为正在进行或状态的持续。2岁时出现。例如：

（外面有汽车声，取样人问：外面什么响? 被试说）大汽车在响。(2)

（被试爬板凳。取样人问：××干什么? 被试说）我在爬凳凳。(2)

（被试看见小鸟飞）小鸟哪，飞小鸟哪，在飞。(2)

（取样人问：爸爸呢? 被试）走了。（取样人：妈妈呢? 被试说）在烧饭。(2)

（被试看笼子里站在横棍儿上的小鸟说）小鸟在拉单杠了，它拉单杠。(2.5)

（室外有三只母鸡，取样人问：那三个母鸡怎么样? 被试说）在生鸡蛋。(2.5)

（取样人问被试：××干什么哪? 被试说）我在玩积木。(2.5)

（被试看一个打拳者）他在干嘛？(2.5)

（被试见一群小朋友打闹）他们俩在打架。(2.5)

（取样人指着画册问：这个阿姨干什么呢？被试说）在买东西吃。(3)

（被试看画册上的人物）他背一个机关枪，他在走路，他在吹喇叭。(3)

（被试看画册）老奶奶。（取样人问：老奶奶怎么样？）老奶奶养几只鸡和几只鸭。……老奶奶在拿鸡杀了给我们吃。(3)

（被试看到取样人在记录）你在写什么东西呀？在写什么字呀？(3)

（被试看《工人伐木》画册，指着画面说）他们两个在干什么事呀？(3)

②马上：表示短时间内即将发生或行动。2 岁时出现。使用较多。例如：

（被试自言自语）马上开船喽，呜呜！(2)

（被试玩打电话的游戏）喂喂，我马上来。(2)

（被试要回家）我马上回家画画。(2)

（取样人：要是大灰狼来了怎么办？被试说）我马上拿棍子打这个大灰狼。(2)

（被试看到一个小朋友在翻墙）小哥哥马上把屁股跌破了。(2.5)

（取样人问被试：你妈妈呢？被试说）我妈妈马上就来。(2.5)

（被试说）到我们家去好吧？（取样人：你家在哪里？被试说）马上就到了。(2.5)

（取样人装大灰狼逗被试甲、乙。甲说）大灰狼来啦！（乙说）开枪！它马上要死喽！(3)

（被试甲、乙骑车子玩。甲说）你骑车子，我在后面来冲

啊，杀你啊！（乙说）我报告警长，我马上就报告警长，我把你逮走！(3)

（被试玩打电话的游戏）喂喂，我是黑猫警长，我马上就去。(3)

（被试甲对乙说）马上叔叔（指取样人）要走了。(3.5)

（教室外传来一阵喧哗声，被试说）赶快把耳朵捂起来！马上他们又进来啦！(3.5)

（被试甲给"熊猫照相"玩具上发条，对乙说）它马上就开了。(3.5)

（被试要写字，找本子）马上我要学习。(3.5)

③要（就、就要、快要）：表示情况即将发生。2.5 岁时出现。例如：

（被试对取样人说）我叠火车轧你。火车来了，火车快要下来喽！(2.5)

（被试想回家了）我妈回来了，我等一下要回家了。(2.5)

（回到教室，没人。被试说）老师打水去了，就来了。(2.5)

（被试用积木搭楼房）我的大楼房要倒掉了！(2.5)

（被试对取样人说）你快走吧，时间要到了。(3)

（被试见天阴了）要刮风了，要下雨了。(3)

（被试要回幼儿园）十一点啦，要开门走啦。(3)

（被试看到一队武警，说）解放军排好队要走呢。(3)

（被试看画册）这牛和马。这牛和羊。牛快要顶我们了！(3)

（被试看看太阳，说）十点钟了。妈妈就要下课喽，她要来接我了。(3)

（被试的鞋子要掉了）哎呀，我的鞋子要掉啦！(3.5)

④已经：表示完成或达到一定阶段、程度。2.5 岁的出现。

例如：

（妈妈出门，被试说）小老师已经走了。（2.5）

（被试指着衣服拉链说）妈妈爸爸奶奶还给我安起来，已经坏了。（2.5）

（吃鸡。被试说）有鸡脑子给我吃。噢，鸡脑子我已经吃过了。（指上次吃过一次鸡。）（3.5）

（被试吃过了鸡头，说）爸爸，我们已经吃过了小鸟的脑子啦。（3.5）

（被试要戴爸爸的校徽）我现在已经是大学生啦，可能带这个呀？（3.5）

⑤后来：表示过去某一时间之后的时间。2.5岁时出现。使用较多。例如：

（被试讲到公园去的情况）后来停电了，我们就出来了。（2.5）

（被试跟取样人说话）……后来小朋友叫我搭积木。（2.5）

（被试假想打大灰狼）啪！打死了！它后来就睡下来了。（3）

（被试甲问取样人：叔叔手怎么啦？乙插嘴）是开水烫的。（甲）是水烫的，轰，倒你手上去了，后来就包起来了。现在可好啦？（3）

（被试甲、乙看画册。甲说）好多好多大灰狼！你看这个大灰狼，要吃小白兔，后来小松鼠就来帮它忙。（3）

（被试讲自己编的故事）……后来小山羊的妈妈就带小山羊到街上去买玩具。（3.5）

（被试对取样人说）那天晚上妈妈跟我到上海去了。（取样人问：你爸爸呢？）后来就到广州去了。（3.5）

（被试给爸爸讲打人经过）一开始××跟我玩，后来她把那个老奶奶和小弟弟打哭了。……后来她到我旁边，我一打，把她

打哭啦。(3.5)

⑥早：强调事情发生或状态出现距离现在时间长。3.5 岁时出现。3.5 岁前只出现一例：

（被试对取样人说）我在池塘里头游泳。我现在我就学会了游泳了。我跟爸爸妈妈学的，我早就会了，从小到大就会了。(3.5)

⑦永远：表示一直延续或持续。3.5 岁时出现。3.5 岁前仅一例：

（取样人和被试来到幼儿园大门口。大门锁了，小门开着。被试说）叔叔，一个门锁起来了，它永远也不开了。(3.5)

从上面的描述和举例可以看出，从 1 岁到 3.5 岁，儿童首先学会使用的时间副词是表示当时时间的"在"和表示即将时间的"马上"，然后是表示完成的"已经"和过去时间的"后来"。这表明儿童对现在的时间和即将到来的时间较易掌握，而对于过去时间概念的掌握则要稍迟一些。这里需要说明一点，在 1.5 岁儿童的话语中就已经出现了表示已然的语气词"了"，2 岁儿童的话语中出现了表示完成意义的动态助词"过""了"。不过"了""过"与动作行为和事件的状态的关系更为密切。"状态"和"时间"虽然密切相关，但并不是一回事儿，在语言中，同"状态"相对应的范畴是"态"（体），同"时间"相对应的范畴是"时"。当儿童能够使用表示现在时间的时间副词"在"表达相应的事件和动作行为发生的时间时，我们不仅可以认为儿童掌握了现在时间这一概念，而且也可以认为儿童已初步掌握了事件和动作行为进行的状态。但是我们不能反过来说，即当儿童能够使用动态助词"了""过"表达事件和动作行为的完成状态时，我们却不能说儿童已经掌握了"过去"的时间概念。二者之间还是有区别的。

（4）频次副词做状语。

1~3.5 岁儿童语言中出现的表示频率次序的副词的情况如下。

①再：表示动作行为的重复、持续和接续。2 岁时出现。表示重复意义的用法先出现，表示持续、接序意义的用法到 2.5 岁时出现。表示重复、接续意义的情况较多，表示持续意义的情况较少。例子如下：

（被试原地双腿蹦）蹦好了，再蹦。（2）

（被试从一个椅子爬进另一个椅子）我再来，再进去啊。（2）

（被试要取样人给他要球）再给我要球，要这个球。（2）

（被试从口袋里往外掏手套）再拿一个手套。（2）

（被试在地下捡树种剥）剥完了。……我再剥这个。（2）

（被试要取样人继续画）再画一个，画一个闪光（指太阳）。（2）

（被试看取样人在本子上画）还画，还画太阳。再画个太阳。（2）

（被试向取样人要笔）再给我笔，我要写。（2）

（被试又要从取样人口袋里往外掏钥匙）再搞个钥匙好不好？（2）

（被试捏起手指送到嘴里做嗑瓜子的样子，对取样人说）我吃个瓜子给你吃啊，我再吃个瓜子给你吃啊。（2）

（被试对远处正在玩的小朋友说）打你们屁股！你再来打你屁股！（2）

（被试弹了一会儿琴）我弹好琴了。（过了一会儿）我再弹一遍啊。（2.5）

（被试要求取样人再次扮演大灰狼）你再装大灰狼，我们再来抓你。（3）

（被试爸爸：你到别人家里去玩，不许吃人家的东西。被

试）别人要是再给我东西吃，我就不吃。（3.5）

以上是表示重复意义的例子。

（被试咳嗽。取样人说：你又咳嗽了。被试说）咳许多咳嗽。吃过药以后再打针。（2.5）

（被试甲把小白兔给乙，说）先给你玩一下再给我玩。（2.5）

（取样人：我们回去吧。被试说）我玩了我们再回去。（2.5）

（被试甲对乙说）我有好多东西，回家再吃。妈妈给我的。（2.5）

（被试拿着取样人的笔画）叔叔，把这个写完了再给你。（2.5）

（妈妈喊被试吃鸡蛋，被试说）我洗过脸再吃鸡蛋。（3）

（爸爸给被试弄甘蔗，被试说）要是把甘蔗用凉水搞搞洗洗，再用热水烫烫，就可以吃了。（3.5）

（被试甲要取样人先讲自己挑选的故事，甲说）你先讲这个再讲它。（乙说）先讲她的等会儿再讲我的。（3.5）

（被试对取样人说）我妈妈说放学以后带我去洗个澡，再带我去玩滑滑梯。（3.5）

（被试跳台阶）我先跳下去再上来的。（3.5）

（被试向爸爸提要求）把这两本书全都讲完，再上被窝里睡觉。（3.5）

以上是表示接续意义的例子。

（被试看到取样人一张纸写完了，说）再翻过来写吧。（2.5）

（被试甲不让乙摘树叶）不要再搞了！（2.5）

（取样人对被试说：我们回去吧。被试说）我再玩一下就不玩了。（2.5）

以上是表示持续意义的例子。

②又：表示重复和并列的次序。表示重复意义的用法2岁时出现，使用也较多。

表示并列意义的用法2.5岁时出现。使用较少。例子如下：

（被试甲又去抢乙的手帕。乙说）哎，又抢了。（2）

（被试见取样人又记了一句话）字又写过了。（2）

（被试对取样人说）我今天又带了一块花手绢来了。（2）

（被试站在路边看汽车）又来一辆，又来一辆。（2）

（天晴了以后又下雨。被试说）又下雨了。（2）

（被试把手帕打开）打开了。（又合拢打开一次）又打开了。（2）

（被试看到一个小朋友搬椅子跌倒了）小朋友搬椅子，跌倒，摔到凳子上了，她又摔到地上去了。（看到那个小朋友又去搬椅子，说）又拿椅子了。（2）

（被试吃完了手里的花生米向取样人要）我又吃完了。（2.5）

（被试假想打大灰狼）啪！打死了！……我把它打死它又起来了。（3）

表示并列意义的用法在3.5岁前仅两例：

（被试跟取样人谈话）……给妈妈打针去，妈妈又生病又吃药的。（2.5）

（被试讲到阿姨家的事）……阿姨给我吃那个白糖，那个白糖好吃，又甜又香。（3）

③就：表示较短时间内的接续或条件、原因同结果之间的接续。2.5岁时出现。使用很多。例子如下：

（被试看到两个小朋友打闹，说）一打破头就死喽。（2.5）

（被试跟取样人谈话）我吃茭瓜就长得高了。（2.5）

（取样人问被试：你爸爸呢？被试说）打电话爸爸就来了。（2.5）

（被试跟取样人谈话）那个小朋友抠我，我就跟老师讲了。（2.5）

（被试甲对乙说）你要跟我打架，我就不跟你玩。你要不跟我打架，我就跟你玩。（2.5）

（被试甲不愿意把枪给乙，说）她要我就给，现在是我的枪。（2.5）

（被试甲从台阶上跳下来以后指着乙对取样人说）他长高了，长我这么大，我就跟他蹦。（"跟他蹦"意思是跟他比看谁蹦得远。）（2.5）

（被试讲故事）黄牛伯伯有力气，一顶，就把那个大灰狼顶出去了。（3）

（被试甲问取样人：叔叔手怎么啦？乙插嘴）是开水烫的。（甲说）是水烫的，轰，倒你手上去了，后来就包起来了。（3）

（被试讲故事）小兔子跳进去，圆圆的鼻子都搞冒血了，它就慢慢地死了。（3.5）

（被试跟爸爸下保证）下回别人给我东西，我就不吃啦。（3.5）

（被试向公园门口走）我悄悄地……有人在看着，就不给进去了。（3.5）

（被试讲故事）小朋友就在幼儿园高兴地玩啊，就谢谢黑猫警长。（3.5）

（被试甲准备起跑，乙发令，说）现在我喊"预备齐"，你就跑。（3.5）

（被试甲讲到屯溪玩的情况，乙很美慕。乙说）我也想去。（甲对取样人说）我下次星期天我带她去。她妈妈同意我就带她去，她妈妈不同意我就不带她去。（3.5）

（被试对墙打乒乓球）才打一次就打坏啦，不对，重打一次。（3.5）

④先：表示次序在前。2.5 岁时出现。使用较多。例子如下：

（被试甲爬上一块大石头）我先上车，我先下车。(2.5)

（被试给取样人讲打针的情况）……把这个衣服先脱掉……(2.5)

（被试要取样人给他叠纸）你给我叠，你先给我叠。(2.5)

（被试甲把小白兔给乙，说）先给你玩一下再给我玩。(2.5)

（被试要听录音磁带。妈妈问：听什么呀？被试说）先听"哪吒三兄弟"，然后听"葫芦兄弟"。(3.5)

（被试甲要取样人先讲自己挑选的故事，甲）你先讲这个再讲它。（乙）先讲她的等会儿再讲我的。(3.5)

（被试跳台阶）我先跳下去再上来的。(3.5)

⑤重新（重）：表示从头开始、再次进行。2.5 岁时出现。3.5 岁前两例：

（被试用积木搭楼房）我的大楼房要倒掉了！我重新搭一个小顶楼。(2.5)

（被试对墙打乒乓球）才打一次就打坏啦，不对，重打一次。(3.5)

⑥一边：表示同时进行、并列次序。3.5 岁时出现。3.5 岁前仅出现一例：

（被试想听录音）爸爸，一边吃鸡蛋，一边喝稀饭，一边听录音，好吗？(3.5)

⑦老：表示重复和持续。2.5 岁时出现。3.5 岁前只出现两例：

（被试骑自行车，自行车倒了）这车子老倒，这车子老倒。(2.5)

（被试给妈妈讲在幼儿园睡午睡的情况）……老师老吵我，叫我。(3)

⑧尽：表示重复和持续。3 岁时出现。3.5 岁前仅出现一例：

（被试甲给乙扣扣子，乙动）你尽动啊，你尽动我不代你扣。（3）

⑨才：表示条件、原因同结果之间的顺序。2.5 岁时出现。3.5 岁前仅出现一例：

（被试对取样人说）我家有话梅给你吃。（取样人问：怎么吃呢？）话梅烧呀烧呀，煮呀煮呀，煮好了才能吃呢。（2.5）

1～3.5 岁儿童使用频次副词的情况如上。通过以上描述，我们可以看到，在频次副词中，儿童首先习得的是表示动作行为重复、接续的"再"和"又"，然后依次习得其他频词副词。在频次副词中，使用较多的是表示重复、接续意义的"再、又、就"，其次是表示次序在前的"先"。儿童对频次副词的使用情况也同儿童的时间知识系统以及儿童对事件发生的顺序的认识有关，这同时间副词使用的情况也是一致的。

（5）情态副词做状语。

这里所说的情态副词包括表示事件的状态、行动者的情态、说话人的感情态度等类别的副词。1～3.5 岁儿童使用情态副词的情况如下。

①还：表示仍然或强调。2 岁时出现。例如：

（被试甲搭棋子做小楼房，乙来要棋子，甲说）我还没好呢。（2）

（被试拿起一本书让取样人讲故事）这个还没讲过呢。（2.5）

（取样人要被试叠一个枪。被试说）这个还没有叠好呢。（2.5）

（被试给取样人谈话）我小时候吃过萝卜，吃过粽子，还吃过土豆。现在长大了还喜欢吃土豆。（4）

②也：强调二者相同或一定的状态。2 岁时出现。例如：

（被试玩刀）大灰狼也搞死了，老虎也搞死了。（2）

（被试讲进公园的情况）我爷爷也没有票，我奶奶也没有票。（2.5）

（被试甲要取样人给甲、乙二人买膨米棍）买两个，她也要我也要。（2.5）

（被试跟取样人谈话）我吃茭瓜就长得高了。看我长高了也不跌倒。（2.5）

（被试觉得玩的布娃娃不好看）头什么样子呀，他也没戴帽子呀。（2.5）

（被试跟取样人谈话）……去医院看妈妈打针。妈妈去医院也不哭。（2.5）

③就（就是）：强调一定的意愿、状态、时间地点等。2.5岁时出现。例如：

（被试要回家）我要回家，我就要回家！（2.5）

（被试看取样人记录，说）就这样搞，这样搞的。（2.5）

（取样人喊被试走，被试说）我就想在这块玩。（3）

（被试甲在前面大步跑，乙说）慢慢地跑呀，解放军就是慢慢地跑。（3）

（被试不愿意玩积木）我不拿积木嘛，我就不拿积木。（3）

（被试想进公园，但是没有票。被试说）我就站门口看看。（3.5）

（被试说）我去过一个地方。（取样人：什么地方？被试说）就是我小时候老早去过的，我爸爸就在那上班。（3.5）

（被试对取样人说）我在池塘里头游泳。我现在我就学会了游泳了。我跟爸爸妈妈学的，我早就会了，从小到大就会了。（3.5）

④都：强调在时间上已成事实或程度上更进一层。2.5岁时出现。例如：

（被试弹小钢琴）我都会弹《便衣警察》来！（2.5）

（被试甲对乙说）我坐过碰碰车的，我爸爸都怕我的。（2.5）

（被试怕热）太阳晒死了，我都没有戴帽子来了。（3）

（被试穿衣服时对爸爸说）上一次扣这个扣子，把我的手都累疼了。（3.5）

（在回幼儿园的路上被试对取样人说）把脖子的嗓子都搞哑了。（3.5）

（被试讲故事）小兔子跳进去，圆圆的鼻子都搞冒血了。（3.5）

（被试甲、乙采树种。甲说）她还要采一个，我都不采了。（3.5）

（被试向取样人诉苦）×××都把我的脸抠破了。（3.5）

⑤赶快：抓住时机，迅速行动。在描述语言中表示行为的及时性，在面对面的话语中表示催促。2岁时出现。例如：

（被试从台阶上往下蹦）快蹦，赶快蹦！（2）

（下了几滴雨。被试说）下雨了，赶快走。（3）

（教室外传来一阵喧哗声。被试说）赶快把耳朵捂起来！（3.5）

（被试讲故事）……后来狐狸睁开眼睛一看，它那孩子不见了。……它赶快吭哧吭哧哧到它们家一看……（3.5）

除了以上情态副词以外，其他还有一些，但用例都不多。如下：

⑥狠狠：表示力度的猛烈、强烈。2岁时出现。例如：

（被试对远处正在玩的小朋友说）打你们屁股！你再来打你屁股！狠狠打！得狠狠打！小朋友你听到啦？（2）

⑦非：表示决心，一定要。3岁时出现。例如：

（被试要拆开万花筒）不能打开，我非要打开。（3）

（被试甲坐木马，乙推甲，甲不让乙推，对取样人说）我叫她不要推，她非要推。(3)

⑧直：强调状态的持续和力度的强烈。3 岁时出现。例如：

（被试看《猪八戒吃西瓜》的画册）猪八戒的耙子掉得了，掉在地下去了，汗直淌直淌。(3)

⑨好像：表示推测。3 岁时出现。例如：

（被试吃豆腐脑，说）这好像是鸡蛋。(3)

（有人敲门。被试对妈妈说）你听，好像有人敲门吧？(3.5)

⑩恐怕：表示推测。3.5 岁时出现。例如：

（来到一间小屋前。被试甲说）我们两个敲门去。（乙说）这里面恐怕有一个坏人，把他关起来，是警察关的。(3.5)

⑪正好：强调方向、位置、时间、数量、程度准确性。3.5 岁时出现。例如：

（被试甲踩乙的鞋子）正好踩到了，踩到你鞋子了。(3.5)

⑫忽然：表示突然发生变化，出乎意料。3.5 岁时出现。例如：

（被试讲故事）大老虎出去砍柴，忽然碰见一个凶恶的大灰狼……（3.5）

⑬本来：用于说明原来状态。3 岁时出现。例如：

（被试喝完了鸡蛋汤，对妈妈说）本来这个汤多得很，现在喝完了。(3)

⑭原来：用于解释真相或表示恍然。3.5 岁时出现。例如：

（被试讲故事）……后来狐狸睁开眼睛一看，它那孩子不见了。……原来是给它们两个拖到山脚下把它宰死了。(3.5)

⑮偷偷：表示暗中进行。3.5 岁时出现。例如：

（被试讲看过的电视里的情节）……他到屋里拿个火柴，偷偷地烧那坏人。……他脚也没声音。(3.5)

⑯悄悄：表示声音、动作轻微。3.5 岁时出现。例如：

（被试对妈妈说）爸爸在那边学习，我悄悄地走过去，我脚步声音没有，没有声音。（3.5）

（被试讲故事）从前，有一个大公鸡和一个小孔雀在树林里头玩，他们看见一个狐狸在呼达呼达睡觉，他们悄悄地走到狐狸旁边去……（3.5）

通过以上描述来看，修饰状中结构中心语的副词类别比较多样，使用的词语的范围也比较大，出现的频率也比较高，但是主要集中在若干个副词上。儿童这种聚焦式的使用情况一方面说明出现频率高的副词的常见常用性，另一方面也反映了儿童语言系统中词汇相对的贫乏状况。

2. 代词做状语

在儿童语言中，疑问代词、指示代词做状语的情况较多。常见的有"怎么、这么、这样"等，分别举例描述如下。

（1）怎么："怎么"在儿童语言中使用较多，出现也较早。"怎么"修饰中心语时主要表示以下意义：

①表示询问原因。例如：

（被试问取样人）你手怎么搞的呀？（2.5）

（被试甲看到乙手上有一个小伤口，说）他那里怎么搞的？（2.5）

（被试自言自语地说）我爸爸怎么不来接我呀？（3）

（被试玩玩具电话，拿起听筒）怎么不响啦？（3）

（被试转万花筒）怎么没声音哪？（3）

（被试看到路边停着一辆小汽车）小汽车怎么坏掉了？（3）

（被试打不开门）怎么搞的开不来啦？（3）

（被试看到沙发上有一支笔，问取样人）你们的笔怎么甩到这里来了？（3）

（取样人让被试们比赛叠手帕。甲问）怎么不比赛呀？（3.5）

（被试想吃果丹皮）叔叔，你怎么不代我们去买果丹皮呀？

（3.5）

（被试拿笔在纸上画）这个笔怎么写不出来呀？（3.5）

②表示询问方式。例如：

（被试拿起玩具枪）这是什么枪呀？这怎么打的呀？（2.5）

（取样人记录，被试过来看）我看你怎么记。（3）

（被试拿出玩具火车底座，问取样人）这火车怎么安上去啊？（3）

（被试画画）正方形是怎么搞的呀？这么画可像？（3.5）

③表示惊疑、奇怪，多见于儿童自己问自己。例如：

（被试自己倒在摇篮里）怎么搞的？（2）

（被试栽草）大草栽在这里。咦，怎么倒掉了？（2.5）

（被试甲坐地下，乙说）你怎么坐到地下来了呀？（3）

④表示责怪，疑问的成分少。例如：

（被试甲看到乙翻书）这怎么翻的？不给看了，收起来。（2）

（被试甲责备乙）哎呀，怎么搞的！（2.5）

（被试甲藏在暗处大叫一声，乙说）你把我吓死怎么办哪！（3）

（爸爸午睡，被试来喊）我叫你起来吃甘蔗，你怎么不起来呀？（3.5）

在我们取得的语料中，表示询问原因的词语还有"为什么""干吗"，例子如下：

（取样人抱起被试。被试说）我太小了。我爸爸为什么要抱我呀？（2.5）

（被试要剪刀）你干吗不给我剪刀呢？（3.5）

（2）这么："这么"在儿童语言中使用也较多，出现也比较早。儿童语言中的"这么"修饰中心语时主要表示以下意义：

①指示程度，有夸张的作用。例如：

（被试用积木摆火车）叔叔你看，火车摆这么大了。（2.5）

（被试对取样人说）我下午带这么大苹果给你吃。（2.5）

（被试对取样人说）我爸爸带我看这么大猴子的。（3）

②指示方式，有比拟作用。例如：

（被试比画邻居家的孩子怎么玩打仗的游戏）××这么搞，这么搞的。（2）

③指示程度，表示感叹。例如：

（被试看冬青树）这么好看呀！（2.5）

（被试看到一座高楼）好高耶，这么高！（2.5）

（被试来到一个花园前）好多花！哎呀，这么好看的！（2.5）

（电视里出现了啤酒广告。被试问爸爸）这么多啤酒你喝不喝呀？（3）

（被试指着爸爸的大碗）你吃这么多呀！你吃这么多吃不完。（3）

（路上开过去一辆警车和好几辆小汽车，被试说）公安局的车子过去了。怎么这么多的人呢？（3）

（迎面来了一群小朋友。被试说）这么多的小孩呀！（3）

（3）这样：指示方式。例如：

（被试把手帕叠成手枪状）这样叠。（2.5）

（被试指导取样人叠纸）这样叠，这样叠，翻过来。钢琴叠好了吧？（2.5）

3. 名词性成分做状语

在儿童语言中，名词性成分做状语的情况比较多。其中以时间名词做状语的情况最多。下面分别描述。

①刚才：指说话前不久的时间，多指才过去的时间。例如：

（被试问取样人）刚才看的什么？刚才看的什么书啊？（2.5）

（被试甲对乙说）刚才老师讲你的话了。（3）

（被试对取样人说）妈妈刚才带我打针去的。（3）

（被试跑步闪了一下）我刚才差一点跌倒。（3.5）

（被试问取样人）你刚才讲什么话呀？（3.5）

（被试从一个陡坡上下来，对取样人说）我刚才是慢慢地下坡的。（3.5）

②现在：指说话的时候或目前这个阶段。例如：

（取样人扶着被试下了几个台阶，被试说）我现在会下了。（2.5）

（被试不愿意玩积木）我现在不玩了。（3）

（被试甲不愿意把枪给乙，说）她要我就给，现在是我的枪。（2.5）

（被试等爸爸回家吃饭，对妈妈说）爸爸现在该饿了。（3.5）

（被试对妈妈说）我现在说话不结巴了。（3.5）

（被试给取样人谈话）我爸爸现在在北京学习。我爸爸下次到成都上班。（4）

③以前：指现在之前或某个时间之前的时间。例如：

（被试跟爸爸谈话）……以前我到××家，他给我吃狼耳朵，就是巧克力做的狼耳朵，我不吃，他给我吃，……最后我吃喽。（3.5）

（被试在地上看到一个塑料扣子）是我老早以前穿的那个菊花衣服上的扣子掉下来了。（3.5）

④从前：讲故事的惯用语，指想象中的某一个时间。例如：

（被试讲故事）从前有一个狐狸，狡猾的狐狸，狡猾得很。（3.5）

（被试讲故事）从前有个狐狸，它要和大老虎干架，讲好了。（3）

⑤将来：指现在以后的时间。例如：

（爸爸带被试上公共汽车，买了票以后，被试说）将来我长大了，我拿票，我说"卖票"。(3.5)

⑥明天：指即将到来的一天；也指以后的时间。有时指当天的下午。例如：

（被试和爸爸分手时说）爸爸，明天下午来接我啊，明天来接我啊。（"明天"实指下午。因为在幼儿园睡午睡，一觉醒来，就成了"明天"。）(2.5)

（被试喊取样人）你来，我给你讲话。……明天带香蕉，给他吃，给你吃，全部给你吃掉吧。(2.5)

（被试向取样人要笔）把笔给我写。（没要来）明天叫妈妈买这个（指笔）。(2.5)

（取样人不让被试玩自己的眼镜，被试不高兴）我明天要妈妈代我买一个放在这个（指眼睛）上面。(3)

（被试对取样人说）明天我叫妈妈带两个手帕。(3.5)

（取样人带被试进了幼儿园。被试说）明天再带我们出去玩！(3.5)

（被试对爸爸说）明天你把我送到学校。(3.5)

（被试睡觉前对爸爸说）爸爸，明天送我上学送早一点。(3.5)

⑦今天：指正在度过的这一天。在儿童语言中，"今天"一般都有其特殊所指时间。例如，如果是同吃饭相联系，那么"今天"指今天中午（儿童一般中午在幼儿园吃午饭）；如果同看电视相联系，那么一般指今天晚上；如果同家长接送相联系，一般指今天早晨或今天下午。"今天"比"明天"晚出现半年。例子如下：

（被试给妈妈讲幼儿园里的事）我今天出血了，因为打针出血了。（打针指的是检查身体取血样。）(3)

（被试向爸爸提要求）爸爸，你今天跟我一起上学去好不

好？（3）

（爸爸带被试去洗澡。被试说）今天拿着大盆去洗澡，到浴池里。（3.5）

（回家的路上被试跟爸爸谈话）今天有什么好电视呀？（3.5）

（被试要看电视）爸爸，今天你来开电视，我来关。（3.5）

（被试要扫地）今天该我扫地了。……我拿扫把来扫干净。（3.5）

（被试出了幼儿园的大门对取样人说）我今天不在这里吃饭。（3.5）

（取样人问被试：你爸爸呢？被试说）我爸爸到合肥去啦，我今天我妈妈来接我。（3.5）

（被试对取样人说）今天老师给我们吃大苹果的。（3.5）

（被试对取样人说）我爸爸今天接我去看打球去。（3.5）

⑧昨天：在儿童语言中，"昨天"除了指刚刚过去的一天外，有时还指以前的时间。具体所指的时间要根据具体的语境来确定。例子如下：

（被试给爸爸讲幼儿园里事）老师昨天带我们出去玩了。（2.5）

（被试对取样人说）昨天妈妈带我去玩的。（3）

（被试讲自己玩的情况）……我就去那个公园啦，我昨天去的。（3.5）

（妈妈问被试：你哭什么？被试说）昨天上学我没哭，今天上学我哭了。（3.5）

⑨下午：在儿童语言中，"下午"除了指中午至晚饭这一段时间以外，有时还指下次。例子如下：

（被试对爸爸讲）我昨天看见妈妈了，我下午看见妈妈了。（2.5）

（被试对取样人说）叔叔，我下午带糖给你吃。(2.5)

（爸爸跟被试分手：再见！被试说）再见，你下午来接我，啊？(3)

（被试甲对乙说）下午到我家去，拿机关枪给你玩。(3)

⑩晚上：在儿童语言中，"晚上"一般指吃过晚饭以后的一段时间；有时指下午。在我们取得的语料中，没有发现"晚上"单用的例子，都是同"昨天"构成时间词组一起运用。例子如下：

（被试对取样人说）昨天晚上我把车子搞倒了。(2.5)

（被试指着昨天坐过的石头说）我们昨天晚上骑大马。(2.5)（"晚上"实际上是下午。）

（被试对取样人说）妈妈昨天晚上带我出去玩的，妈妈明天买水（饮料）给你吃给我吃。(3)

（被试对取样人说）昨天晚上妈妈带我出去玩了。(3)

⑪小时候：在儿童语言中，"小时候"往往指婴幼儿时期。例子如下：

（被试指着画册上的汽车问）我小时候可坐过这个车？(3)

（被试指着画册上的轮船说）我小时候没坐过轮船。(3)

⑫有时候：在儿童语言中，"有时候"指过去的某一个确定的或不确定的时间。例子如下：

（被试甲、乙比谁见多识广，甲说）有时候妈妈带我到老远老远的地方坐大汽车。（乙）有时候妈妈带我到大舅家，过好几天回来了。(3.5)

⑬特定时间：用表示特定时间的专有名词。例如：

（被试对取样人说）我六一儿童节到赭山公园去玩的。(2.5)

4. 数量词（数量词组、量词词组）做状语

在儿童语言中，数量性成分做状语主要有以下几种情况：

（1）表示时间。

表示时间的数量成分有"上次、上一次、下次、下回"等。这种用法到 3 岁时出现。例子如下：

（被试对取样人说）我下次买东西给你吃。（3）

（被试穿衣服时对爸爸说）上一次扣这个扣子，把我的手都累疼了。（3.5）

（被试对取样人说）我妈妈上次讲要带我到南京，带我到上海，带我到合肥的。（3.5）

（被试吃甘蔗，对爸爸说）下回你还给我买甘蔗好吧？（3.5）

（被试提要求）下次我看电视要吃个糖。（3.5）

（被试想多喝一些糖茶，对妈妈说）我有病，我多喝一点，下次我少喝一点。（3.5）

（被试给取样人谈话）我爸爸现在在北京学习，我爸爸下次到成都上班。（4）

（2）表示动作的短暂或动作的方式。

这种用法的数量成分有"一、一下、一下子、一家伙"等。这种用法 2 岁时出现。例子如下：

（被试站在一块大石头上）一蹦，蹦下去了。再一蹦，蹦下去了。（2）

（被试跳过一个小坑）一跳，跳过去了。（2.5）

（被试提起椅子）把这个一提，提走了。（2.5）

（被试甲和乙谈话。甲说）月亮里面有嫦娥，有白兔，还有小乌鸦。乌鸦一飞，飞到嫦娥的那个太阳里去了。（2.5）

（被试甩玩具刀）我扑哧一下甩到上面去了。（3）

（被试看书讲故事）黄牛伯伯有力气，一顶，就把那个大灰狼顶出去了。（3）

（要上学了。爸爸说：你饼干还没吃完呢。被试说）我一口把它吃完。（3）

（被试看图讲故事）大老虎有劲，拿个石头一下子把狗熊砸

碎了。(3)

（被试甩球）我一家伙甩过去了，甩到你背后那边去。(3)

（取样人：大灰狼来了怎么办？被试说）我一家伙把它甩到（垃圾）桶里去。(3)

（被试看《猪八戒吃西瓜》的画册）西瓜！（取样人问：西瓜怎么样？）一下一下杀开吃了。(3)

（被试讲故事）……黑猫警长骑到摩托车上，一下把坏蛋打死了。(3.5)

（被试给爸爸讲打人经过）我一打，把她打哭啦。(3.5)

（被试讲故事）……后来狐狸睁开眼睛一看，它那孩子不见了。(3.5)

5．形容词做状语

儿童语言系统中词汇相对贫乏的状况在形容词做状语这一方面表现得尤为突出。在现代汉语中，形容词做状语是非常普遍、常见的。但在儿童语言中，形容词做状语的用例不多，情况也不太复杂。

形容词做状语的情况出现得比较早，1.5岁时就出现了。主要是表示状态、程度的形容词做状语。由于用例较少，这里不再分列，一并举例如下：

（被试甲向乙打招呼）快来。(1.5)

（被试招呼同伴）××快来，××坐好。(1.5)

（被试受了委屈，边哭边喊）奶奶快来！(2)（奶奶是保育员）

（被试从石阶上往下跳）快蹦。(2)

（被试在板凳上爬）慢慢爬，慢慢爬，我爬回去了。(2)

（被试甲向乙要玩具）给我，快点给我。(2)

（被试甲喊乙）××快来打鼓，快上来打鼓！(2.5)

（被试甲催乙）快点走！(2.5)

（被试仄着肩膀走路。取样人：××怎么啦？被试）我是歪

着走。(2.5)

（被试边走边自己说）小朋友要早早起床早早睡。(2.5)

（取样人说：我们回去吧。被试说）慢慢地走。(2.5)

（被试大步大步地走路）我好好地走路。(2.5)

（被试甲在前面大步跑，乙说）慢慢地跑呀，解放军就是慢慢地跑。(3)

（被试脱衣服睡觉）妈妈，我完全脱掉了。(3)

（被试打了取样人一下，取样人揉眼做哭泣状。被试说）你假哭。(3)

（被试喝糖茶，对妈妈说）我有病，我多喝一点，下次我少喝一点。(3.5)

（被试从一个陡坡上下来，对取样人说）我刚才是慢慢地下坡的，就是下坡要慢慢地，从阶梯上走下来。(3.5)

（被试给爸爸讲幼儿园里的事）你不认识×××，是女孩子，她特别坏。(5)

6. 动词做状语

动词做状语的情况在儿童语言中更少，出现得也比较晚。在1～3.5岁儿童语言中，我们只发现如下几例：

（被试自己一个人讲故事）小黄牛说：小白兔，你别害怕，我晚上来帮你。……小白兔高兴地走了。(3)

（被试讲故事）从前有一个大老虎，它蹦蹦跳跳地在车上玩。(3.5)

（被试讲故事）老狼看见小鸟拼命追，……(3.5)

7. 象声词做状语

象声词做状语的情况不多，主要是模拟事物的声音和形容动作者的状态。在1～3.5岁儿童的语言中，我们发现以下几例：

（被试坐在椅子上开火车）大火车，开呀开，轰隆轰隆开走了。(2.5)

（被试甩玩具刀）我扑哧一下甩到上面去了。（3）

（被试跟取样人谈话）我爸爸也代我买大西瓜，啊呜啊呜吃掉了。（3）

（被试讲故事）从前，有一个大公鸡和一个小孔雀在树林里头玩，他们看见一个狐狸在呼达呼达睡觉，……（3.5）

（被试讲故事）……后来狐狸睁开眼睛一看，它那孩子不见了。……它赶快吭哧吭哧到它们家一看，它的孩子不见了……（3.5）

从以上描述可知，儿童语言中做状语修饰中心语的成分共有七大类。其中以副词、时间名词、代词、数量词性质的成分做状语的情况占大多数；形容词、动词、象声词做状语的情况较少。总的情况反映了儿童语言中状中结构使用成分的范围相对广泛而词汇相对贫乏的状况。

（二）中心语的类型

儿童语言中状中结构的中心语同修饰成分有相当强的相互适应性，或者说，修饰成分和中心成分的分布有相当强的规律性。一般来说，程度副词、指示代词"这么"修饰的中心语基本上是形容词性的，小句中心语一般受时间名词修饰，名词、数量词性成分一般只受表示限制的范围副词的修饰，其他修饰语修饰的中心语基本上都是动词性成分。分别列举例句如下。

1. 动词性成分做中心语

动词性成分做中心语的情况包括动词、述宾结构、述补结构、连谓结构等动词性结构做中心语成分的例子。举例如下：

（1）单个动词做中心语。

（被试吃了右手的饼干，伸右手说）没有了。（又伸出左手）还有。（1.5）

（取样人给被试搽风油精，被试说）好辣！……还搽。（2）

（被试吃完月饼喝完水，说）我吃完了，我喝光了。（又要）

我还吃。(2)

（取样人装大灰狼逗被试，被试说）大灰狼来啦，大灰狼真的来啦！(3)

（被试的鞋子掉了一只）哎呀，我的鞋子丢啦，我的鞋子真的掉啦！(3.5)

（被试走出了汗）走一头汗，我的汗真出来啦。(3.5)

此类情况在早期儿童语言中比较多。请参见本书第70页"副词做状语"一节的例子。

（2）述宾结构做中心语。

（被试对取样人说）我吃咸的还吃糖。(2)

（被试跟取样人谈话）我家有大汽车，还有小汽车，还有黑猫警长书。(2)

（被试甲对取样人说）我还会唱歌。（被试乙说）我还会唱小白兔歌。(2.5)

（被试甲、乙谈论变形金刚。甲说）机器人霸天虎，会打枪还会变形。(2.5)

（被试看爸爸画火车）你画得真像火车。(3.5)

述宾结构是儿童语言中常见的句法结构。此类例子较多。请参见前面的有关章节。

（3）述补结构做中心语。

（两个小朋友被接回家去了。被试说）三个妹妹都走掉了。(2)

（爸爸妈妈唱了一首歌。被试说）你们都唱得蛮好。(2.5)

（被试见邻居借走了球拍，说）你全拿走了，我们家怎么办哪！(3)

（被试跳台阶）我先跳下去再上来的。(3.5)

（取样人要被试叠一个枪。被试说）这个还没有叠好呢。(2.5)

（被试吃完了手里的花生米向取样人要）我又吃完了。
（2.5）

述补结构在儿童语言中也比较常见。述补结构前附加状语的情况也较常见。也请参见有关的章节。

（4）状中结构做中心语。

（被试跟取样人谈话）那个小朋友抠我，我就跟老师讲了。
（2.5）

（被试看到一个小朋友在翻墙）小哥哥马上把屁股跌破了。
（2.5）

（被试要取样人给他叠纸）你给我叠，你先给我叠。（2.5）

（被试发现饼干不多了）这怎么就三个呀？（3）

（教室外传来一阵喧哗声，被试说）赶快把耳朵捂起来！
（3.5）

（被试讲故事）小兔子跳进去，圆圆的鼻子都搞冒血了，它就慢慢地死了。（3.5）

（被试向取样人诉苦）×××都把我的脸抠破了。（3.5）

状中结构做中心语的情况主要出现在谓词性成分同介词结构构成状中结构里，而这个状中结构受副词修饰的情况中。这种状中结构套叠构成复杂的状中结构的情况反映了儿童句法结构能力的发展与成熟。

（5）连谓结构做中心语。

（取样人问被试：爸爸呢？被试说）爸爸和妈妈一道去有事去了。（2）

（被试要回家）我马上回家画画。（2）

（取样人：要是大灰狼来了怎么办？被试）我马上拿棍子打这个大灰狼。（2）

（被试捏起手指送到嘴里做嗑瓜子的样子，对取样人说）我吃个瓜子给你吃啊，我再吃个瓜子给你吃啊。（2）

（被试甲把小白兔给乙，说）先给你玩一下再给我玩。(2.5)

（被试跟取样人谈话）妈妈还给我看唐老鸭，还给我看米老鼠。我爸爸还带我看灯笼，还代××买灯笼。(2.5)

（被试向取样人要求）我们一起出去玩，出去玩好吧? (2.5)

（被试向远处幼儿园的小朋友喊）小朋友们都到这边来玩。(2.5)

（被试指着公园说）这里面有老虎、大象，都躲在洞里睡大觉。(3)

（取样人指着画册问：这个阿姨干什么呢? 被试）在买东西吃。(3)

（被试看画册）老奶奶。（取样人问：老奶奶怎么样?）老奶奶养几只鸡和几只鸭。……老奶奶在拿鸡杀了给我们吃。(3)

连谓结构做中心语的情况在儿童语言中颇多。特别是到了高年龄段。请参见本书有关章节的例子。此处从略。

2. 形容词性成分做中心语

形容词性成分做中心语的情况相对简单，一般都是单个形容词或形容词的重叠形式做中心语。例子如下：

（被试喝奶粉）啊，真好喝! (3)

（被试指一棵大树）大树，这么高! ……我比大树还高! (2.5)

（被试甲看乙写字）××写字好整齐哟，××写字比我还整齐呢! (3.5)

（被试从台阶上跳下来）好危险呀! (2.5)

（被试玩玩具兔子）小白兔蹦蹦跳跳真可爱。(2)

形容词做中心语的情况主要分布在程度副词和指示代词"这么"做修饰语的环境里。请参见有关章节。此处从略。

3．主谓结构做中心语

主谓结构做中心语时，修饰语一般都是表示时间的成分的情况。例子如下：

（被试甲对乙说）刚才老师讲你的话了。(3)

（被试甲、乙看画册，甲说）好多好多大灰狼！你看这个大灰狼，要吃小白兔，后来小松鼠就来帮它忙。(3)

（被试要写字，找本子）马上我要学习。(3.5)

（被试对取样人说）那天晚上妈妈跟我到上海去了。（取样人问：你爸爸呢?）后来就到广州去了。(3.5)

（被试跟爸爸谈话）……以前我到××家，他给我吃狼耳朵，就是巧克力做的狼耳朵。(3.5)

（被试对爸爸说）明天你把我送到学校。(3.5)

4．数量词、名词性成分做中心语

数量词、名词性成分做中心语一般仅限于表示限制的范围副词和表示强调的情态副词做修饰语的情况。例如：

（被试发现一群鸡，数鸡的只数）一、二、三、四，就四个啦。(3.5)

（被试甲向乙要纸叠，乙说）我就两张白纸。(3.5)

（被试发现饼干不多了）这怎么就三个呀？(3)

（路上开过去一辆警车和好几辆小汽车，被试说）公安局的车子过去了。怎么这么多的人呢？(3)

（爸爸：几点了？被试看看钟说）爸爸，才七点五十五。(3.5)

三、状中结构的外部功能

状中结构是谓词性结构，其外部功能主要是做谓语、补语和定语，做宾语的情况不多见；状中结构构成非主谓句的情况也不少，下面分别描述。

（一）状中结构做谓语

状中结构本身是一种谓词性结构，做谓语是状中结构最基本的功能。此类例子很多，此处略举几例，其他的例子请参见前面的有关章节。

（被试看太阳）太阳圆圆的好亮好亮。（3）

（爸爸给被试洗脸，被试说）爸爸手好冰冷！（3）

（被试对取样人说）我洗脸了，××脸好干净好干净的。（2.5）

（被试谈论动物）大象的鼻子好长好长。（3.5）

（被试听妈妈买回来的磁带）妈妈买的真好，是妈妈买的录音磁带。（3.5）

（被试甲、乙斗嘴。甲说）小精灵最最厉害的了。（4）

（二）状中结构做补语

补语也是一种陈述性的句法成分。状中结构既然是一种谓词性的句法结构，因此这种性质同补语的性质相吻合，所以状中结构做补语的情况在儿童语言中也比较常见，但一般多为程度副词修饰形容词构成的状中结构做补语。下面略举几例：

（被试站上石头）看我蹦得远。站得好高好高哟！（2.5）

（被试甩石头）我甩得好远！（2.5）

（一辆汽车开过去。被试说）开好快哟！开翻了！（按没有翻车）（2.5）

（被试对取样人说）我家有战车，跑得好快！（2.5）

（取样人说：这孩子肚子大。被试听到说）我肚子挺得老远老远。（2.5）

（被试听爸爸妈妈唱完了歌说）你们都唱得蛮好的。（2.5）

（被试打橡皮鸭子。取样人：它哭了吗？被试说）没哭，它不怕死，它不怕疼，它身上打得净是血。（2.5）

（被试用积木摆火车）叔叔你看，火车摆这么大了。（2.5）

（被试看爸爸画火车）你画得真像火车。(3.5)

（三）状中结构做定语

状中结构做定语的情况在儿童语言中比较普遍。特别是程度副词修饰形容词构成的状中结构经常做定语修饰名词性中心语。因为这种状中结构依然是形容词性的，而形容词的基本句法功能之一就是做定语。状中结构做定语的例子如下：

（被试看到蜻蜓）好多大蝴蝶！(2)

（被试讲《小猫钓鱼》）小猫钓到这么大的鱼，猫妈妈高兴极了。(3.5)

（被试甲、乙斗嘴。甲说）我就喊最好最好的人来把你那个大老虎打死。(4)

（被试用纸叠飞机、飞镖）这个飞机是世界上最好的飞机。世界上最长的飞镖就这么长。(4.5)

（被试跟爸爸讲班级里的事）我是男孩子中间最爱劳动的一个。(5)

（被试跟取样人谈话）我家有好大一个变形金刚。(2.5)

（被试对取样人说）我家有好漂亮的鞋子，妈妈代我买的。(3)

（取样人问：你爸爸呢？被试说）爸爸上班，好远的地方。(2.5)

（被试对取样人说）我给你们玩玩具，买了好多好多玩具。(2.5)

状中结构做宾语的情况在儿童语言中很少见。这大概是因为状中结构的谓词性质同宾语的体词性较强的特点相冲突。在我们取得的语料中，只有几例指代性的用例。例如：

（被试抱了两个玩具给取样人）我搞好多给你。(2)

状中结构构成"的"字结构的情况在儿童语言中也比较少见。在我们取得的语料中只发现了一例：

（被试叠纸）叠个好漂亮的。(2.5)

通过以上描述，我们可以看到，状中结构在儿童语言中最主要的句法功能是做谓语、补语和定语。但主要集中在程度副词修饰形容词构成的状中结构上。这同形容词自身的句法功能有较密切的联系。

四、分析与讨论

（一）儿童语言中状中结构的特点

从本书第 69 页"状中结构以及状语、中心语的类型"的描述来看，充当状中结构中状语成分的语言项目的类别是比较广泛的。除了词组做状语的情况以外，凡是成人语言中充当状语成分的语言项目的类别儿童语言中基本上都出现了。这是儿童语言中状中结构状况的一个方面。另一方面，儿童语言中充当状语成分的词语的量却相对贫乏。不仅做状语的形容词比成人语言中的要少得多，就是做状语的副词也比成人语言中的少。根据这一事实，我们可以认为，充当状语的语言项目类别广泛而词汇量相对贫乏是儿童语言中的状中结构的一个显著特点。

上面我们已经提及，在儿童语言中，词组做状语的情况很少，而且状中结构的层次结构也比较简单，一般不超过两个结构层次。同儿童语言中的定语的情况相比较（参见本书第一章"定中结构习得研究"），儿童对状中结构的扩展能力要远远弱于对定中结构的扩展能力。同为偏正结构，为什么儿童对定中结构具有较强的扩展能力，而对状中结构则不具备同样的扩展能力呢？带着这一问题，我们对定中结构和状中结构分别做了分析。分析的结果使我们对这个问题有了初步的认识。

首先，影响儿童对定中结构和状中结构具有不同扩展能力的原因之一是儿童对事物和动作行为的认识难度的不同。同动作行为相比，事物具有较强的稳定性，因而儿童对事物的观察认识具有具体性、延时性和反复性，儿童有充分的时间从不同角度、不同方面来认识事物。这样就使得儿童对事物的认识的难度大大降低，从而使儿童较易获得对事物较全面的认识。这种认识的结果是多层递加定语或多个并列定语产生的认知基础。这种认知结果反映在语言中的表现之一，就是复杂定语的出现。儿童对动作行为的认识虽然也具有反复性，但是却不具有具体性和延时性。动作行为一发即收，一现即没。因此儿童对动作行为的认识难度要远远大于对事物的认识。限于儿童认知水平的状况，儿童要把对动作行为反复认识的结果用词语固定下来并且叠加起来构成复杂的状语，其难度也大得多。

从句法成分结合的紧密程度来分析，状语同谓词性中心语结合的紧密程度要大于定语同体词性中心语的紧密程度。在充当状语的语言项目类别中，除了时间名词同中心语的关系相对松散以外，其他各类语言项目以及介词结构同中心语的结合都非常紧密。换句话说，状语部分的可扩展性要比定语部分的可扩展性低。因此，儿童要扩展状中结构需要更大的句法扩展能力。而由于儿童语言水平的状况所限，儿童尚不能进行这样的扩展。这也就造成了儿童语言中的状中结构相对简单的状况。

儿童语言中状中结构相对不发达的原因是否如以上述，是否还有其他的原因，这个问题还有待于进一步的分析、研究和探索。

（二）儿童语言中状语的表达功能

儿童在述语部分前面附加上状语是表达的需要，换句话说，状语是有其表达功能的。在儿童语言中，状语的表达功能有以下几个方面：

1. 强调功能

状语在儿童语言中最突出的一个表达功能就是强调功能。情态副词、程度副词以及代词"这么"的强调功能是显而易见的，就是范围副词的使用也带有较明显的强调作用。以最常用的

"都、全、也"为例：

（取样人问：爸爸妈妈哪个好？被试说）爸爸好，妈妈好，奶奶好，都好。（2）

（取样人给被试一根树枝：我们打坏蛋！被试说）我们都打坏蛋！（2.5）

（被试吃饭的时候蘸酱豆）我把酱豆都给蘸完了。（3）

（被试一下把几个玩具都抱走了）我全抱到奶奶那边去。（2）

（被试向爸爸提要求）把这两本书全都讲完，再上被窝里睡觉。（3.5）

（被试甲、乙比富。甲说）我家有变形金刚。（乙说）我家也有变形金刚。（2.5）

（被试甲不让取样人抱，说）我自己会走。（被试乙说）我自己也会走。（2.5）

（被试看到××，说）××好漂亮，我也漂亮。（3.5）

儿童使用范围副词表示强调，同儿童的趋大心理和争强好胜的性格是一致的。

儿童语言中状语的强调点也是多种多样的，或运用程度副词强调程度，或运用情态副词强调态度、意志，或运用数量成分强调动作的快速、短暂，或运用范围副词强调共同、不相上下，等等。强调点的多样化反映了儿童表达手段的多样和表达能力的发展。

2．说明功能

状语在儿童语言中的另一表达功能就是说明功能。状语的说明功能主要表现在时间名词做状语这方面。状语的说明功能不仅表现在儿童对事件的陈述上，而且也表现在儿童的请求或要求性话语中。早期儿童的请求性话语只向被请求者提出行为方面的要求，随着儿童需求的发展，儿童的请求也越来越具体。其中之一就是时间方面的条件限制。2.5 岁的儿童在向成人提出请求时

（例如请求爸爸妈妈来接），已经附加了时间条件（要求在一定的时候来接）。时间成分的附加，不仅反映了儿童对事件同时间之间关系的认识，也同样反映了儿童表述能力的发展。（这方面的例子请见前面有关章节，此处从略。）

3. 表达转换功能

在本书第93页"代词做状语"一节中，我们描述了儿童运用疑问代词"怎么"的情况，当时是从语义上进行分析描述的。如果从语用上进行分析，我们就可以发现，儿童对疑问代词的使用实际上是多方面的。其一是用疑问的方式表达请求的意思。例如：

（被试想吃果丹皮）叔叔，你怎么不带我们去买果丹皮呀？（3.5）

（被试要剪刀）你干嘛不给我剪刀呢？（3.5）

被试想吃果丹皮、想要剪刀，但并不直接说"你给我们去买果丹皮""你必须给我剪刀"，而是运用"怎么"把这种请求转换为疑问，把祈使句转换为疑问句，这样就显得含蓄一些，而不那么外露，达到了较高程度上的语用得体性。

其二是用疑问的方式表达陈述的内容，并带有责备的意味。例如：

（被试甲坐地下，乙说）你怎么坐到地下来了呀？（3）

（爸爸睡午睡，被试来喊）我叫你起来吃甘蔗，你怎么不起来呀？（3.5）

被试乙对甲说"你怎么坐到地下来了呀"，实际要表达的意思是"你不应该坐地下"；"你怎么不起来呀"这句话实际要表达的意思是"你早就该起来了"。被试用疑问的方式表达责备的意思，同样也显得较为得体。

陈述、疑问、祈使、感叹这四种基本句类之间在表达上的转换是属于语用平面上的转换，同句法变换相比，这是更高层次上的转换。这种转换虽然在儿童语言中还不是很普遍，但是却反映了儿童语用能力的发展。从语言运用的角度来说，这种转换是质的变化。

（三）关于儿童语言中副词"也"的预设和"也"的使用

副词"也"的语法意义之一是表示两事相同，"也"一般多用在小句中。这种用法的"也"在使用时要求有一定的预设。如果把这种用法的"也"使用的句子形式及其意义概括为：

A 事 P，B 事与 A 事有相同点 P_1 或 P_2 或 P_3……则 P_1、P_2、P_3……为 B 事也 P 的预设。

在儿童语言中，儿童对表示两事相同的"也"的使用基本上是遵循着上述预设规约的。但是我们也发现了一些比较有趣的情况。

其一是用语境事实代替前句作为"也"的预设的参照项。例如：

（被试甲骑过自行车给乙骑，说）××也骑了。（××指乙）(2)

上例的语境事实是：我骑过了。

（被试甲看到乙在叠手绢，说）我也有手绢。(2)

上例的语境事实是：你有手绢。

（被试脱鞋，另一个小朋友也脱鞋。被试说）他也能脱掉啦。(2.5)

上例的语境事实是：我能脱掉（鞋）。

（取样人带被试出了幼儿园。被试说）老师也带我们散步。(2.5)

上例的语境事实是：你们带我们散步。

儿童语言中的简略现象一般分为两种情况，一种是由于儿童的语言能力不足而出现的简略现象；另一种则是因为儿童使用了一定的话语策略。上面的例子就可以解释为语境利用策略。

其二是利用后项蕴含肯定前项。例如：

（老师看到被试眼睛肿了，问被试：你眼睛怎么搞的？被试说）我嘴巴也破了（指着自己的嘴）。(2)

上例中，后项"我嘴巴也破了"蕴含前项"我眼睛肿了"，即"不但我眼睛肿了，嘴巴也破了"。

（被试甲、乙谈论水果，甲说）西瓜昨天晚上我吃过的。（乙说）香蕉我也吃过的。(3)

上例中，后项"香蕉我也吃过的"蕴含前项"西瓜我吃过"，即"不但西瓜我以前吃过，香蕉我以前也吃过"。

（被试甲、乙在取样人家里吃花生米，甲说）我家也有花生米。（乙说）我以前也吃花生米的。(3.5)

上例中，甲的话"我家也有花生米"是利用语境事实"叔叔家有花生米"；乙的话"我以前也吃过花生米的"蕴含前项"我家也有花生米"。

从上面的例子看来，儿童能够运用逻辑蕴含来表达没有说出的话语信息。这也表明了儿童话语表达能力的发展。

（四）儿童习得副词的特点

儿童对副词的习得具有明显的偏向性特点。

我们在考察汉族儿童习得介词"比"和比较句状况的时候，发现儿童对事物有一种趋大倾向，即喜欢大的东西。从儿童对副词的习得状况来看，儿童同样表现出对高、大、全、多的倾向，即高程度、大范围、全包括、多频次，这些倾向同趋大倾向是一致的。

从儿童对程度副词使用的情况来看，儿童对高程度较易掌握，特别是没有量级区别的高程度（例如程度副词"好"出现较早，使用最多）；而对低程度则不易掌握。例如，副词"还"既可以表示高程度（例如"比天还大"），也可以表示低程度（例如"他水平还可以"）。但是，在3.5岁前的儿童语言中，我们只发现了表示高程度的"还"的用例，而没有发现表示低程度的"还"的用例。

从儿童使用范围副词的情况来看，儿童用得最多的是表示总括范围的"都"、表示相同和范围扩大的"也"。从总的情况来看，儿童使用表示总括、共同、相同和扩大的范围副词要大大超过表示限制的范围副词。在儿童使用的范围副词中，表示限制的副词只有"就、才、只"，且用例较少。

从儿童使用频次副词的情况来看，儿童首先习得的是表示动作行为重复、接续的"再"和"又"，使用较多的也是表示重复、接续意义的"再、又"。这表现出儿童对多频次明显地偏向性。

那么，为什么儿童会出现这种偏向性呢？我们认为，之所以出现这种情况，有主、客观两方面的原因。

从客观因素来说，大要比小容易感觉、认识，高、重、强要比低、轻、弱的刺激强度大，重复的要比一次性的印象深刻。由于儿童分析、认识能力的限制，大、高、重、强、重复的事物在一般情况下往往优先被儿童认知。这样在儿童的知识系统中，这些事物及其性质、状态等就占了较大的比例。当儿童用语言成分来固定这些知识时，就形成了语言知识系统中不均衡状态，亦即某些子系统的偏向性。

从主观因素来说，父母形象的影响、儿童自我意识的建立、趋同心理和争强好胜的性格可能是影响副词习得偏向性的主要原因。当儿童在襁褓之中能够睁开眼睛观察周围的事物时，他最先看到的就是他的爸爸妈妈，相比之下，爸爸妈妈毫无疑问是大的，而自己则是小的。当儿童有了一定的分辨能力的时候，他自然明显地感觉到爸爸妈妈对自己是好的。这样，"大—好"在心理上就建立了联系。这是儿童趋大心理的萌芽。当儿童自我意识建立以后，他的所有权意识也逐渐强化，知道哪些是自己的，哪些是别人的。由于自身生存和生活的需要，儿童不断地向他人、外界索求。显然，好的、大的、多的、全的更能满足他的要求。这样，好、大、多、全之间的联系进一步强化。儿童在和同伴们比较时，不希望不如别人，最低要求是希望和大家一样，这就是趋同心理；而更高的要求则是希望高出对方或同伴。这种趋高心理实际上是儿童趋大心理的又一种表现形式，或者说是一种迁移。在这种心理状态下，儿童对副词习得的偏向性也就很自然了。

实际上，人们一直到成年，这种趋大心理仍然是一种强势心理。最突出的表现就是对大功、大权、大成就、大事业、高薪、高位、高水平、高质量等等方面的追求和努力。这应该是儿童趋大心理的延续和强化。

（五）儿童习得状中结构的过程、手段和机制

状中结构是汉语的基本句法结构之一，因此在日常语言中使用也比较频繁。1 岁时的儿童虽然还不能自发地说出状中结构或含有状中结构的句子，但是他们在同成人和大龄儿童的接触中经常听到含有状中结构的句子。借助于语境和各种非语言因素，他们能够理解状中结构所表示的意义，并且在记忆中储存了状中结构的结构信息和语义信息。同时，在成人语言的示范下，还不断地模仿、练习。在多次简单的模仿和练习中，儿童逐渐强化了结构意识，掌握了结构形式。当儿童的语言能力进一步发展时，他们就能够自发地说出状中结构。例如：

（被试吃了右手的饼干，伸右手说）没有了。（又伸出左手）还有。（1.5）

（被试甲向乙打招呼）快来。（1.5）

上述两例还都带有明显的模仿痕迹。"还有""快来"都是成人在同儿童交际时经常说的话。但是，这种通过模仿习得的简单的状中结构却是儿童语言系统中一个新的知识点，并为以后阶段的状中结构的习得打下了最初的基础。

当儿童的语言能力进一步发展时，他们具备了初步的句法结构的分解能力，开始认识到状中结构的两个构成部分——状语和中心语。这种能力表现在语言学习中，就是能够对状中结构进行替换。例如：

（取样人给被试搽风油精，被试说）好辣……还搽。（2）

（被试吃完月饼喝完水，说）我吃完了，我喝光了。（又要）我还吃。（2）

（被试从石阶上往下跳）快蹦。（2）

（被试甲向乙要玩具）给我，快点给我。（2）

从上述例子我们可以看到，动词"搽、吃"替换了"还有"中的"有"，"蹦"替换了"快来"中的"来"。当然，在实际习得过程中，儿童不一定就是先用"吃、搽"替换"有"，用"蹦"替换"来"。上述例子只是为了说明儿童句法替换的情况。当然，儿童句法替换并不是单项的，状语位置上的成分也被不断替换，例如"还吃"中的"还"就被"都、也、再"等词语替换。当这样的替换进行多次，儿童就掌握了状中结构的结构形式和结构成分以及语义上的某些特点。

当儿童的语言能力进一步发展，并抽象出更高层次的状中结构的结构模式"X（修饰成分）＋P（谓词中心语成分）"，这时状中结构的习得就进入了一个新的阶段。这一阶段的习得有两个主要内容，其一是句法同化，即把不同的成分根据句法、语义的要求分别同化在状语和中心语的位置上，这样凡是具有修饰谓词性成分功能的成分便逐渐出现在结构模式中的"X"的位置上，而谓词性成分也逐渐出现在结构模式中的"P"的位置上，形成了多种具有各自特点的状中结构。另一个习得内容就是句法合成，即把状中结构合成为一个整体性的句法结构进行运用。句法合成的结果，就是状中结构离开谓语的位置，开始出现在补语、定语的位置上。这时，儿童不仅掌握了状中结构的结构模式、结构成分，而且也掌握了状中结构的整体功能。这一习得过程到儿童 3.5 岁时已基本完成。

　　总之，通过简单模仿和练习而习得简单的状中结构，而后通过句法替换逐步掌握状中结构的构成成分；通过句法抽象概括出状中结构的句法模式，而后进行句法同化掌握不同类型的状中结构，同时通过句法合成和句法移位再逐步掌握状中结构的整体功能。这大概就是儿童习得状中结构的基本过程和机制。

第四章　述宾结构习得研究

一、引言

　　述宾结构是汉语中最基本、也是最重要的句法结构。述宾结构不仅句法形式多样，语义关系复杂，而且具有较强的外部功能；同时，述宾结构同主谓结构、述补结构、"把"字结构等又有着各种各样的联系。因此，述宾结构的习得，不仅直接影响着儿童语言能力的发展，而且也对其他句法结构的习得有一定的影响。

　　本章考察儿童语言中述宾结构的状况，描述其习得阶段和整个过程，分析其间的变化联系，在此基础上，探讨其习得手段和习得机制。

二、过程

　　本节描述述宾结构在儿童语言中发展的状况。

（一）1 岁年龄段

　　1 岁儿童的语言中没有发现述宾结构的用例，只发现了动词和名词单独使用的例子，例如：

　　动词：吃　喝　要　拿　爬　打　抱　走　来　坐
　　名词：爸爸　妈妈　糖　帽帽　饼　蛋蛋　狗　花　瓜　巴巴（月亮）

（二）1.5 岁年龄段

汉族儿童在 1.5 岁时开始使用述宾结构。

（1）从句法形式上看，此期儿童使用的述宾结构大部分都是"光杆动词＋名词"的形式。例如：

（被试抱着布娃娃说）抱宝宝。

（被试把玩具当车开）开嘟嘟。

（被试要喝水）喝水，喝水。

（被试要取样人抱他）抱我。

（被试解了大便要取样人给他揩屁股）揩屁股。

（被试和妈妈离开托儿所时妈妈忘了关门，被试提醒妈妈）关门！关门！

（妈妈来接被试，被试说）拿帽帽。（要妈妈给他拿帽子。又说）戴帽帽。（要戴帽子）

（被试甲抓了被试乙，乙说）打！（然后对取样人说）抓我。（这是向取样人告状）

（被试甲来到被试乙家，推门）开门呀，开门！

（被试甲看到其他小朋友在打架，说）打死了！打人了！

（保育员发饼干，问被试：坐好了没有？被试说）坐好了。吃饼饼喽！

在我们取得的语料中，只发现一例述语部分为动词的重叠形式：

（被试看到妈妈来接，跑向妈妈）抱抱我！

1.5 岁儿童的话语中还出现了动词"给"构成的述宾结构：

（被试走过来把手帕给取样人）给叔叔。

（被试把玩具给保育员）给奶奶。

动词"给"可以带双宾语，但此期儿童语言中的"给"只带一个宾语（与事宾语），另一个宾语（受事宾语）由在场的实物补足。

（2）从语义关系上看，1.5 岁儿童语言中的述宾结构的语义关系有以下几种：

①动作行为—受事。这种语义关系最多。上述例子中的前 12 例均为这种关系。

②动作行为—处所。这种语义关系在 1.5 岁儿童语言中也不少。例如：

（被试甲抢了被试乙的位子，被试乙说）坐后面。

（被试指着玩具猫说）在这里。

在一些西方语言中，动词联系处所成分往往要用介词引入。而汉族儿童语言中很早就出现了动词直接联系处所成分构成的述宾结构。这似乎可以说明，汉族儿童对动作行为同处所的联系的理解似乎更为直接。

③动作行为—结果。在我们取得的语料中，这种语义关系有两例：

（被试拿着笔在纸上画）写字。

（被试玩手帕）叠个小老鼠。

④动作行为—对象。这种情况只有一例：

（被试甲抢被试乙的球，被试乙对保育员说）抢我。

⑤动作行为—与事。在我们取得的语料中，构成这种语义关系的动词都是"给"。例如：

（被试甲和被试乙抢玩具，被试乙说）给我，给我，我要，我要。

（3）从句法功能上看，此期儿童语言中的述宾结构已具有构句功能，但都处于句子的谓语部分。例如：

（被试的球给抢走了，被试对取样人说）我拿球。（意为我要球。）

（吃饭的时候，被试说）宝宝吃饭，妹妹吃饭。（"宝宝"指自己。）

（保育员换班走了，被试对取样人说）奶奶买饼干。（意为奶奶买饼干去了。）

（取样人给小朋友分玩具，被试对取样人说）我要大球。

（被试对取样人说）我坐这里了。（意思是我坐好了。）

（三）2 岁年龄段

从 1.5 岁到 2 岁，虽然只有半年时间，但儿童语言中的述宾结构却有了较大的发展，无论是在句法形式上，还是在语义关系、句法功能上，都与 1.5 岁时有显著的区别。

（1）在句法形式上，此期述宾结构的发展表现在以下几个方面：

其一是句法成分在形式上的变化。在 1.5 岁儿童的语言中，述宾结构中的述语部分基本上都是光杆动词，只有一例是动词重叠形式。而在 2 岁儿童语言中的述宾结构里，述语部分除了重叠形式以外，还出现了动词后附动态助词的形式。例如：

（被试用橡皮兔子戳取样人的腿）搞搞你腿。

（被试要玩具）等一下，我来拿小鸭子。……我来逗逗它。

（被试看图画上一个小孩口衔玉米缨子）小哥哥长着胡子。

（被试怀里抱着一本教科书对取样人说）叔叔，我拿着爸爸书。

（被试对取样人说）我吃过饭饭。（意思是我吃过饭了。）

在 2 岁儿童语言中的述宾结构中，宾语部分也有了发展变化。在 1.5 岁儿童语言中的述宾结构里，宾语部分都是词的形式，而且基本上都是名词或代词。而在 2 岁儿童的语言中，宾语部分除了词的形式以外，也出现了词组的形式。例如：

（被试剥女贞树的种子）剥完了。……我再剥这个。

（被试去拿糖果）我拿一个。

（被试向取样人炫耀自己的新球鞋）买一双新球鞋。（取样人问：谁买的？被试说）奶奶买的。

（被试看到小朋友一个个被接走了，自言自语地说）就剩下两个小朋友了。（按情况确实如此。）

（被试把帽子往取样人头上放）叔叔戴我帽子好不好？

（被试看到小朋友在玩，对着小朋友说）打你们屁股！

（取样人给被试拿了一块饼，被试吃完了还要）我还吃，我要白的。阿姨拿饼。阿姨，不要小的，要大的。

（被试吃茶鸡蛋）我来吃这个大大的。

（被试向取样人要饼干）吃饼干，吃小的饼干。

上述例子中，有的宾语部分是指量词组，有的是数量词组，有的是由数量成分和名词性成分构成的定中结构，有的是由代词和名词构成的定中结构，有的是形容词和"的"构成的"的"字结构，有的是由形容词和名词构成的定中结构。

由"动词＋处所成分"构成的述宾结构在此期也有较大发展，无论是述语部分还是宾语部分，其质量都高出 1.5 岁时的同类结构。例如：

（被试甲把站在中间的被试乙挤到旁边，被试乙说）站中间。（意思是我要站中间。）

（被试指着正在滑滑梯的小朋友说）坐滑梯。

（取样人把笔放在袖筒里，被试看到了，说）在这里边。

（被试甩积木，取样人接住藏在背后，被试问）到哪里去了？

（被试把手绢装进口袋）装口袋里面，手绢。（"手绢"是追加）

（被试把积木往取样人背后塞）放你后面。（又把自己的帽子往取样人袖筒里塞）帽帽放叔叔口袋里。

（被试把手绢藏在背后，却让取样人掏自己的口袋）你掏口袋。

其二是出现了更为复杂的结构。我们先来看"述补＋宾"

结构的例子：

（被试看到取样人把笔藏在腿弯里）拿出来这笔，笔拿来。

（被试看到门外有一条狗，对取样人说）我看到狗狗了。

（被试要取样人给他找球）我找不到球。

（被试把一个玩具装在口袋里）这是小娃娃头，放在这个口袋里边。

（被试给取样人讲家里发生的事）好多饼干掉在地下了。

再看"述＋宾＋补"结构的例子：

（被试指着寝室对取样人说）到这里面去。

（保育员抱被试，被试的手帕掉到保育员的腿上，被试低头看到了，说）手帕掉你腿上去了。

（被试甲向取样人告被试乙的状）她跑这来了。

（被试要取样人坐。等取样人坐下来后，被试又绕到取样人的另一边）坐这边来。

（被试举着手里的手帕对爸爸说）我搞个手帕来了。

（被试拿着一块花手绢对取样人说）我今天又带了一块花手绢来了。

下面是"动＋补＋宾＋补"结构的例子：

（被试把自己的帽子甩在地上）掉到地上去了。

（被试在一个大板凳上爬，爬到了另一头）爬到这来了。

（球滚到了椅子下面，被试对取样人说）搞到洞里边去了，球搞到这个里边去了。

（被试搭积木，积木倒了，被试大叫）积木滚到地下去了！积木跑到地下去了！

（被试甩积木）咚，搞到我自己凳子上来了。

（被试骑自行车）车开，开，开，开到这个房间里去了。

（被试说）我全抱到奶奶那边去。（一下子把五个玩具都抱走了）

　　上述例子中的宾语都是表示处所，这些句子都是表示位移的。这些例子说明此期儿童基本上能够把握空间、动作行为和物体运动之间的关系。

　　此期"给"字句也有发展。"给"的两个宾语在句子中都出现了。例如：

　　（被试向取样人要笔）再给我笔，我要写。

　　（被试画完了一张纸，又向取样人要纸）再给一个这个。

　　（被试抢玩具）给我，快点给我，给球我。

　　（被试看到保育员发饼干，说）给我两个。

　　此外还出现了称说性双宾语句：

　　（被试甲指着被试乙对取样人说）我喊××姐姐。

　　其三是出现了谓宾述宾结构。例如：

　　（被试玩橡皮鸭子）小鸭子爱洗澡，洗洗身体洗洗脚。（按此为儿歌。）

　　（被试模仿老师吓唬同伴）坐那不许动！

　　（被试看到小朋友打闹，大喊）打人了！打人了！不许打！不许打！

　　（取样人指着木马对被试说：我们骑马去。被试说）老师讲，不准动！不给骑马！

　　（被试甲翻书，被试乙不让翻）这怎么翻的？不给看了，收起来。

　　（被试向取样人要笔）再给我笔，我要写。

　　（被试趴在座椅上对取样人说）我想下来，我要下来。

　　（被试吃完了饼，说）我要出去玩玩。

　　（被试看到一群小朋友在玩，说）小朋友不要抓蝴蝶。

　　（取样人和被试谈话，被试）××会爬树。（取样人：你呢？被试说）我不会爬树。我会叠手枪。

　　（被试对取样人说）我会讲故事。

上述例子中，仍带有模仿的痕迹。谓宾动词"给"主要是表示允许、容让，"要"主要是表示意愿，"会"主要是表示能力。这些谓宾结构的出现，表明此期儿童自我意识的强化，对于自我主体对客体的可影响、可控制性有了进一步的认识。

（2）此期述宾结构的语义关系也有了进一步发展。在此期的述宾结构中，构成动作行为—受事、动作行为—处所这两种语义关系的词语要比 1.5 岁时丰富得多。此外又出现了含有施事宾语的述宾结构。例如：

（被试看到电灯亮了，说）来电了。

（被试开门，进来一股风。被试大叫）起风了！起大风了！

（天晴了又下雨，被试看着天空说）又下雨了。

（被试站在路边看汽车）又来一辆，又来一辆。

（被试从窗户上看到外面停着一辆大卡车）大汽车来了，下午来了大汽车。（按当时是上午，句子中的"下午"当为误用。）

上例中的"大汽车"在前一句中做主语，在后一句中做宾语。这说明此期儿童有了初步的句法变换能力。

工具质料宾语此期也出现了：

（被试甲在墙洞里抠一下，然后往被试乙脸上抹）给你搽胭脂好不好？

（被试捂着屁股对取样人说）打针了。

（被试看到镜子里出现了取样人，说）叔叔照镜子。

（蚊子咬了被试，被试要取样人给他抹风油精）搞腿，搽风油精。

下面几例是"动作行为—结果"语义关系：

（被试要保育员讲故事）奶奶讲故事。

（被试对取样人说）你给我讲一个大公鸡，我给你拍拍手。

（取样人拿着一个玩具，装作小狗。被试看了说）变个小猫好不好？变个小白兔好不好？

（3）此期述宾结构的构句功能有了比较大的发展。突出的一点就是同其他动词或动词性结构组合起来构成大量的连谓句（包括连动句和兼语句）。例如：

（被试向取样人要了笔坐在板凳上画起来）坐板凳写。

（被试爬到椅子上往外看）站上面看。

（被试看着小朋友一个个走了，说）坐车子回家去了。

（被试指着座椅对取样人说）抱我到这里面去。

（取样人问被试：妈妈来接你没有？被试说）没来，妈妈去买嘎嘎肉去了。（"嘎嘎肉"是鸭子肉）

（被试甲对被试乙说）我们两人换刀玩。

（取样人问被试：大灰狼来了怎么办？被试说）我马上拿棍子打这个大灰狼！

（被试甲抢被试乙的小板凳）给我坐，这个给你坐。

（被试向取样人要笔）拿一个给我呀。

（被试抱了两个玩具给取样人）我搞好多给你。

（被试叠纸，问取样人）叠个小船好不好？叠个小房子给你看。

（被试指着自己的脸对取样人说）妈妈带我回家搽香的。

（被试跟取样人谈话）妈妈买泡泡糖给我吃的。

（被试对取样人说）我妈妈上街买榨菜不给你吃。

述宾结构功能上的另一个变化是出现了做宾语、主语的用法。述宾结构做宾语的用法只出现在谓宾动词"要"的后面。例如：

（取样人和被试来到公园后门。被试对取样人说）我要看猴子。

（取样人拿着玩具乌龟问被试：这个乌龟干什么？被试说）要吃小白兔。

做主语的用法只有一例：

（被试骑木马）这个小一点，坐这个好。

此期述宾结构功能上的另一个重要变化就是具有了非述谓功能，出现了做定语的用法和构成"的"字结构用于指称的用法。述宾结构做定语的用法只有一例：

（被试指着红药水说）搽手的药。

（被试捡树叶子。取样人问：干什么？被试说）烧饭的。

（被试玩取样人的指甲剪）刀削耳朵的。

（被试在地上捡起一个断锹把，看了看说）这不是打猴子的。（取样人问：这是干什么的？被试说）打乒乓球的。

（被试要喝汽水。取样人问：汽水呢？被试指着一个卖冰棒的说）在那边，卖冰棒的。

上面几例分别指称工具和施事。

我们认为，如果说 1.5 岁时儿童语言是"词语法"阶段的话，那么此期述宾结构构句功能的发展变化以及做句子成分的语言事实可以说明，在 2 岁时儿童语言已经进入"词组语法"阶段。也就是说，此期儿童的语言有了质的飞跃。

（四）2.5 岁年龄段

（1）句法形式方面的发展。

从动词部分来看，2.5 岁儿童语言中的述宾结构里出现了"动一动"这种重叠形式和动词加"了"带宾语的情况。这样，动词加结构助词带宾语的述宾结构在 2.5 岁时就全部出现了。下面是这类述宾结构的例子：

（被试在冬青树前停了下来）我看一看小花。

（被试同取样人谈话）……我们家拖了地板，买了好多玩具。

（被试把树枝插在沙堆中）我栽了好多树哟！

（被试甲跑出大门，被试乙喊）××，等着我！

（被试要回家）我想回家，我要妈妈陪着我。

（被试讲故事）（黑猫警长）驾着摩托车来了。

（被试跟取样人谈话）我坐过碰碰车的。

（老师发饼干，被试说）我洗过手了。

此期的"述＋补＋宾"结构从句法形式上看虽然没有什么发展，但是质量却高于2岁年龄段。这主要表现在做"补"成分的词语大大丰富了。例如：

（被试用树枝打蚂蚁）打死了一个蚂蚁。

（被试对取样人说）我眼镜我已经自己搞坏了，搞坏了我自己眼镜。

（被试甲看到被试乙用手帕蒙住眼睛，说）看不见人了。

（被试同取样人打闹）我来打，我来打。你打不过我。

（被试跑到一边，然后对取样人说）你捉不到我了吧？

（被试往前扑倒在地上，作醉酒状）我喝醉酒了。

（被试抓住了取样人）我逮住你了。

（被试讲《变形金刚》）变形金刚能变成恐龙，变成小鸟。

（被试甲告被试乙的状）他抢去我的纸了。

此期双宾语结构没有什么发展。

此期的谓宾述宾结构有所发展。一方面出现了新的谓宾动词构成的述宾结构，另一方面已经没有了模仿的痕迹，而成为主动的自发性语言。下面是此期谓宾述宾结构的例子：

（取样人给被试糖吃。被试说）我好吃软糖。

（被试甲跟被试乙谈话）我妈妈爱劳动。

（被试跟取样人谈话）孙猴子喜欢吃果子。

（被试讲自编的故事）有一个大猴子，它喜欢过马路。

（被试同取样人谈话）苹果我喜欢吃。

（被试跑到教室门口看）我看看老师还来了。（"还"相当于北方话中的"可"。）

（被试向取样人伸出手）你看我手可冰？

（被试同取样人谈话）（我）去医院……去医院看妈妈打针。

（被试甲看被试乙想钻篱笆，说）不许钻！

（被试甲看被试乙想摘花，对被试乙说）不许动！不许摘！

（被试玩塑料刀）我当警察，把他抓住。杀杀杀！（取样人问：他哭了吗？被试说）没哭。他不怕死，他不怕疼。

（取样人问被试：这是什么树？被试说）我不晓得它是什么树。

（被试给取样人说上公园的事）我爸爸不晓得要票，（公园把门的）不给进去。

（被试走到教室门口。取样人问她干什么，被试说）我等着爸爸妈妈来接我。

（被试指着小摊上的东西说）我爸爸妈妈不给买那个东西吃。

此期值得注意的一点是出现了离合词嵌入其他成分形成的述宾结构。例如：

（被试甲对被试乙说）咱俩去照一个相。

（被试甲乙比本领）被试甲：我还会唱歌。被试乙：我还会唱小白兔歌。

（被试同取样人谈话）……我上过学妈妈上班。

（被试同取样人谈话）我听妈妈的、爸爸的话。

这种情况说明，在此期儿童的句法结构系统中，述宾结构已成为一种强式结构，具有了类化作用。

（2）此期述宾结构中又出现了"动作行为—当事"语义关系。例如：

（被试向取样人提要求）你演狮子给我们看。

（被试看到两个小孩在打斗，对取样人说）我当警察，把它抓住。

（被试跟取样人谈话）我爸爸当老师，在××系。

（3）在句法功能方面，此期有一点值得注意，那就是出现了双宾结构做构句成分的用法，只有两例：

（被试甲向被试探乙要糖）给我一个吃。

（被试和取样人谈话）我妈妈给我鱼吃。

"动宾＋的"结构在此期出现了一例指称处所的用法：

（被试来到卫生间小便）这撒尿的。

（五）3 岁年龄段

（1）从句法形式上看，此期儿童的句法扩展能力有所发展，出现了一些比较复杂的结构。例如：

（被试向取样人炫耀）我妈妈代我买好多好多黑猫警长的手帕。

（被试同取样人谈话）我不喜欢吃桃子，我喜欢吃西瓜和葡萄。

在双宾语结构方面，此期出现了"教"字双宾结构，只有一例：

（被试一边叠手帕一边对取样人说）我教你叠，这样叠的。

还有一例是"V 给"复合动词构成的双宾结构：

（被试拿着一个糖对妈妈说）发给我一个糖。

另一例出现的"V 给"动词句中虽然出现了与事和受事成分，但形式上却不是双宾语句：

（被试甲把木偶猪八戒给被试乙，说）让我把猪八戒还给你，把猪八戒还给你。

（2）此期述宾结构的构句功能没有什么发展。不过"V 着＋宾"述宾结构做连谓结构的前项时有修饰意味。例如：

（被试指着画册上的小松鼠说）手里拿着梨子拉小提琴。

（被试跟取样人谈话）爸爸骑着自行车来接我。

"述宾＋的"结构的情况除了出现了"V 给的"结构外，同 2.5 岁年龄段相比没有什么发展。下面是几个例子：

（被试甲拿着《黑猫警长》对被试乙说）这是爸爸妈妈送给我的。

（被试从幼儿园回家，带了两瓶橘子水，对妈妈说）我给哥哥一瓶。这是老师发给我的。

（取样人问被试：你知道大海吗？被试说）大海是蓝色，有水，有鱼，是逮鱼的地方。

（被试问取样人）后面那个打枪的叔叔上哪去了？

（被试甲拿着一个小杯子对被试乙说）我有这个小小的……喝酒的。

（被试指着桌子上糕点对取样人说）当班长的吃那个。

（六）3.5 岁年龄段

（1）此期在句法形式上出现了一些新的情况。

在谓宾述宾结构中，此期出现了"比赛"构成的谓宾述宾结构。例如：

（被试甲对被试乙说）我们比赛叠小公鸡。

（被试甲要和被试乙赛跑，被试乙说）比赛赛跑会跌跤的。（这个谓宾述宾结构在句中做主语。）

"教"字双宾结构在3岁年龄段只出现了一例。此期的"教"字双宾句无论在数量上还是在质量上都超过3岁年龄段。下面是几个例子：

（被试甲拿着一个玩具照相机对被试乙说）我教你怎么照，这样照。

（被试甲要玩玩具坦克，被试乙说）我教你怎么搞，我教你怎么开。

（妈妈问被试：为什么××能考一百分呢？被试回答）因为老师教他写字，他考一百分。

此期的"V给"双宾句质量也高于前期。例如：

（被试把别人家的刀送回去，回来向爸爸汇报）你叫我还刀，我就还给××家刀。

（被试看《芭蕉扇》的画册讲故事）结果呢，孙悟空就借给了铁扇公主风扇啦。（按这一句把孙悟空和铁扇公主说颠倒了。）

（被试跟妈妈谈话。被试说）我坐在河边，钓了一条鱼，送给妈妈一条大鱼。

此外还出现了处所、受事成分共同充当宾语的双宾句：

（被试摆弄拉链包，对取样人说）要是放这里面东西，我就把这个拉开；要是不放这里面东西，我就把这个锁上。

此期还出现了双宾动词"告诉""偷""借（借入）"等，但没有构成双宾结构形式。例子如下：

（被试讲自编的故事）老猴子喊小猴子，爬进一个大山洞，它们一起告诉黑猫警长。

（被试讲《阿里巴巴和四十大盗》的故事）……强盗头子最坏了。……他偷人家的金银财宝，还偷人家的书，偷人家的钥匙。

（被试看着《龙宫借宝》的画册讲故事）孙悟空说：海龙王，我想借一个兵器用一下。

（2）此期述宾结构的语义关系有一定变化，出现了一些新的语义组合用例。如下：

（被试一边走一边说）走一头汗，我的汗真出来啦。

（被试听爸爸讲××考了一百分，说）我要考三百分。

（被试在地上画了个圈，然后到圈里边蹦跳）我在圆圈里跳小兔。（意为像小兔那样跳。）

（被试上幼儿园前对爸爸说）我到房间拿一个新手帕，手帕做那个手工，叠东西。

（被试吃饭的时候和爸爸比谁吃得快）这回决定比过爸爸。（"决定"意为"绝对"。）

"走一头汗"隐含着"动作—程度"关系，"考三百分"是

"动作—目的"关系，"跳小兔"是"动作—方式"关系，"叠东西"的抽象程度显然高于以前的由动词"叠"构成的述宾结构。

此期儿童对句法成分的语序排列能力也达到一定水平。当一个动词联系两个语义成分构成述宾结构时，儿童一般遵循"受事在前""整体在前"的原则。例如：

（被试讲故事）……它们就一下把大灰狼打了五枪一百枪，就把大灰狼打死了。

（被试讲以前的事情）……他一跳就跳下去了，把鼻子跌个大洞。

（被试指着手上被蚊子咬的地方说）这个地方被蚊子咬了一块，蚊子真坏。

此期施事述宾结构中的宾语的生命度越来越高，越来越具有施事的性质。例如：

（被试讲故事）在森林里住着一个大老虎，青蛙住在河里面。

（被试看橘子盆景）这树发芽了，又长了一个橘子。

（被试甲在前面走，被试乙在后面说）前面有一个××，后面跟着一个××。

从此期述宾结构的语义关系和语义内容来看，述宾结构的语义开始呈现丰富化的趋势。这同儿童生活的世界日益扩大、认知能力的发展、知识逐渐丰富等因素是分不开的。

（3）此期述宾结构的构句功能处于稳定时期，没有太大的发展。

双宾结构做构句成分的用法在此期继续出现，不过例子仍然不多。如下：

（被试对取样人说）你给我一张纸画画。

（被试甲向被试乙要书看）给我一本看看。

"动宾＋的"结构的功能与前期水平相当。

（七）4 岁年龄段

（1）儿童的句法扩展能力在此期仍然呈发展趋势。下面这个例子可以说明这一情况：

（被试甲和被试乙斗嘴，甲说）我下次买老大的、比天还大的变形金刚。（乙说）我买比你那变形金刚还大的。

谓宾述宾结构在此期有所发展，除了已经出现的"喜欢、爱、想、要"等心理动词外，还出现了其他表示感觉、认知的动词构成的谓宾述宾结构。例如：

（被试甲指着树种对被试乙说）这个东西不能吃，你吃了肚子里有大蛇小蛇一肚子蛇，你就会感到难受的。

（取样人问被试：今天怎么样？被试说）我感觉好快活，我玩得好开心好开心。

（被试问爸爸）爸爸，你可同意我上水管去洗手？（水管指自来水龙头。）

（被试甲说爸爸要给他买一辆自行车，被试乙说）我带你去吧。你爸爸不认识买车场在哪，你爸爸不知道。

（被试搽过雪花膏对爸爸说）爸爸，你闻闻我脸搽得可香？

上面三例都是小句做宾语，而且小句本身的结构也颇复杂。

在双宾结构方面，又出现了由"问、告诉"构成的双宾结构：

（被试问妈妈问题）妈妈，我再问你个问题：蚊子为什么爱喝人家的血？

（被试甲和被试乙谈话，甲指着被试乙家里的一本书）那还是我家的呢。（乙指着另一本画册）我不是问你这个，我是问你这个。［意思是我问你这本书（是谁家的）］

（被试吹牛）我告诉你们吧，我是吃肉大王。

（取样人问被试：你回家怎么跟你爸爸讲？被试说）我告诉

我爸爸，我录音了。

在语义关系方面，此期述宾结构处于稳定状态。

（2）在句法功能方面，"动宾＋的"结构修饰功能和指称功能都处于稳定状态。但从运用上来看，显得更为熟练。下面是一些例子：

（被试甲指着零售小店）这个是卖豆腐乳的地方。（被试乙）不是，这是卖盐、卖火柴的地方。

（被试甲对被试乙说）咱们两个玩拔萝卜的游戏。

（被试装作弹琴的样子，对取样人说）我弹个歌曲给你听，打仗的歌曲。

以上三例中，"动宾＋的"结构做定语。

（被试指着桌子上的橡皮说）这做作业的。

（被试甲跟乙斗嘴时说到了救火车）救火车是救人的。

（被试甲、乙斗嘴。甲说）我喊警察。（乙说）警察是管汽车的，不是打坏蛋的，他不是打仗的。

（被试指着公园的门说）去看猴子的买票。

（被试甲、乙争论。甲说）农民是种菜的。（乙说）农民是种饭的。

（被试指着拆掉的教工食堂说）这个房子拆掉了，卖大馍的现在又不在这边卖大馍了。

（经过花坛，被试要摘花。取样人问：摘什么花？被试说）就是长在那个泥巴上的。

以上"动宾＋的"结构分别指称工具和施事。

（八）4.5 岁年龄段

（1）此期谓宾述宾结构仍然呈现发展的趋势，质量有所提高。例如：

（被试甲对被试乙说）只许看书，不许讲故事。

（取样人问被试：你喜欢哪个老师？被试说）我怕老师骂

我，我不敢讲。

（被试把馒头咬了几口，然后举着馒头问爸爸）爸爸，你说这像个什么？（爸爸：不知道。被试）像个小马，我觉得，你觉得像个什么？

（被试对爸爸讲）晚上我觉得好冷。

（被试对取样人说）我爸爸就喜欢要我睡觉。

（被试跟妈妈谈话）妈妈，还记得我会唱什么？

（妈妈在厨房做事，被试对爸爸说）我没看到妈妈在切菱角，我就知道妈妈在切菱角，我晓得你在切菱角。

双宾结构在此期也有所发展，一方面质量有所提高，例如：

（被试甲和被试乙玩打电话的游戏。甲对乙说）我教你电话怎么用。

（被试拿着玩具飞机对爸爸说）你要给我讲这个故事，我就送给你这个飞机。

（被试甲对被试乙说）告诉你一个好消息。

另一方面出现了新的双宾结构，例如：

（妈妈让被试看时间。被试去看挂钟）长针到6了，短针过了3一点点。

（爸爸装出要打妈妈的样子。被试在一边说）我刚才打她（妈妈）两下子了，你别打了。

（被试讲幼儿园里的事）×老师罚过我一次。

（被试甲装老虎，被试乙装老鹰。两人斗嘴。被试甲说）你原来赶上我一次嘛，我现在要赶上你一次。

（被试走了一段路，出汗了）热了我一身汗了。

前四例中的远宾语由数量词组充当，后一例为使动双宾结构。

（2）此期儿童语言中"动宾＋的"结构的指称范围又有所扩大。例如：

（被试问妈妈）我留给你的瓜子你怎么不吃啊？是留给你的，又不是留给我的。

（被试甲指着跳棋棋子对乙说）这都是涂上漆的。

（取样人问被试：昨天你看电视了吗？被试说）我没看电视，看电影的，是逮特务的。

此期儿童对述宾结构的运用已经相当自如。请看下例：

（被试讲幼儿园里的事）老师天天都请我发碗。发碗的时候我就趴得好好儿的，老师就给我发碗。（爸爸问：为什么？）因为我喜欢发碗。

在短短的4句话里，"发碗"这一述宾结构先后做谓语、定语和宾语。由此可以看出此期儿童句法结构组配能力的水平。

（九）5岁年龄段

根据我们取得的语料来看，5岁年龄段的情况同4.5岁的情况没有什么质的区别。此处不再分别举例分析。下面列出几个能代表5岁年龄段水平的例子：

（被试跟爸爸讲上幼儿园时检查卫生的情况）×医生一讲"行"，就说明你的指甲不长，就可以拿红牌子了。（按红牌子表示最卫生。）

（被试讲幼儿园班级里的事）我们的操第一，给我们巧克力和一朵花儿。

（被试讲班级里的事）××、××和×××拍球拍得好，给他们奖个小画片儿。

（爸爸问被试：当值日生累不累？被试说）当然不累了。我最喜欢当值日生了。

（被试同爸爸谈心。被试）我长大想当个科学家。（爸爸问：什么科学家？被试）不就是那个造氢弹、原子弹的科学家吗？

现将儿童语言中的述宾结构的发展状况简要概括如下：

述宾结构在1.5岁时的儿童语言中开始出现。2岁时述宾结

构在儿童语言中有了很大的发展，2 岁儿童语言中的述宾结构的
结构类型基本上覆盖了以后各个年龄段，但运用的词汇和语义关
系则比较贫乏。此后各个年龄段在 2 岁年龄段的基础上丰富、发
展。3.5～4 岁年龄段在谓宾述宾结构和语义关系方面又有了一
些新的发展。从 4.5 岁到 5 岁，儿童语言中的述宾结构虽然在质
的方面没有发展变化，但在词语的丰富、使用的频繁、运用的熟
练等方面，都超出了以前的水平。

三、讨论

（一）儿童习得述宾结构的特点

述宾结构可分析为句法模式和充当句法成分的词语两个方
面。从儿童习得述宾结构的事实来看，儿童习得述宾结构句法模
式的速度要大大高于充当句法成分的词语习得速度，换言之，句
法结构的习得速度大大高于词汇的习得速度。如上节所述，汉族
儿童在 2 岁时就习得了绝大部分述宾结构的结构模式，而此期儿
童述宾结构中的动词和名词还是很贫乏的（参见本书第 121 页
"1.5 岁年龄段"、本书第 123 页"2 岁年龄段"这两节的举例）。
形成这种情况的原因有三个方面：一是述宾结构句法模式的数量
相对较少，而充当句法成分的词语的数量则很大；二是句法结构
的习得相对来说是相关的，即各种句法结构是相互联系的。不同
类型的句法结构之间具有变换关系，复杂的句法结构与简单的句
法结构之间又有着扩展、联结等关系。句法结构之间的这些关系
使儿童可以通过一定的习得手段迅速地习得大量的句法结构。相
比之下，词汇的习得则是相对离散的；三是句法成分之间的语义
选择和语义组配是一种要求更高的组合关系，因而其习得难度也
大大高于结构模式的习得难度。这样，习得对象的数量差别、习
得对象结构上的差别、习得难度的差别这三个方面的因素造成了
习得速度上的差别。

（二） 儿童习得述宾结构的心理基础和语言基础

儿童习得述宾结构需要一定的基础。习得基础可分为两个方面，即心理基础和语言基础。

儿童习得述宾结构的心理基础包括儿童的感知能力、动作能力和思维能力的发展。这些能力达到相应的水平，儿童才能把握、理解述宾结构所表达的内容，也才能运用述宾结构去表达相应的内容。根据有关的研究，1 岁末的儿童开始能区分动作和动作对象，20 个月的儿童已能完成较精细的操纵和处置性动作。这些方面的发展，使儿童对自我、他人、客体事物、动作行为及其间的关系有了一般的、较为明确的认识，并建立起动作者、动作对象、动作行为这些表象类型及其间的联系，同时也使儿童逐渐掌握了施事、受事、动作行为这些语义成分的性质及其间的联系。1 岁时的儿童已经习得了一些构成述宾结构所必要的动词和名词，也能把握这些动词、名词之间的语义关系，具备了习得述宾结构的词语基础和语义基础。但更重要的是具备了相应的语言理解能力。具备了相应的语言理解能力，言语才能够大量输入，儿童才能够大量地接触、理解语言材料，才能够进行有意义的语言学习（区别于机械地模仿）。句法结构模式的学习尤其需要语言理解能力作为基础。在早期词汇习得活动中，如果儿童有理解上的困难，成人可以借助于实物、体态等非语言手段帮助儿童理解。句法结构的学习则不行，因为句法结构具有抽象性，习得句法结构必须依赖于话语的理解，也离不开思维的概括和抽象，这一点明显区别于词汇习得。心理水平的发展，词语及其语义关系的习得，语言理解能力的发展，这些共同构成了儿童习得述宾结构的心理基础和语言基础。

（三） 述宾结构的习得手段和习得机制

儿童 1 岁时只能说出单个的动词，而到 5 岁时则能够熟练多样地运用述宾结构，并能用述宾结构构成更复杂的句法结构，其速度是惊人的，其习得质量也是很高的。那么儿童为什么能在这么短的时间里这么快、这么好地习得述宾结构呢？儿童又是怎么习得的呢？我们觉得，要解释儿童习得述宾结构的机制，除了考察外部的因素外，还必须考察儿童这一习得主体的因素，以及习得的对象或内容这两个方面的因素。很明显，儿童绝不是被动地、一句一句地去学习语言，而是积极主动地、系统地学习语言。除了具备相应的习得基础外，儿童还运用一定的习得手段，这样才能保证其习得速度和习得质量。作为习得内容的述宾结构，它不仅具有结构形式，而且具有语义内容和外部功能。习得的内容不同，其习得手段也不同。

儿童在习得句法结构形式过程中主要运用的习得手段有模仿、替换、扩展、联结等。

儿童习得语言离不开成人的语言示范，同时也需要儿童自身的模仿、学习和练习。模仿是早期儿童习得语言时运用的手段，也是必用的手段。没有成人的示范，不通过一定的模仿，再高的天赋也是不行的。模仿分为两种。一种是机械的、亦步亦趋式的模仿，即儿童完全模仿成人的话语。这种模仿学习活动一般发生在儿童习得语言的最初期。另一种是选择性模仿。在这种模仿活动中，儿童不是原封不动地照学照抄，而是具有选择性地去模仿成人语言所示范的句法结构模式，同时又替换结构中的句法成分。这种模仿一般和替换手段配合使用，构成"结构模仿—成分替换"学习活动。当儿童进行这种学习活动时，已不仅仅学习一个个具体的句子，更重要的是学习具体的词语组合起来所形成的句法结构。成人和儿童在进行"提问式示范—选择性模仿替换"教学活动中我们就可以观察到这种学习活动。所谓"提问式示范"是指成人向儿童提问时，用提问句示范了一个句法结构框架，该句法框架中一般都含有疑问词语，这样儿童在回答时就不能原封不动地机械模仿，而必须替换该句法结构中的疑问成分。"选择性模仿替换"则是指儿童在回答成人的示范性提问句时，模仿成人问句的句法结构，但有选择地替换掉其中的疑问成分。由于涉及疑问成分的理解与替换，所以这种模仿活动是以语言理解能力为基础的，故这种模仿活动的水平显然地高于那种亦步亦趋的机械模仿。"结构模仿—成分替换"这种学习活动反复进行多次，儿童就逐渐习得了最基本的句法结构。述宾结构的基本结构模式也是这样习得的。

扩展和联结是儿童由简单结构习得复杂结构所使用的习得手段。如前所述，各种句法结构是相互联系的，不同类型的句法结构之间具有转化和变换关系，复杂的句法结构与简单的句法结构之间又有着扩展、联结等关系。在述宾结构的习得和发展过程中，儿童通过句法扩展、句法联结等手段，一方面使述宾结构本身的长度日益加长，层次日益增多，另一方面又把述宾结构同其他结构联结起来，构成更复杂的结构。述宾结构的动词部分在发展过程中由简单的光杆形式扩展为"动 + 补"形式，并附着上了结构助词，宾语部分则由单个名词逐渐扩展为复杂的定中结构。至于连动句、兼语句以及连动兼语套叠句则是由述宾结构相互联结或者和其他结构联结起来构成的。由于汉语的编码方式遵循按序编排的原则，同思维之流、认知顺序有较高的一致性，因而汉语连谓句虽然结构较为复杂，但汉族儿童很早就能运用连谓句，并且达到较高的水平（参见本书第123页"2 岁年龄段"的举例）。

句法同化也是语言习得手段之一。这种习得手段主要运用于句法结构的各种语义关系的习得。句法同化指的是儿童利用最初习得的句法结构模式，去包摄新的语义内容和语义关系。在述宾结构中，最基本的语义关系是"动作—受事"关系，也是儿童最早习得的语义关系。儿童在习得"动作—受事"语义关系的述宾结构以后，就利用这一结构模式去容纳更多的语义关系和语义内容。这样就形成了一种句法结构容纳多种语义关系的情况，儿童语言中的述宾结构的语义关系也就日益丰富、复杂起来了。句法同化手段同替换手段有密切的联系。因为只有通过句法成分的替换，才能改变句法成分的语义关系。

儿童掌握述宾结构的句法功能主要是通过替换手段逐步实现的。其实，扩展、联结都可以理解为广义的替换。例如，"打大灰狼"和"拿棍子"两个述宾结构构成"拿棍子打大灰狼"，我们可以说这是两个述宾结构的联结，我们也可以说是"打大灰狼"或"拿棍子"被"拿棍子打大灰狼"这个更复杂的结构所替换。再比如，"卖冰棒的人"可以简缩为"卖冰棒的"，我们可以说这是句法删除或句法省略，也可以认为"卖冰棒的人"被更简单的形式"卖冰棒的"所替换。儿童通过运用述宾结构对不同形式、不同位置、不同功能的成分的替换，逐渐掌握了述宾结构的不同功能，从而使自己语言中的述宾结构的功能也日趋丰富多样。

在儿童习得语言的过程中，成人的语言教学活动、儿童之间的语言交际活动以及儿童自身的语言练习活动都对儿童语言的发展产生着作用。这些语言活动对儿童语言发展的作用是明显的，此处不赘。

通过上述分析，现在我们对儿童习得述宾结构的机制作一简要解释：汉族儿童在 1 岁时习得了构成述宾结构必要的动词和名词，其心理发展水平也具备了习得述宾结构的心理基础。而后，儿童通过简单模仿和选择性模仿，习得了述宾结构的基本结构模式。在心理水平、词语习得、语言理解能力进一步发展的基础上，儿童运用句法扩展、句法联结、句法替换、句法同化等习得手段，逐步掌握了述宾结构的不同句法形式、不同的语义关系和不同的句法功能，同时建立起述宾结构同其他句法结构之间的联系，并逐步建立起句法结构系统。

（四）关于儿童语言发展阶段的问题

（1）西方心理语言学界把儿童语言发展阶段分为独词句阶段、双词句阶段、电报句阶段和后期语言发展阶段（或曰完整句阶段）。对儿童语言发展阶段的划分以及对各个不同阶段的儿童语言的描述、分析和解释，就构成了儿童语言发展阶段的理论。我国有关的研究者对儿童语言的研究基本上都是按照这种理论开展的（朱曼殊，1990；李宇明，1995）。

心理语言学界一般的研究认为，儿童的单词句、双词句和电报句阶段是儿童早期语言发展的不同阶段。这几个阶段无论从语言形式来说，还是从儿童表达的意义来说，各民族的儿童对语言的习得具有高度的一致性；而在完整句阶段（2岁半到6岁，即学龄前儿童），由于各民族语言系统的差异，从而使不同母语的儿童在语言习得方面也表现出很大的差异，尤其是母语为有形态变化的语言（如英语）和母语为无形态变化的语言（如汉语）的儿童在习得句法结构方面存在明显的差异，表现出各自的特殊性。一般来说，母语为有形态变化的语言的儿童，其后期语言主要向两个方向发展：一个方向是"项目与变化"，这个方向的发展主要是掌握词的形态变化；另一个方向是"项目与配列"，这个方向的发展主要是掌握成分的搭配组合以及相关的语序规则。由于汉语缺乏形态变化，汉族儿童的语言从早期向后期发展的过程中，无须习得形态语素及其变化规则，也可以说汉族儿童后期语言的发展主要表现为"项目与配列"的发展。这是母语为汉语的儿童同母语为有形态变化的语言的儿童在语言习得中的主要差异。因此，母语为汉语的汉族儿童的语言发展同母语为英语的儿童在语言发展中存在明显的差异。

实际上，根据我们的观察和研究，汉族儿童的语言发展状况不仅在语言发展后期同母语为英语的儿童的语言发展状况表现出较大的差异，而且在进入所谓的双词句阶段后就已经表现出较大的差异。由于汉语同英语的本质差异，因此汉族儿童的语言习得同英语为母语的儿童的语言习得，无论是发展阶段，还是习得机制等方面都必定有所不同。单词句阶段、双词句阶段、电报句阶段、后期语言阶段这些语言发展阶段的划分，更多的是根据儿童（母语为有形态变化的语言的儿童）语言表面形式的不同，而未触及儿童语言结构能力发展的实质。因此，我们觉得，有必要对西方心理语言学界的儿童语言发展阶段理论进行再认识。

汉语由于缺乏形态变化，汉族儿童的语言习得过程中不可能存在一个形态语素的习得阶段或过程，因此汉族儿童语言的发展阶段就不能简单地套用西方的语言发展阶段理论。根据朱德熙先生（1985）的观点，汉语是一种以词组为句法本位的语言，汉语的词和词组可以构句，也可以在一定条件下直接实现为句子。根据徐通锵（1991）先生的观点，英语是一种间接编码型语言，在编码过程中需要调整语言范畴和概念范畴之间的关系，其句子的结构框架是"主语—谓语"，而汉语则是一种直接编码型语言，汉语的词语不需要经过形态变化就可以直接用于构句，汉语句子的结构框架不是"主语—谓语"，而是"话题—说明"。既然汉语同英语以及其他有形态变化的语言之间存在这些一系列的差异，那么我们如果再用西方的语言习得理论来指导汉族儿童语言习得的研究，就未免有些削足适履了。

（2）那么我们应该根据什么来划分、确定汉族儿童语言发展的阶段，考察汉族儿童语言习得的发展呢？朱德熙先生、徐通锵先生关于汉语语法特点的理论无疑是重要的理论依据。但是，同一般的汉语（成人语言）研究相比，儿童语言习得研究又有其特点，因此，我们还应该根据儿童语言及其发展的具体特点进行考察研究。

我们认为，儿童语言中语言内容的完整性和语言形式的复杂程度（甚至只是语言形式的长度），并不能完全地、真实地反映儿童语言能力发展的实质。因为把儿童语言的内容和句法结构是否完整作为儿童语言发展阶段的考察标准这种做法具有很大的主观随意性。什么样的内容是完整的内容，什么样的内容是不完整的内容，这一点是很难确定的。即便是成人语言，如果我们从意义上而不从语法形式上，我们也很难说什么样的句子是语义完整的句子，什么样的句子是语义不完整的例子。至于语言形式复杂的程度这一因素，以往的研究更多的是根据句子的长度，对句法结构的具体类型概括得也不清晰、全面；再说，语言形式的复杂程度的判别也缺少一个清晰的标准，比如，什么样的句子是复杂的句子？是不是只有复杂谓语（连谓谓语）的句子才是复杂的句子？根据我们的考察（周国光，1997），连谓谓语句在汉族儿童语言中出现得并不像有些人想象得那么迟，而有些状中词组做谓语的句子出现得并不早。由此可见，语言形式的复杂程度也不是那么容易确定的。如果语言内容、语言形式的复杂程度的确定都成问题，那么我们也就不宜把它们作为确定儿童语言能力发展的标准。

我们认为，根据儿童的语言能力的发展来确定儿童语言发展的阶段、根据儿童的语言能力来考察儿童语言习得的过程是一种较好的选择。

儿童的语言能力这里特指儿童习得语言的能力。儿童的语言能力包括两个组成部分，或曰两种能力：语言理解能力和语言结构能力。所谓儿童的语言理解能力，指的是儿童接收、理解语言的能力，这种能力包括对成人的语言的接收、分析、理解和归纳等各方面的能力。儿童的语言理解能力是儿童习得语言的基础，在儿童语言习得早期，语言理解能力的作用尤其突出；在其后的语言习得过程中，儿童的语言理解能力也一直在起作用。所谓儿童的语言结构能力，指的是儿童习得并掌握语言结构成分的能力和习得并掌握成分的组合规则的能力。语言结构能力建立在儿童语言理解能力的基础上。从儿童语言初现期开始，儿童的语言结构能力开始表现出来，具体表现为儿童的构句能力，以及构句时所使用的成分和相应的规则的能力。儿童的这两种语言能力都有层次高低的区分。区分层次高低的主要因素是习得的成分（语言单位）的大小及其相关的组合规则，以及运用成分和规则构成句子表达意义的能力，其中构句表达意义的能力决定于构句的成分和规则这两个因素。

通过我们对汉族儿童语言习得状况的考察，我们认为，从儿童语言发展的状况来看，决定儿童构成不同层级的话语的因素主要取决于同期儿童语法系统的构成因素；而构成汉族儿童语法系统的主要因素有两个：

一是单位。汉语的构句成分的单位有三级：词、词组、小句。儿童构成话语的成分是以词为单位，或是以词组为单位，还是以小句为单位，这反映了儿童语言结构能力的一个重要方面，也是我们判断儿童语言发展的一个关键因素。因为汉语构句成分不需要做形态上的变化，所以构成话语的成分的单位大小就直接反映了汉族儿童语言结构能力的强弱。在汉族儿童语言发展过程中，儿童用单词构句还是用词组组句，或是用小句构句乃至构成复句，其间的语言结构能力是存在相当大的差异的。对于汉族儿童，他所要习得的语言本身不存在形态因素的制约，通过成分及其组合规则的习得来习得目标语言就是一个很明显的特点（这一点同母语为形态语言的儿童的语言习得相对而言）。

二是规则。汉语的构句规则也有三级：单词成句规则、词组成句和构句规则、小句成句和构句规则。这三级规则之间也同样存在质的差别。单词成句规则同词组成句、构句规则有着本质的不同，词组成句和构句的规则不是单词成句规则的简单放大，而是更高层级上的一种构句规则。例如，汉语中的述宾结构是一种谓词性结构，述谓功能是其基本功能。在成句时，汉语的述宾结构可以直接实现为句子，这一点同动词直接实现为句子（单词句）是相同的；但是，在构句时，述宾结构的功能则发生了变化，它可以离开谓语位置而充当主语、宾语（这种功能相当于英语的名词的功能），还可以充当定语（这种功能相当于英语的形容词的功能），以及其他的句法成分。显然，述宾结构的构句的多样的功能是不能同述宾复合词的成句功能相提并论的。尽管从共时平面看，汉语复合词的构词规则及其结构关系同述宾词组的结构规则和结构关系存在很大的一致性，但从儿童语言发展的角度看，述宾词组区别于述宾复合词的构句功能在儿童语言发展中具有更重要意义。由此我们可以看出单词成句同词组成句和构句的重要区别，这一区别也可以说是词语法和词组语法的重要区别。

根据对汉族儿童习得语言的事实的观察，根据儿童语言结构能力的发展的实际状况，纵观学龄前儿童（1~6岁）语言发展的全部状况，我们认为，儿童语言发展的阶段应分为词语法阶段、词组语法阶段、小句语法阶段三个阶段。

在词语法阶段，汉族儿童构成句子的单位是单词，其语言形式是单词句，其句法规则是单词及其同语境的结合规则。根据我们的考察，汉族儿童1岁时处于词语法阶段。

在词组语法阶段，儿童构成语言的句法单位是词组，或者说儿童具有了运用词组构成语句的能力。其语言形式的特点是出现了词组作为构成语言的单位的语言现象。此期儿童的句法规则除了前期的内容以外，又增加了关于词组的构句规则以及句法成分的扩展、替换、联结等方面的规则，其语序规则和语义选择限制规则比以前也更为丰富和复杂。根据我们的考察，汉族儿童从1.5岁时开始进入词组语法阶段，汉族儿童2岁时已经基本完成了对词组这一级句法单位的合成，普遍运用词组成句或构句。

　　在小句语法阶段，儿童构成语言的单位除了前期的单词、词组以外，又增加了小句。其语言特点是有正确的逻辑关系的复句和有内在的逻辑联系的小型语段的出现，其句法规则除了前期的内容以外，又增加了语言构成的逻辑规则。根据我们的观察，汉族儿童在 3 岁时已经基本完成了对小句这一级句法单位的合成，进入小句语法阶段。

　　（3）下面我们将汉族儿童语言发展的三个阶段的语言表现形式的情况描述如下。

　　①汉族儿童 1 岁时处于词语法阶段。此期汉族儿童的语言形式是单词句。

　　汉族儿童在 1 岁时已经习得了一些日常表达必需的动词和名词，如下：

　　动词：吃　喝　要　拿　爬　打　走　来　坐

　　名词：爸爸　妈妈　糖　帽帽　蛋蛋　饼　狗　花　瓜

　　形容词：好　大

　　此期汉族儿童语言中的单词句基本上都是由上述已经习得的单词所实现的。

　　汉族儿童的单词句同母语为英语的儿童的单词句在出现的时间上（1 岁）、构句的词汇上和表义上的特点上（不确定性）都具有很大的一致性。例如从表义的不确定性来说，此期的汉族儿童说出"妈妈"这个词时，可能是喊妈妈，也可能是要妈妈为他做某件事，也许是一种认知行为，确定某个人就是妈妈等。儿童说出"拿"这个单词时，可能是表示自己要拿某物，也可能是要别人给他拿某物，或者是同"拿"这个行为同时发出，表示自己正在拿某物等。汉族儿童单词句所表达的意义也要根据具体的语境才能确定。

　　②汉族儿童从 1.5 岁时开始进入词组语法阶段。1.5 岁时，汉族儿童语言中已经出现了词组实现的句子。例如：

喝水/坐后面/在这里/给叔叔（述宾词组实现为句子）

我要/鞋掉掉了/宝宝吃饭/奶奶买饼饼/我拿球（主谓词组实现为句子）

关起来/关上了/打死了/坐好/长高了（述补词组实现为句子）

来坐/叫妈妈买/叫奶奶打/下走（连谓词组实现为句子）

阳阳爸爸/婷婷球/我帽帽/小猫咪/大球（定中词组实现为句子）

还有/快来（状中词组实现为句子）

到 2 岁时，汉族儿童已经基本完成了对词组这一级句法单位的合成，出现了大量的词组充当句法成分而构句的话语。下面是 2 岁年龄段的儿童对各类词组整体运用构句的一些实例：

述宾词组整体运用构句的例子。

这个给你坐/拿一个给我呀/妈妈带我回家搽香的/我马上拿棍子打这个大灰狼/搽手的药/这不是打猴子的/卖冰棒的

述补词组整体运用构句的例子。

大石头搬起来，把大灰狼打死/（手套）戴不上怎么办呢/拿出来这笔

定中词组整体运用构句的例子。

我的手破掉了/把这个手套搞下来/买一双球鞋/我今天又带了一块花手绢来了

状中词组整体运用构句的例子。

我搞好多给你/好大一个虾子/我马上回家画画/你再来打你屁股

"的"字词组整体运用构句的例子。

这是我的/不要小的，要大的/这不是打猴子的/刀削耳朵的

③在小句语法阶段，儿童构成语言的单位除了前期的单词、词组以外，又增加了小句，其语言特点是出现了小句做句子成分

的句子、逻辑语义关系正确的复句等现象；其句法规则除了前期的内容以外，又增加了小句构句规则和语言结构的逻辑语义规则。根据我们的观察，汉族儿童在 3 岁时已进入小句语法阶段。下面是儿童进入小句语法阶段的语言事实（3 岁年龄段）：

　　小句构句的实例。

　　我看解放军打仗也骑着马。

　　明天我要妈妈带我买一个。

　　爸爸讲我不是黑猫警长，我讲我是黑猫警长。

　　这是爸爸妈妈送给我的。

　　老爷爷做的直升飞机会飞。

　　我写的你不认识。

　　大灰狼书我找来看。

　　我拿这个上学好不好？

　　我洗过脸再吃鸡蛋。（条件紧缩句）

　　这里有个大洞，掉下去妈妈就拉不上来了。（假设紧缩句）

　　不能打开我非要打开。（让步紧缩句）

　　在小句语法阶段，儿童语言中的小句可以充当句子的成分，也可以用来构成紧缩句，例如上面例子中的最后三例。

　　小句构成复句的实例。

　　它下不来，绳子把它捆起来了。（因果复句）

　　本来这个汤多得很，现在喝完了。（转折复句）

　　我马上就报告警长，我把你逮走。（承接复句）

　　我叫她不要推，她非要推。（转折复句）

　　我不在这里玩，我要到公园去玩。（并列复句）

　　我家有小汽车，还有机枪。（递进复句）

　　在小句语法阶段的初期（3 岁），儿童语言中的复句一般都是无标记（关联词语）的复句。

　　我们依据儿童的语言结构能力的发展提出的儿童语言发展三

个阶段理论是有其坚实的语言事实基础和理论基础。首先，它是以儿童语言发展的事实为依据而概括总结出来的，而非主观臆断。语言构造的层次性决定了由词到词组再到句子是一个逐层组合的过程，这就意味着儿童语言习得过程也必然存在词的习得、词组的习得、句子的习得等不同的阶段。其次，儿童语言发展的三个阶段的理论的提出，是有其语法理论依据的，这个理论依据就是汉语语法学界关于汉语语法特点的理论（朱德熙，1985；徐通锵，1991）。汉语是一种以词组为基本语法单位的语言；词是最基本的语言符号，也是基本的语法单位。儿童习得语言的早期，单词或双词可以视为句子，因为汉语的词在一定的条件下可以实现为句子。当儿童语言进一步发展，出现了将词组合成为一个整体做更大的语法单位的成分（亦即以词组来构句）的现象时，显然以往的语言发展阶段理论是不能概括儿童这一阶段的语言发展状况的。如果我们承认词、词组、句子这三级语法单位之间的差别存在，那么在儿童语言习得过程中，必然存在一个从词到词组再到小句的逐步习得的过程，其中词组的习得这一阶段是儿童语言习得过程中不可逾越的。最后，同以往的儿童语言发展的阶段的理论相比，我们所提出的新的儿童语言发展三个阶段的理论不仅更符合汉族儿童语言发展的实际情况，而且有更为重要的理论价值。第一，三个阶段的划分更真实地反映了儿童的语言结构能力的发展的状况。第二，这三个阶段同以往的独词句、双词句、电报句等语言发展阶段相比，可以概括更大范围的儿童语言发展的状况，例如，我们所考察的儿童习得汉语基本句法结构发展状况的事实就是以往的三个阶段无法概括的。第三，三个阶段的划分体现了儿童语法知识的继承和发展，体现了三个阶段之间逐渐过渡、相互衔接的渐变特点，体现了儿童语言习得的量变和质变相结合的特点，这也是符合语言发展渐变规律的。

第五章　述补结构习得研究

一、引言

本章考察汉族儿童习得述补结构的状况。

从结构上来看，述补结构的构成包括结构成分、结构形式、结构关系等几个方面。根据述补结构中充当述语的成分的性质，述补结构又可以分为动补结构和形补结构。根据述补结构中充当补语的成分的性质，述补结构又可以分为趋向补语述补结构、动词补语述补结构、形容词补语述补结构、副词补语述补结构以及各种词组充当补语的述补结构。结构助词"得"是补语的标记，根据述语和补语之间是否带有标记，述补结构可以分为有标记和无标记两种：带有结构助词"得"的述补结构是有标记的述补结构，不带结构助词"得"的述补结构是无标记述补结构。

从语义上来看，述补结构的语义构成包括语义成分、语义结构和语义关系等几个方面。构成述补结构的语义成分包括动作行为、状态状况、程度、结果、方向、趋向等成分。根据述补结构的述语和补语之间的语义关系，述补结构又可以分为动趋式和动结式两种，补语又可以分为结果补语、趋向补语、可能补语、动态补语、程度补语、数量补语等。这些情况在下面将分别描述分析。

从取得的语料中共得到述补结构800余例。对取样语料初步分析的结果表明，1～3.5岁是儿童习得述补结构的发展阶段，此后开始进入稳定期。因此，我们将对3.5岁以前的儿童语言中的述补结构做重点描述。4~5岁儿童语言中的述补结构的情况，我们一般只做简要的介绍，不做详细的分析与讨论。

二、结构类型

本节描述儿童语言中述补结构的结构类型。

根据述补结构的结构成分及其间的结构关系，儿童语言中的述补结构可以分为以下几种类型，分别描述如下。

（一）动+补

此类述补结构中的述语为动词。在儿童语言中，述补结构中的动词一般都表示具体的动作行为。充当补语的成分有趋向动词、一般动词、形容词等，这些补语成分或者表示动作行为的方向，或者表示动作行为的结果，或者表示动作行为的状态等。根据述补结构中的补语的情况，此类述补结构还可以再分为几个小类。

1. 动+趋向动词

此类述补结构始现于1.5岁年龄段。充当补语的趋向动词有单纯趋向动词和复合趋向动词。单纯趋向动词有"去、来、上、开"等，复合趋向动词有"上来、上去、下来、下去、进去、出来、出去、回来、过来、过去、起来"等。在儿童语言中，趋向动词充当补语时表示的语法意义主要是两种，即趋向意义和结果意义。趋向意义表示人或事物移动的趋势方向，例如"爬进去""跳下来"；结果意义表示动作行为产生的结果，例如"戴上（手套）""门关起来"。下面分别举例描述。

（1）趋向动词补语表示趋向意义。在这种述补结构中，趋向动词表示的语法意义同它们的词汇意义是一致的。这类述补结构的例子如下：

①动+起来。

（被试的饼干掉地上了，被试去捡）捡起来。（1.5）

（被试讲故事）大石头搬起来，把大灰狼打死！(2)

②动 + 来、去。

（取样人把笔放起来，被试找不到，说）老猫拿去了。(2)

（被试向取样人要笔）笔拿来，我写一个好不好？(2)

（被试对取样人说）幼儿园有玩具，玩具没带来。(2.5)

（被试甲说）我家有桂圆。（被试乙说）拿来吃。(2.5)

（被试拿起桌子上的海螺问取样人）这是从哪儿捡来的呀？(3)

（被试看画册）小狐狸在树上跑来跑去的。(3)

③动 + 下来、下去。

（被试甲对乙说）爬下来，爬下来玩。(2)

（被试摘下左手的手套）把这个手套搞下来。（又看看右手的手套）这个手套可搞下来了？（摘下）搞下来了。(2)

（被试站在一块大石头上）一蹦，蹦下去了。再一蹦，蹦下去了。(2)

（被试往天上打枪）啪！飞机掉下来了。(2.5)

（被试和爸爸出去玩。被试热了）爸爸，我身上有汗，我把衣服脱下来好吧？(3)

（被试甲对乙说）这里有个大洞，掉下去妈妈就拉不上来了。(3)

（被试跳台阶）我先跳下去再上来的。(3.5)

（被试从一个陡坡上下来，对取样人说）我刚才是慢慢地下坡的，就是下坡要慢慢地，从阶梯上走下来。(3.5)

（被试在地上看到一个塑料扣子）是我老早以前穿的那个菊花衣服上的扣子掉下来了。(3.5)

④动 + 上来、上去。

（被试看《小猫钓鱼》的画册）大鱼钓上来了。(2.5)

（被试甲对乙说）这里有个大洞，掉下去妈妈就拉不上来了。(3)

（被试把手帕叠成手枪状）这样叠，冲啊！冲上去了。
（2.5）

（被试玩积木）我来把这个搭上去。（2.5）

（被试对取样人讲怎样玩变形金刚）这样，咚，就安上去
了。（2.5）

（被试拿出玩具火车底座，问取样人）这火车怎么安上去
啊？（3）

（被试甲指着一个台子对乙说）你站上去。（3）

⑤动 + 过来、过去。

（被试膝行从取样人背后绕出来）走过来了。（2）

（被试甲教乙叠纸）这样叠，这样叠，翻过来。（2.5）

（被试交替着坐两把椅子，说）我倒过来又坐一会儿。
（2.5）

（被试看到取样人一张纸写完了，说）再翻过来写吧。
（2.5）

（被试玩球）打过去，打过来。（3）

（被试跳过一条小沟）一跳，跳过去了。（3）

（被试甩球）我一家伙甩过去了。（3）

（被试对妈妈说）爸爸在那边学习，我悄悄地走过去。
（3.5）

⑥动 + 出来、出去。

（被试看到一个小朋友跑出去了，对保育员说）××跑出去
了。（2）

（被试甲对乙说）你给我拿出来看看。（3）

（被试吃了打虫药，对妈妈说）有的药是杀害虫的，虫爬不
出来。（3.5）

（被试看《木偶奇遇记》讲故事）……大鲨鱼要吃匹诺曹和
他的爸爸，他们从大鲨鱼嘴里冲出来了。（3.5）

⑦动+进去、进。

（被试爬椅子）我爬进去。（2）

（被试拿着一块糖对取样人说）我有口袋，我放进去。（2）

（被试来到冬青树丛前）我钻进去睡觉，我要钻进去睡觉，从这里钻进去睡觉。（2.5）

（被试讲故事）……小兔子跳进去，圆圆的鼻子都搞冒血了，它就慢慢地死了。（3.5）

（被试讲故事）……老猴子喊小猴子，爬进一个大洞。（3.5）

⑧动+回去。

（被试在板凳上爬）慢慢爬，慢慢爬，我爬回去了。（2）

在儿童语言中，趋向动词除了直接附着在动词后面构成动趋式述补结构以外，还可以附着在"述+宾"结构后面，构成更为复杂的"述+宾+补"结构。这种结构始见于 2 岁年龄段。出现在这种结构里的动词一般都是"V 到"式复合动词或位移动词，结构中的趋向动词补语都是"去、来"，并且一般都表示趋向意义。例子如下：

（被试指着椅子对取样人说）抱我到这里面去。（2）

（被试一下把几个玩具都抱走了）我全抱到奶奶那边去。（2）

（被试爬到板凳的另一头）爬到这来了。（2）

（爸爸接被试出门。被试说）我搞个手帕来了。（这个手帕不是她的）（2）

（被试把帽子甩到地上）掉到地上去了。（2）

（被试的球滚到椅子底下去了，被试说）搞到洞里边去了。（2）

（被试要取样人给他拿滚到椅子下面的球）球搞到这个里面去了。（2）

（被试把积木摔到座椅上）摔到里边去哦。（2）

（被试跌倒在一个小水坑边，说）跌倒，掉水里面去了。（2）

（被试躲在取样人的背后）我躲这来了。（2）

（被试把玩具往取样人领子里塞）把塞到叔叔领子里面去。（2）

（被试想爬树）我爬到松树高头去，松树上面有鸟。（"高头"是上面的意思。）（2.5）

（被试甲和乙谈话，甲说）月亮里面有嫦娥，有白兔，还有小乌鸦。乌鸦一飞，飞到嫦娥的那个太阳里去了。（2.5）

（被试讲故事）……后来狐狸睁开眼睛一看，它那孩子不见了。它想，肯定是小孔雀和大公鸡把我孩子拖到家里去了。（3.5）

（2）趋向动词补语表示结果意义。同趋向动词补语表示趋向意义的用法相比较，趋向动词补语表示结果意义的用法要少一些。这大概是因为趋向动词充当补语表示结果意义时同它们的词汇意义有较大的偏离，因此习得难度也相对大一些，所以儿童使用的频率也低一些。下面是"动+趋向动词"结构中趋向动词表示结果意义的例子。

①动+起来。

（被试看到门关起来了，说）门关起来了。（1.5）

（被试甲要乙的手帕，乙不给）不给你，不给你，我手绢藏起来了。（2）

（被试甲看到乙翻书）这怎么翻的？不给看了，收起来。（2）

（被试挥舞着一根树枝）打倒啦，这个捆起来啦。（2）

（取样人带被试出了幼儿园，大门随后关上了。被试说）门关起来了，不能走啦，锁起来了。（2）

（被试看太阳，刺眼）把衣服挡起来就看不到太阳。（2.5）

（被试甲乙捉迷藏。甲说）我躲起来，我爬树。(2.5)

（一个民警路过。被试说）解放军抓坏蛋。哪个小孩不听话就把你抓起来。(2.5)

（被试回到幼儿园门口，门锁起来了。被试说）他锁门锁起来啦。(2.5)

（被试甲问取样人）叔叔手怎么啦？（乙插嘴）是开水烫的。（甲说）是水烫的，轰，倒你手上去了，后来就包起来了。现在可好啦？(3)

（被试玩"熊猫照相"的玩具）它下不来，下不来了，绳子把它捆起来了。(3)

（被试甲指着乙对取样人说）他也坐吧，围起来。(3)

（教室外传来一阵喧哗声，被试说）赶快把耳朵捂起来！(3.5)

（来到一间小屋前。被试甲说）我们两个敲门去。（乙说）这里面恐怕有一个坏人，把他关起来，是警察关的。(3.5)

（取样人让被试们比赛叠手帕。其中一个说）我没手帕，我手帕收起来了。(3.5)

（被试讲故事）把门一关，关紧紧的，把它锁起来，不给坏蛋进来。(3.5)

②动+上。

（被试看到电灯灭了，说）关上了。(1.5)

（妈妈来接被试，被试戴手套）戴不上怎么办呢？(2)

（保育员给被试穿衣服，被试指着一个扣子说）这还没扣上。(2.5)

（被试讲《阿里巴巴和四十大盗》）强盗头子最坏了，他把所有的门都画上白圆圈、红圆圈。(3.5)

③动+开。

（被试打开手帕对取样人说）打开了。(2)

（被试要拆开万花筒）不能打开我非要打开。（3）

（被试看《猪八戒吃西瓜》的画册）拿刀子杀它，西瓜杀开了。（3）

（被试的眼给迷住了，对妈妈说）我的眼睛睁不开了。（3）

（被试甲指着一所小屋对乙说）这里面关的是坏人。那个坏人一开开，把你逮走了。（3.5）

（吃过饭以后，被试对爸爸说）妈妈叫我吃过饭去掉这个兜兜，可是我解不开这个带子。（3.5）

（被试对取样人说）你给我把伞打开。（3.5）

④动 + 出来。

（被试拿笔在纸上画）这个笔怎么写不出来呀？（3.5）

⑤动 + 来。

（被试开不开门）怎么搞的开不来啦？（3）

⑥动 + 下来。

（被试对爸爸说了一句话）这句话你给我记下来。（3.5）

（被试装模作样地记录）妈妈，你一边讲话，我一边给你记下来。（3.5）

趋向动词补语还可以表示动态意义和可能意义。动态意义表示动作行为在时间上的开始、持续、变化等，如"哭起来""说下去"。可能意义表示动作行为实现的可能性。在儿童语言中，趋向动词补语表示动态意义、可能意义的情况很少，在 1～3.5 岁儿童语言中，我们只发现如下几例：

（被试甲看到乙哭了，对取样人说）他已经哭起来了。（2.5）

（被试玩蚂蚁）蚂蚁很厉害，但是斗不过×××（自己的名字）。（3.5）

（吃饭的时候，被试要和爸爸比吃得快）这回决定比过爸爸。（"决定"意为"绝对"）（3.5）

这种情况大概说明儿童对动作行为在时间上的起始延伸、发展变化和动作行为能否达到预期的目的这些方面的情况还不能很好地把握，因而不能自如地运用相应的语言手段去表达这些相应的意义。

2. 动 + 一般动词

此类述补结构始现于 1.5 岁年龄段。充当补语的一般动词有"死、掉、到、完、倒、走、住、够"等。儿童语言中的一般动词充当补语时表示的语法意义主要有两种：一种是表示动作行为产生的结果，另一种是表示动作行为的程度，下面分别描述。

(1) 一般动词补语表示结果意义。儿童语言中充当补语表示结果意义的一般动词比较常见的有"掉、死、到、完、走"等，此外还有其他一些动词。这类情况的例子如下：

①动 + 掉。

(被试的鞋子掉了，被试对取样人说) 鞋掉掉了。(1.5)

(被试看到小朋友走了) 走掉。(1.5)

(两个小朋友被接回家去了。被试说) 三个妹妹都走掉了。(2)

(被试看到一个小女孩坐在手推车里) 在车里面走，跑掉了。(2)

(被试把球从门缝往外塞) 这球甩不掉。(2)

(被试蹭自己的鞋子) 袜子脱掉了。(2)

(被试喊取样人) 你来，我给你讲话。……明天带香蕉，给他吃，给你吃，全部给你吃掉吧。(2.5)

(被试跟取样人谈话) 我爸爸也代我买大西瓜，啊呜啊呜吃掉了。(3)

(被试看《三只小猪》的画册) 大灰狼会把两个小猪全吃掉。(3)

②动 + 死。

(被试甲看到乙打丙，大叫) 打死了! 打死了! (1.5)

（被试讲故事）大灰狼杀死了。（2）

（取样人说：大灰狼好怕人！被试说）我不怕！我用棍子就打死它了。（2.5）

（被试看画册讲故事）哪吒要踩死这个老虎。（3）

（被试讲故事）……黑猫警长骑到摩托车上，一下把坏蛋打死了。（3.5）

（被试讲故事）……后来狐狸睁开眼睛一看，它那孩子不见了。……它赶快吭哧吭哧到它们家一看哪，原来是给它们两个拖到山脚下把它宰死了。（3.5）

③动+到。

（被试把玩具猫放好）站到。（意为站好。）（1.5）

（被试在地上找树种）还有豆豆呢？捡不到了。（2）

（取样人取出了椅子下面的球。被试说）球拿到了。（2）

（被试甲跟乙抢球，抢到手后对取样人说）她拿不到。（2）

（被试甲踩乙的鞋子）正好踩到了，踩到你鞋子了。（3.5）

④动+完。

（被试喝完了鸡蛋汤，对妈妈说）本来这个汤多得很，现在喝完了。（3）

（被试自己给自己讲）写完了以后吃饭，吃饭以后走。（3）

（被试向爸爸提要求）把这两本书全都讲完，再上被窝里睡觉。（3.5）

⑤动+走。

（被试甲乙骑车子玩。甲说）你骑车子，我在后面来冲啊，杀你啊！（乙说）我报告警长，我马上就报告警长，我把你逮走！（3）

（被试甲指着一所小屋对乙说）这里面关的是坏人。那个坏人一开开，把你逮走了。（3.5）

除了上述情况之外，充当补语表示结果意义的一般动词还有

"着、倒、成、哭、会"等，还有一例是"回家"。这些一般动词充当补语的用法在儿童语言中出现较少。例子列举如下：

（被试向取样人诉苦）我的手抓着了。（意思是别人抓着了他的手）（2）

（被试看到一个人扛着一个箱子，说）老伯伯抬一个大盒子，抬回家了。（2）

（被试甲、乙比富，甲说）我家也有变形金刚。变形金刚能变成恐龙，变成小鸟。（2.5）

（被试甲不让乙踢椅子）不要踢倒！（3）

（被试对取样人说）我在池塘里头游泳。我现在我就学会了游泳了。我跟爸爸妈妈学的，我早就会了，从小到大就会了。（3.5）

（被试讲打人的经过）一开始，××跟我玩，后来她把那个老奶奶和那个小弟弟打哭啦。……后来，她到我旁边，我一打，把她打哭啦。（3.5）

（2）一般动词补语表示程度意义和可能意义。在儿童语言中，一般动词充当补语时还可以表示程度意义和可能意义。不过这些情况不是很多。例子如下：

①一般动词补语表示程度意义。

（被试骑木马，取样人催他走。被试说）骑够了就走。（2.5）

（被试讲故事）……小兔子跳进去，圆圆的鼻子都搞冒血了，它就慢慢地死了。（3.5）

②一般动词补语表示可能意义。

（被试爬树）爬这个，爬不动。（2）

（被试爬木马）这上不动。（换了一个）这个上动。（应为上得动。）（2）

动词和动词性成分补语之间加上结构助词"得"的用法到3.5岁时才出现，用例也不多。在3.5岁年龄段我们只发现以下三例，都是表示程度意义。如下：

（被试请爸爸看他的画）爸爸，我画的太阳可像呀？……这个是我画的。你看我画得可像？（3.5）

（被试看爸爸画火车）你画得真像火车。（3.5）

（被试看《龙宫借宝》讲故事）……后来，海龙王气得哇呀呀叫。（3.5）

3. 动 + 形容词

此类述补结构始见于 1.5 岁年龄段，出现得也比较早。在此类述补结构中，充当补语的形容词最常见的就是"好"，此外还有"破、高、坏、饱、疼、大、早、哑、紧、干净"等。充当补语的形容词一般表示两种意义：一种表示结果意义，即表示动作行为产生的结果；另一种表示状态意义，即表示动作行为的状态，下面分别举例描述。

（1）形容词补语表示结果意义。形容词补语表示结果意义时，大致可分为两种情况：一种情况是说明动作行为的主体（施事）通过行动或发展变化而产生或达到的结果；另一种情况是说明动作行为的承受者（受事）在动作行为的影响和作用下而产生的结果。在儿童语言中，此类述补结构中的动作行为意义同结果意义的联系都是比较直接的。下面是此类述补结构的例子：

（被试指着玩具猫的头说）小宝宝长高了。（1.5）

（被试喝了水说）喝饱了。（2）

（被试摔倒了，说）跌疼了。（2）

（被试玩取样人的笔）把叔叔笔搞好。（2）

（被试玩烧饭的游戏）炉子搞坏了。（2.5）

（被试跟妈妈谈话）石头可以把刀砸烂。（3）

（被试说茶杯）那个没打碎。（3）

（被试发现铃鼓上有一小洞，说）是哪个把它掼破的呀？（3）

（被试走路闪了一下）我刚才没差点儿跌倒，把头快要跌破了。（这句有语病，应说成"差点儿没跌倒"）(3.5)

（被试向取样人诉苦）×××都把我的脸抠破了。(3.5)

（被试对取样人说）我妈妈代我买一个小汽车，后来又搞坏了。(3.5)

（被试甲对乙说）我长大当警察，我当解放军阿姨。(3.5)

（在回幼儿园的路上被试对取样人说）把脖子的嗓子都搞哑了。(3.5)

（上公共汽车，爸爸买票以后，被试说）将来我长大了，我拿票。(3.5)

（被试要扫地）今天该我扫地了。地下都是脏东西，我拿扫把来扫干净。(3.5)

（被试看画册讲故事）猴子练武，刀呀，枪呀，全拿光了。(3.5)

（被试洗脚）太烫啦，把脚上的虫烫坏啦！(3.5)

（2）形容词补语表示状态意义。同表示结果意义的形容词补语相比，表示状态意义的形容词补语要少一些。在我们发现的用例中，使用最多的是"好"，此外还有"紧"。形成这种情况的原因仍然同儿童对动作行为在时间上的起始延伸、发展变化不能很好地把握有关。下面是这种用法的例子：

（被试甲招呼乙）坐好，来坐，坐好吧。(1.5)

（被试把自己的帽子往取样人头上放）我帮叔叔戴好。(2)

（被试想跟取样人要笔）叔叔写好了？(2)

（被试搭棋子）搭棋子，我搭好了。(2)

（被试讲故事）从前有个狐狸，它要和大老虎干架，讲好了。(3)

（被试看到一队武警，说）解放军排好队要走呢。(3)

（被试讲故事）……把门一关，关紧紧的，不给坏蛋进来。(3.5)

（被试回家时跟爸爸谈话）回来睡觉。睡好觉，起来看电视。(3.5)

（3）形容词补语表示程度意义。在儿童语言中，形容词（或形容词性成分）补语表示程度意义时一般要加上结构助词"得"。动词和形容词性补语之间加上结构助词"得"的用法到2.5岁时出现，用例不是很多。下面是这类情况的例子：

（取样人把被试抱在窗台上，被试说）我站得高，我站得最高。我吃芰瓜就长得高了。(2.5)

（爸爸从冰箱里取出香蕉给被试一根，被试接过来说）这冻得冰冰的，凉凉的。(3)

（被试甲、乙抢着写字，甲）我来写，我写得好。（乙）你写得乱七八糟的。(3.5)

（回家的路上，爸爸跑了几步，问被试：爸爸跑得快不快？被试说）爸爸跑得快，我跑得更快。(3.5)

（被试睡觉前对爸爸说）爸爸，明天送我上学送早一点。(3.5)

（取样人让被试们比赛叠手帕。甲说）怎么不比赛呀？（乙说）你挤得要命嘛。（丙说）看哪个叠得快！(3.5)

（被试甲、乙比谁跳得远。甲说）看哪个跨步跨得远。（乙）看谁跳得远，跳得远就给他一百分。(3.5)

（被试用香皂洗过手对妈妈说）妈妈，我的手洗得香。(3.5)

（被试讲《龙宫借宝》的故事）猴子们练武，……他们练得好快活。(3.5)

（被试给取样人谈话）我爸爸到北京去，那个衣服装得鼓鼓哝哝的。(4)

下面一例是动词和形容词补语之间加上助词"不"：

（被试早晨起来穿衣服）爸爸，这个褂子我穿不好。(3)

4. 动 + 数量补语

动词加上数量补语的用法始见于 2 岁。数量补语中的数词都是 "一"。数量补语可分为两类：一类是动量补语，有 "一次、一遍、一回、一下" 等；一类是时量补语，只有 "一下、一会儿"，都表示短暂的时间。"动 + 动量补语" 和 "动 + 时量补语" 的情况分别举例如下：

（1）动 + 动量补语。

（被试向取样人要球玩）我打一球。（2）

（被试甲抓乙）抓你一把。（2.5）

（被试还要玩石头）再来玩一下石头，再玩一下。（2.5）

（被试甲看到乙喝汽水，说）给我喝一下。（3）

（被试看书）我再翻一遍。（3）

（被试跟取样人谈话）我到我爸爸厂里去过的，只去过一回。（3）

（被试对墙打乒乓球）才打一次就打坏啦，不对，重打一次。（3.5）

（2）动 + 时量补语。

（被试找玩具）我的小鸭子呢？等一下，我来拿小鸭子。（2）

（被试甲见乙戴着帽子，说）我等一下戴帽子了。（2.5）

（被试对取样人说）我妈妈等一下接我回家了。（2.5）

（被试要玩枪）我等一下拿机关枪，我爸爸妈妈买的。（2.5）

（被试甲对乙和取样人说）我到那边玩，你们也到那边玩一会儿。（2.5）

（被试甲指着乙对取样人说）我叫他到我家去玩一会儿。（2.5）

（被试甲看到乙坐下，说）我也坐一会儿。（2.5）

（被试向取样人要笔）你等一会儿给我，等一下给我写啊！（3.5）

（二）形 + 补

形容词带补语构成的述补结构始见于 2 岁年龄段。此类述补结构中的形容词述语表示人或事物的性质、状态、数量等。充当补语的成分有形容词、副词、数量词语以及谓词性词组等，这些补语成分一般都表示表示事物的性质、状态的程度。从总的情况来看，以形容词为述语成分的述补结构要比以动词为述语成分的述补结构少得多。分别举例如下。

1. 形 + 形容词补语

在我们的语料中，这类述补结构中的形容词补语有"死、疼"。举例如下：

（被试甲看到乙撒尿，说）丑死了。（2）

（被试走到公园后门说）我累死了。（2）

（被试玩树叶）这树叶脏死了。（2.5）

（被试早晨起来穿衣服，对爸爸说）上一次扣这个扣子，把我的手都累疼了。（3.5）

2. 形 + 副词补语

此类述补结构到 3 岁时才出现，用例也不多。充当补语的副词有"很、极"。举例如下：

（被试喝完了鸡蛋汤，对妈妈说）本来这个汤多得很，现在喝完了。（3）

（被试讲《小猫钓鱼》的故事）小猫钓到这么大的鱼，猫妈妈高兴极了。（3.5）

（被试给爸爸讲《米老鼠和唐老鸭》）那米老鼠好玩得很。（3.5）

（被试讲故事）从前有一个狐狸，狡猾的狐狸，狡猾得很。（3.5）

下面几例，一例是动词"掉"做补语，一例是量词"一些"做补语，一例是状中词组做补语，一例是主谓词组做补语。

（被试看到路边停着一辆小汽车）小汽车怎么坏掉了？（3）

（取样人问被试：我们从哪边走？被试）那里近一些，这里远一些。（3.5）

（被试讲《葫芦兄弟》）穿山甲高兴得直拍手。（3.5）

（路过一个防空洞，飘出一股臭味。被试说）防空洞里好臭！臭得人都跌倒了！（3.5）

三、补语的语义指向

从句法结构上来看，补语一般附着在中心成分述语后面，同述语互为直接成分，构成述补关系。但是，如果从语义上来分析，补语就不仅仅是同述语发生关系。如果把述补结构放在更大的语句环境中来分析，我们就会看到，补语同句子中的其他成分之间的语义联系还是比较多样的。在成人语言中是这样，在儿童语言中也是如此。下面我们就来分析儿童述补结构中补语的语义指向。

（一）补语指向动作行为的客体

补语的语义功能之一是补充述语说明动作行为的结果。当客体（人或事物）受到一定的动作行为影响作用之后，在位置、形体、状态等方面总会发生一定的变化。这些变化往往由附着在述语后面的补语来说明陈述，这时，补语在语义上就同语句中的客体成分发生联系，也就是说，此时补语的语义指向句子中的客体成分。说得直接一些，所谓补语的语义指向某个成分，实际上也就是对该成分进行说明陈述。

动作行为的客体成分在句子中可以处于主语、宾语、介词宾语等句法位置上。补语的语义指向客体成分的情况同这一情况相对应，也分为三种：即补语指向主语位置上的客体成分；补语指向宾语位置上的客体成分；补语指向介词宾语位置上的客体成分。下面分别描述。

1. 补语指向主语位置上的客体

当客体成分位于主语位置时，往往形成受事主语句。这时，说明客体成分在受到动作行为的影响作用后所发生的变化的补语成分的语义就指向句子中的主语成分。以"袜子脱掉了""大灰狼杀死了"为例：

袜子脱掉了 = 脱袜子 + 袜子掉了

大灰狼杀死了 = 杀大灰狼 + 大灰狼死了

下面是这类情况的例子：

（被试讲故事）大石头搬起来，把大灰狼打死！(2)

（被试蹭自己的鞋子）袜子脱掉了。(2)

（被试讲故事）大灰狼杀死了。(2)

（被试摘下左手的手套，又看看右手的手套）这个手套可搞下来了？（摘下）搞下来了。(2)

（被试指着自己的脸对取样人说）给小朋友抓破了。(2.5)

（被试看《小猫钓鱼》的画册）大鱼钓上来了。(2.5)

（被试玩烧饭的游戏）炉子搞坏了。(2.5)

（被试看《猪八戒吃西瓜》的画册）拿刀子杀它，西瓜杀开了。(3)

（被试喝完了鸡蛋汤，对妈妈说）本来这个汤多得很，现在喝完了。(3)

（被试说茶杯）那个没打碎。(3)

（被试发现门前的炉子不见了，对爸爸说）我们的炉子给老拐子偷走了。(3)

（爸爸从冰箱里取出香蕉给被试一根，被试接过来说）这冻得冰冰的，凉凉的。(3)

（被试对取样人说）我妈妈代我买一个小汽车，后来又搞坏

了。(3.5)

（被试看画册讲故事）猴子练武，刀呀，枪呀，全拿光了。(3.5)

（被试用香皂洗过手对妈妈说）妈妈，我的手洗得香。(3.5)

2. 补语指向状语中介词"把"的宾语

汉族儿童 2 岁时就已经开始使用"把"字句，而在"把"字句中，动词一般不能是光杆形式。在这种强制性的句法要求下，"把+宾+述+补"结构就比较频繁地出现在儿童语言中。因此，补语的语义指向"把"的宾语位置上的受事成分的情况也就比较多见。下面是这类情况的例子：

（被试看到画册上的鱼，说）把鱼杀死，吃它肉。(2)

（被试摘下左手的手套）把这个手套搞下来。(2)

（被试讲故事）大石头搬起来，把大灰狼打死！(2)

（被试玩弄取样人的笔）把叔叔笔搞好。(2)

（被试看到一个小朋友跌倒了，说）小哥哥马上把屁股跌破了。(2.5)

（被试甲吓唬乙）把你打碎，打碎我就吃你。(2.5)

（被试玩积木）我来把这个搭上去。(2.5)

（被试给取样人讲自己喝药的事）我不把板蓝根吐出来。(2.5)

（被试脱衣服）把这个衣服先脱掉。(2.5)

（被试跟取样人谈话）昨天晚上我把车子搞倒了。(2.5)

（被试指着冲好的饮料问取样人）我把这个喝完吗？(3)

（被试甲玩玩具坦克，乙说）你自己把你家的坦克搞坏了怎么办哪？(3)

（被试讲故事）长鼻子把大灰狼尾巴卷扁了。(3)

（被试和爸爸出去玩。被试热了）爸爸，我身上有汗，我把衣服脱下来好吧？(3)

（被试跟妈妈谈话）石头可以把刀砸烂。（3）

（被试发现铃鼓上有一小洞，说）是哪个把它掼破的呀？（3）

（被试甲指着一所小屋对乙说）这里面关的是坏人。那个坏人一开开，把你逮走了。（3.5）

（被试讲故事）……黑猫警长骑到摩托车上，一下把坏蛋打死了。（3.5）

（被试讲打人的经过）一开始，××跟我玩，后来她把那个老奶奶和那个小弟弟打哭啦。……后来，她到我旁边，我一打，把她打哭啦。（3.5）

（在回幼儿园的路上被试对取样人说）把脖子的嗓子都搞哑了。（3.5）

（被试洗脚）太烫啦，把脚上的虫烫坏啦！（3.5）

（被试早晨起来穿衣服，对爸爸说）上一次扣这个扣子，把我的手都累疼了。（3.5）

3. 补语指向宾语位置上的客体

同前两种情况相比，补语的语义指向宾语位置上的受事的情况较少。我们发现，在含有述补结构的语句中，儿童在安排语序的时候，总是优先选择把施事、受事排列在动作行为前面，或者使用受事主语句，或者使用"把"字句。这种语序同自然语序是一致的，即事物先于动作行为出现。再者，可能是因为"述＋补＋宾"结构比"述＋补"结构复杂，儿童掌握这种结构的难度比较大，所以儿童使用也较少。下面是几个例子：

（被试看到取样人把笔夹在腿弯里，说）拿出来这笔。（2）

（被试随口乱说）我搞坏了我自己眼睛。（2.5）

（被试甲吓唬乙）火车开到地下，轧死你！（2.5）

（被试看画册讲故事）哪吒要踩死这个老虎。（3）

（吃过饭以后，被试对爸爸说）妈妈叫我吃过饭去掉这个兜兜，可是我解不开这个带子。（3.5）

（二）补语指向动作行为或状态的主体

补语同述语一样，具有较强的陈述性。当述语只是表示一定的主体所发出的动作行为，而这种动作行为又会产生一定的结果，或达到一定的程度，这时，仅仅靠述语就难以完成这种复杂的陈述。此时，陈述性补语就承担起补充性陈述的任务，用以说明动作行为的主体在一定的动作行为之后所呈现的状态或变化。换言之，此时，补语的语义指向动作行为的主体。以"我喝饱了""我跳下去"为例：

我喝饱了 = 我喝 + 我饱了

我跳下去 + 我跳 + 我下去

动作行为状态的主体成分在儿童语言中一般都位于主语位置，情况要稍微简单一些，因此不再细分。下面是补语的语义指向动作行为的主体的例子：

（被试指着玩具猫的头说）小宝宝长高了。（1.5）

（被试喝了水说）喝饱了。（2）

（被试摔倒了，说）跌疼了。（2）

（被试在板凳上爬）慢慢爬，慢慢爬，我爬回去了。（2）

（被试爬椅子）我爬进去。（2）

（被试看到一个小朋友跑出去了，对保育员说）××跑出去了。（2）

（被试膝行从取样人背后绕出来）走过来了。（2）

（被试站在一块大石头上）一蹦，蹦下去了。再一蹦，蹦下去了。（2）

（被试往天上打枪）啪！飞机掉下来了。（2.5）

（被试来到冬青树丛前）我钻进去睡觉，我要钻进去睡觉，从这里钻进去睡觉。（2.5）

（被试骑木马，取样人催他走。被试说）骑够了就走。（2.5）

（被试作醉酒状）我喝醉酒了。（2.5）

（取样人把被试抱在窗台上，被试说）我站得高，我站得最高。我吃茭瓜就长得高了。(2.5)

（被试跳过一条小沟）一跳，跳过去了。(3)

（被试的眼给迷住了，对妈妈说）我的眼睛睁不开了。(3)

（被试跳台阶）我先跳下去再上来的。(3.5)

（被试从一个陡坡上下来，对取样人说）我刚才是慢慢地下坡的，就是下坡要慢慢地，从阶梯上走下来。(3.5)

（被试对妈妈说）爸爸在那边学习，我悄悄地走过去。(3.5)

（被试吃了打虫药，对妈妈说）有的药是杀害虫的，虫爬不出来。(3.5)

（被试看《木偶奇遇记》讲故事）……大鲨鱼要吃匹诺曹和他的爸爸，他们从大鲨鱼嘴里冲出来了。(3.5)

（被试讲故事）……小兔子跳进去，圆圆的鼻子都搞冒血了，它就慢慢地死了。(3.5)

（被试看《龙宫借宝》讲故事）……后来，海龙王气得哇呀呀叫。(3.5)

（被试甲对乙说）我长大当警察，我当解放军阿姨。(3.5)

（被试讲《龙宫借宝》的故事）猴子们练武，……他们练得好快活。(3.5)

（三）补语指向动作行为或状态

补语本来附着在述语后面，同述语构成互为直接成分的关系，对述语进行补充说明。当补语的语义指向表示动作行为或状态的述语时，这时补语和述语的关系在句法平面和语义平面上都是一致的。即补语成分不但在句法上同述语成分组合，而且在语义上也指向述语成分。以"门关起来了"和"我写好了""我累死了"为例：

门关起来了＝关门＋关起来了

我写好了 = 我写 + 写好了

我累死了 = 我累 + 累死了

补语的语义指向述语成分时，主要说明动作行为和状态的状况、程度、可能、数量（动量和时量）等。分别举例如下：

1. 补语说明动作行为和状态的状况

在儿童语言中，补语说明动作行为和状态的状况时，基本上都是表示动作行为的完成。趋向动词补语、一般动词补语、形容词补语都有表示完成意义的用法。例如：

（被试看到电灯灭了，说）关上了。(1.5)

（被试的鞋子掉了，被试对取样人说）鞋掉掉了。(1.5)

（两个小朋友被接回家去了。被试说）三个妹妹都走掉了。(2)

（被试甲要乙的手帕，乙不给）不给你，不给你，我手绢藏起来了。(2)

（被试挥舞着一根树枝）打倒啦，这个捆起来啦。(2)

（取样人带被试出了幼儿园，大门随后关上了。被试说）门关起来了。(2)

（取样人取出了椅子下面的球。被试说）球拿到了。(2)

（被试把自己的帽子往取样人头上放）我帮叔叔戴好。(2)

（被试想跟取样人要笔）叔叔写好了？(2)

（被试搭棋子）搭棋子，我搭好了。(2)

（保育员给被试穿衣服，被试指着一个扣子说）这还没扣上。(2.5)

（被试装模作样地在桌子上弹了一会儿，说）我弹好琴了。(2.5)

（被试甲乙做游戏。甲说）我当警察，把他抓住。(2.5)

（被试自己给自己讲）写完了以后吃饭，吃饭以后走。(3)

（被试讲故事）从前有个狐狸，它要和大老虎干架，讲好了。(3)

（被试看《三只小猪》的画册）大灰狼会把两个小猪全吃掉。（3）

（被试看到路边停着一辆小汽车）小汽车怎么坏掉了？（3）

（被试拿笔在纸上画）这个笔怎么写不出来呀？（3.5）

（被试对爸爸说了一句话）这句话你给我记下来。（3.5）

（被试甲踩乙的鞋子）正好踩到了，踩到你鞋子了。（3.5）

（被试向爸爸提要求）把这两本书全都讲完，再上被窝里睡觉。（3.5）

补语表示动作行为处于起始状态的用法只有一例：

（被试甲看到乙哭了，对取样人说）他已经哭起来了。（2.5）

2．补语说明动作行为状态的程度

在儿童语言中，补语说明动作行为状态的程度时，基本上都是通过形容词补语和副词补语来实现的。形容词补语一般同动词述语组合，副词补语一般同形容词述语组合。这两类补语表示的程度都是高程度。这一情况同儿童的趋大心理是一致的。关于趋大心理，我们在考察儿童掌握介词"比"和"比"字句的状况时以及儿童习得状中结构的状况时都曾指出这一点，此处不赘。

补语说明动作行为状态的程度的用例不是很多。下面是一些例子：

（被试甲看到乙撒尿，说）丑死了。（2）

（被试走到公园后门说）我累死了。（2）

（被试玩树叶）这树叶脏死了。（2.5）

（被试喝完了鸡蛋汤，对妈妈说）本来这个汤多得很，现在喝完了。（3）

（取样人带被试来到公园后门。被试说）到了，累死我啦！（3）

（取样人让被试们比赛叠手帕。甲说）怎么不比赛呀？（乙说）你挤得要命嘛。（丙说）看哪个叠得快！（3.5）

（被试甲、乙比谁跳得远。甲说）看哪个跨步跨得远。（乙）看谁跳得远，跳得远就给他一百分。（3.5）

（被试讲《小猫钓鱼》的故事）小猫钓到这么大的鱼，猫妈妈高兴极了。（3.5）

（被试给爸爸讲《米老鼠和唐老鸭》）那米老鼠好玩得很。（3.5）

（被试讲故事）从前有一个狐狸，狡猾的狐狸，狡猾得很。（3.5）

（路过一个防空洞，飘出一股臭味。被试说）防空洞里好臭！臭得人都跌倒了！（3.5）

下面一例补语表示的是低程度：

（被试睡觉前对爸爸说）爸爸，明天送我上学送早一点。（3.5）

3. 补语说明动作行为的可能

在儿童语言中，补语说明动作行为的可能的用法更少。在1～3.5岁儿童的语言中，我们只发现三例，如下：

（妈妈来接被试，被试戴手套）戴不上怎么办呢？（2）

（被试玩蚂蚁）蚂蚁很厉害，但是斗不过×××（自己的名字）。（3.5）

（吃饭的时候，被试要和爸爸比吃得快）这回决定比过爸爸。（"决定"意为"绝对"）（3.5）

4. 补语说明动作行为的数量

补语说明动作行为数量的情况分为两种：一种是说明动作行为的次数，另一种是说明动作行为持续的时间。补语说明动作行为的数量基本上是通过数量词补语来实现的。这一情况我们在本书第160页"动＋数量补语"一节中已经举例说明，可以参看。此处举例从略。

四、相关问题的讨论

（一）儿童习得述补结构的过程

儿童在 1 岁时已经掌握了一些构成述补结构所必要的动词，如"喝、拿、爬、打、走、坐"等。述补结构在 1.5 岁儿童的语言中开始出现。最早出现的述补结构是以下三种：①动 + 趋（如"拾起来""关上了"）。②动 + 动（如"走掉""打死"）。③动 + 形（如"坐好""长高了"）。2 岁时又出现了两种述补结构：动 + 数量（如"打一球""等一下"），形 + 形（如"丑死了""累死了"）。2.5 岁时出现了带标记的"动 + 得 + 形"述补结构（如"站得高"）。"形 + 副"式述补结构到 3 岁时才出现（如"多得很"）。"形 + 动""形 + 量"式述补结构只有零星用例（如"坏掉了""远一些"），而且出现得也比较晚（3 岁以后才出现）。以上是述补结构类型出现的顺序。

从补语的语义类型来看，最早出现的补语是结果补语、趋向补语和状态补语，均于 1.5 岁时出现。例如：关上了、拾起来、坐好。数量补语、程度补语、可能补语于 2 岁时出现。例如：打一球、丑死了、爬不动。动态补语出现较迟，于 2.5 岁时出现，而且用例也较少。例如：哭起来。

儿童从 1.5 岁开始使用述补结构，到 3.5 岁时已达到相当高的水平。儿童不仅掌握了述补结构的基本结构类型，而且对述补结构的述语、补语以及同相关句法成分之间的语义关系也能够较准确地把握，并能运用相应的句法形式予以表现。儿童在短短的两年中就基本习得了汉语的述补结构，这样的习得速度和习得质量以及相应的习得手段和习得机制都是值得我们深入研究的。

（二）儿童语言中的述补结构的特点

同成人语言相比，儿童语言中的述补结构有如下特点：

　　从构成成分来看，述补结构的述语基本上都是单音节动词或形容词，其中动词述语又多于形容词述语。述语动词大都是表示具体的动作行为，特别是与人的肢体有关的动作。关于这一点，我们在考察儿童掌握介词"把"和"把"字句的状况的时候曾经对出现在儿童语言中的动词做了一个统计，可以参看。儿童述补结构中的补语也以单音节词为多，其中趋向动词补语最多，一般动词补语和形容词补语在数量上差别不大，数量词补语和副词补语最少。特别应该指出的是，在成人语言中，词组做补语的情况十分常见，而在儿童语言中，词组做补语的情况很少。这显然是由于儿童句法结构能力发展不足所致。这是儿童述补结构同成人述补结构的一个显著差别。

　　从语义类型来看，儿童语言中出现较早、使用最多的就是结果补语。趋向动词做补语时有相当部分表示结果意义；一般动词补语、形容词补语基本上都是表示结果意义。这样就形成了结果补语在儿童语言中占绝对优势的状况。从语义上分析，结果补语在语义上既可以同施事、受事联系，也可以同动作行为状态联系。相比之下，动态补语、程度补语、数量补语、可能补语等联系的成分就相对有限，因而出现得也较少。

　　趋向补语在儿童语言中出现得也比较多。趋向补语绝大部分表示动作行为的方向和主体、客体的位移。趋向补语的习得及运用，同儿童知识系统中的空间系统的发展关系十分密切。同儿童的时间系统相比，儿童的空间系统形成得较早，而且也比较完备。这种知识系统中的差别反映在语言系统中，就形成了趋向补语的相对丰富而时量补语相对贫乏的状况（时间补语在我们儿童语言中没有发现）。关于儿童的空间系统的状况，我们在考察儿童掌握空间句的状况时有较为详细的描述和讨论，请参看。

　　从本书第154页"动＋趋向动词"一节的描述中可以看到，儿童对充当补语的趋向动词基本上是成对习得的，例如"来、去""下来、下去""上来、上去""过来、过去""出来、出去"都是成对地出现。但是也有部分不对称现象。这些不对称现象表现在两个方面：其一是有些趋向动词不是成对地出现，例如有"进去、回去"，却没有"进来、回来"；其二是在出现的频率上也存在不对称的情况，例如在"来、去""上来、上去""出来、出去"这三对趋向动词中，"来、上去、出来"使用的次数就比"去、上来、出去"多。此外，在表示结果意义的趋向动词中，使用最多的就是"起来"。同其他充当补语的趋向动词相比，儿童对"起来"的这种使用也是一种不对称现象。趋向动词补语的这种不对称现象应该说是儿童述补结构的特点之一。

从语义关系来看，儿童语言中述补结构中的补语同相关句法成分之间的语义联系已比较复杂。这是因为句法成分之间的语义关系是儿童最早掌握的关系。但是，由于儿童句法结构形式的构成能力的发展相对滞后，所以，同成人语言相比，儿童述补结构中的述语、补语同相关的句法成分之间的语义关系仍相对简略。

（三）儿童习得述补结构的手段和机制

前面我们已经指出，儿童从 1.5 ~ 3.5 岁，在短短的两年中基本掌握了述补结构。这一习得速度是相当快的。那么，儿童是如何习得述补结构的呢？要回答这一问题，不仅要分析儿童语言中述补结构发展的事实，而且还要把述补结构的习得状况同其他句法结构的习得状况进行比较，放在更大的语言习得事实的背景上来考察。因为述补结构也是句法结构的一种，它的习得手段和习得机制同其他句法结构的习得机制应该有共同之处。

从习得程序来讲，同习得其他句法结构一样，语言理解先于语言发生。也就是说，儿童首先是接受成人语言，借助于语境以及其他非语言手段，理解述补结构所表达的意义，并逐渐记忆了述补结构的句法形式。以此为基础，而后逐步习得述补结构。

　　同样，儿童习得述补结构离不开成人语言的示范，也需要儿童自身的模仿、学习和练习。国外有关的研究者对"模仿"在儿童语言习得过程中的意义一般估计不足，有的甚至否定儿童在语言习得过程中的模仿活动或模仿在语言习得过程中的作用和意义。这是失之于偏颇的。没有成人语言的输入，没有成人语言的示范，儿童再高的天赋也是不行的。为了证明儿童习得语言过程中模仿活动的实际存在，我们不妨看看下面这个例子。

　　趋向动词"起来"的词义本来表示趋势方向。在儿童述补结构中，"起来"既可以表示趋向意义，也可以表示结果意义。这两种用法在 1.5 岁儿童语言中都已经出现，而且"起来"表示结果意义的用法要多于表示趋向意义的用法（用例请见本书第 154 页"动＋趋向动词"一节）。当它充当补语表示结果意义时，其趋势方向意义弱化，而完成、结束意义加强。从词汇意义的发展来说，可以理解为动作行为延续到终点，从而产生完成结果意义。但是，从儿童语言习得的角度来说，从趋势、方向意义到完成、结果意义，其间不一定具有这种语义演变过程。如果说有相应的演变过程的话，就很难回答下面的问题：为什么"起来"表示趋向意义和结果意义的用法在 1.5 岁这一年龄段同时出现？为什么"起来"表示结果意义的用法要多于表示趋向意义的用法？

　　有关的研究者其所以否定模仿在儿童语言习得过程中的作用和意义，是因为他们对模仿的性质和模仿的层次没有清醒的认识。模仿并不是机械的、亦步亦趋式的模仿，而且也并不限制在简单、低级的层次上。根据我们对儿童习得语言的状况的观察，儿童在习得语言的过程中的模仿至少可分为以下几种：

　　1. 主动模仿和被动模仿

　　主动模仿是儿童对输入话语的自觉的模仿；被动模仿则是儿童在成人的语言示范和要求下对输入话语进行模仿。从语言习得水平来说，主动模仿比被动模仿的水平要高。二者之间的差距主要表现在以下几个方面：

从习得目的来看，主动模仿是儿童积极主动地模仿成人的话语，意在探求成人话语表达的意义及其相应的句法表达形式；被动模仿则是儿童在成人的要求下进行模仿，其目的是满足成人的某种要求（例如让爸爸、妈妈高兴满意等）。这两种不同的习得愿望驱动下的模仿，其习得效果是大不一样的。

从习得过程和效果来看，主动模仿是在理解了成人话语表达的意思之后，意在学习表达这种意思的句法形式而进行模仿的。因此，这种模仿有语言理解和语义底层作为基础，模仿的结果是掌握了语义和句法形式的对应关系。而被动模仿只是为了满足成人的某种要求，因此这种模仿的效果只不过是学会了几句让爸爸、妈妈满意的话。不过，即使是这种被动式的模仿，其模仿结果也能为以后的语言习得建立一定的基点。

2. 照抄式模仿和选择性模仿

照抄式模仿是儿童对输入话语原封不动地模仿，这种模仿不一定建立在理解的基础上。这种模仿可以称为鹦鹉学舌，或称之为亦步亦趋。选择性模仿则不然，它有一定的定向性，它是儿童为了补充自己的语言知识系统而对示范或输入的话语进行有选择的模仿，或模仿特定的词语，或模仿特定的格式，或模仿特定的语调，等等。这种模仿的内容一般都是新的语言知识。相比之下，照抄式模仿是一种低层次的模仿，而选择性模仿则是一种较高水平的模仿。

3. 词语模仿和结构模仿

词语模仿属于词汇习得范围内的模仿，指的是儿童在成人的指导或示范下，学习事物命名时的模仿活动。这种模仿是离散的、不系统的，而且抽象概括的层次也比较低。结构模仿则是属于句法习得范围内的模仿。当成人示范了一个具体的语句或词组，而儿童在模仿时则替换了其中的一个或几个成分，这时，儿童只是模仿了这个语句或词组的结构。这种模仿就是结构模仿。结构模仿往往和替换同时进行。结构模仿一方面需要以理解为基础，同时要求对语句或词组有整体上的把握。结构模仿的水平要高于词语模仿。

在儿童语言习得初期，特别是在儿童语言初现期，儿童进行的是水平较低的模仿活动，如被动模仿、照抄式模仿、词语模仿等。随着儿童语言水平的提高，儿童的模仿开始转化为主动模仿、选择性模仿、结构模仿，儿童语言习得的水平也随之上升到较高的层次。

我们前面已经指出，句法结构的习得有其共同之处。同习得其他句法结构一样，儿童通过简单的、较低层次的模仿，习得了关于述补结构的最基本的语言知识（如构成述补结构所必要的词语，最简单的述补结构模式等）。在心理水平、语言能力进一步发展的基础上，在这些通过模仿获得的最基本的语言知识的基点上，儿童开始运用替换、扩展、联结、句法同化等更为有效的习得手段去掌握更多的关于述补结构的语言知识，以扩充自己语言知识的句法结构系统。例如：

替换　关起来→关上→关紧

扩展　拿出来→拿出来这笔　走进去→从这里走进去

联结　爬下来→爬下来玩　钻进去→钻进去睡觉

句法同化　杀死了→累死了→丑死了　拾起来→捆起来→哭起来

同习得其他句法结构相比，在儿童习得述补结构的过程中，有一个环节比较重要，这就是句法合并加工。

我们在分析儿童述补结构中补语的语义指向的时候曾指出，从语义上来分析，述补结构实质上是一种双重陈述性质的句法结构。要掌握这种双重陈述性质的句法结构，不仅能够在句法形式上把述语同补语组合起来，而且还要能够把句子中的诸成分（主语、述语、补语、宾语等）之间复杂的语义联系转化为线性的语言形式表现出来。因此，儿童习得述补结构中比较重要的一步就是进行句法合并加工，即把两个陈述通过一定的句法手段合并为一个线性的陈述。例如：

我写 + 写好了 = 我写好了

我长 + 我高了 = 我长高了

我累 + 累死了 = 我累死了

打大灰狼 + 大灰狼死了 = 大灰狼打死了 = 打死了大灰狼 = 把大灰狼打死了

对上面句法合并的例子进行分析，我们可以看到，句法合并要运用多种句法手段，如合并同类项、提取公因式、移位、联结、添加等。在以接受、练习为主的语言习得期，儿童主要运用模仿、替换、扩展等习得手段。此期基本不涉及句法合并加工。而到了儿童以语言的产生、表达、创造为主的语言习得期，当儿童运用述补结构构句时，就涉及了安排施事、受事、述语、补语的顺序和位置等问题。

通过对儿童述补结构中补语的语义指向的描述分析，我们发现，儿童在以述补结构构句时，对话语中的施事、受事、述语、补语等诸成分安排其顺序和位置时，一般采用以下策略：

（1）事物先于动作行为。我们在本书第173页"补语指向动作行为的客体"一节分析讨论补语的语义指向客体的情况时曾指出：补语的语义指向宾语位置上的受事的情况很少。在含有述补结构的语句中，儿童在安排语序的时候，总是优先选择把施事、受事排列在动作行为前面，或者使用受事主语句，或者使用"把"字句。这种语序同自然语序是一致的，即事物先于动作行为出现。我们在考察汉族儿童习得被动句的机制的时候指出了这一点，请参阅该章。

（2）述语、补语贴近原则。在语言习得早期，儿童通过模仿而学会的述补结构中，述语和补语总是紧密连接的。这样，儿童在以后习得述补结构的过程中就逐渐形成了一个定式，即述语和补语紧密连接。这种定式也和述语、补语的语法共性有关（述语和补语都是陈述性成分）。再者，把陈述性成分安排在中心位置，并以此为基点来安排语句中诸成分的顺序和位置，也同配价语法的基本观点"谓词中心论"相符合。换言之，儿童这种对句中的诸成分的句法顺序和位置的安排也反映了人们对句法结构的某种认识。

上述这些习得手段的运用和习得活动的进行，不仅使儿童习得的量有很大的增加，而且使儿童习得的质也有很大提高。随着儿童语言习得进程的发展，儿童逐步掌握了述补结构的不同句法形式、不同语义关系和相应的句法功能，获得了基本能够满足交际要求的关于述补结构的知识。

第六章　连谓结构习得研究

一、引言

连谓结构是汉语中较有特色的句法结构。本章拟对儿童语言中的连谓结构的状况进行考察。我们首先描述儿童语言中的连谓结构的类型以及结构成分间的语义关系，然后分析儿童在运用连谓结构表达时的某些特点，儿童语言中的连谓结构的"序"的因素，以及儿童排列句法成分构成各种不同的"序"的某些原则，最后探讨汉族儿童习得连谓结构的手段和机制问题。

从取得的语料中经过整理共得到连谓结构 600 余例。对语料初步分析的结构表明，1～3.5 岁是儿童习得连谓结构的发展阶段。到了 3.5 岁，连谓结构的基本结构类型和语义类型都已经出现，此后开始进入稳定期。因此，我们将对这一时期的状况做重点描述分析。

二、结构类型和语义关系

连谓结构的句法形式为两个或两个以上的谓词性成分 V_1、V_2 连续排列。按连续排列的 V_1、V_2 之间的名词性成分 N 的性质及其同 V_1、V_2 的语义关系，连谓结构又可分为连动式、兼语式和连动兼语套叠式。本文不做这样的区分。我们把连谓结构看作一个形式统一而语义关系有别的 V_1、V_2 句法成分序列，对其做一致性的处理。

儿童语言中的连谓结构一般都是由两个 V 连续排列而构成，

不过儿童语言中的连谓结构也有由两个以上的 V 连续排列而构成的。为了描写的方便，除了有特别的需要外，我们对连谓结构一般侧重于分析排列在前面的三项"$V_1 + N + V_2$"。

（一）$V_1 + V_2$

这种结构类型是由两个 V 连续排列而构成，两个 V 之间没有表示人或事物的 N。这种连谓结构表达的语义是：两个动作连续发生或出现。这种类型还可以分为以下几个小类：

1. 来 + V_2

这种连谓句式始见于 1.5 岁儿童语言中。这种句式中的动词"来"表示两种意义。一是表示方位移动的动性较强的动作行为意义。例如：

（被试拍拍小椅子招呼同伴坐）坐好，来坐，坐好吧。（1.5）

（被试招呼取样人）来看，来看这个。（2）

（被试甲从木马上下来推乙）我下来推小娃娃。（2）

（被试对取样人招手说）你来坐这。（2.5）

（被试甲做打鼓状，喊乙）××快来，××快来打鼓！（2.5）

（被试跑到教室门口喊取样人）伯伯，你来看看可有大灰狼呀。（2.5）

（被试和爸爸分手时说）爸爸，明天下午来接我啊，明天来接我啊。（按因为在幼儿园睡午睡，一觉醒来，就成了"明天"）（2.5）

（被试讲故事）……小黄牛说：小白兔，你别害怕，我晚上来帮你。（3）

二是结构中的动词"来"表示的动性减弱，而心理性、意愿性增强，表示"要（做）""尝试（做）"的意义。例如：

（被试拿起玩具电话）我来打电话了。（2）

（被试拿球玩）我来拿小球。（2）

（被试甲、乙抠墙。甲）我来搞。（乙）我来搞。（2）

（被试要玩玩具）等一下，我来拿小鸭子，……我来逗逗它。（2）

（被试在本子上画）我来写，我来写字。（2）

（被试摆弄积木）我来搞搞这个东西。（2）

（被试甲骑车，乙说）××也骑了。我来推。（2）

（被试看到蜻蜓）好多大蝴蝶！我来抓！（2）

（老师发茶鸡蛋，被试说）我来吃这个大大的！（2）

（被试把一张纸条放手帕里）我来把这个放里边。（2.5）

（被试坐下休息）我来坐一会儿。（2.5）

（来到一个工地，被试说）我来进去看看。（2.5）

（被试玩积木）我来把这个搭上去。（2.5）

（被试请取样人跟他玩）你来跟我打。（2.5）

（被试伸手摸树叶）我来摸摸它，小树叶，我来摸一摸小树叶。（2.5）

（被试在本子上画）又画个小鹅，我来再画个。（2.5）

（被试对取样人说）你装大灰狼，我们来抓你。（3）

（被试要看电视）爸爸，今天你来开电视，我来关。（3.5）

（被试甲向乙卖弄）我来变魔术。（4.5）

（被试甲对乙说）我们来比比打仗。（5）

比较起来，表示"要（做）""尝试（做）"的"来"的用例更多一些。

2.（出）去 + V₂

这类连谓结构中的"去（出去）"基本上表示动性较强的移动性动作行为。例如：

（被试要喝水）要喝水，坐好喝水。奶奶去倒水。（2）

（被试吃饭时要到外面吃）出去玩吃。（2）

（被试向取样人要求）我们一起出去玩，出去玩好吧？（2.5）

（被试来到冬青树丛前）我钻进去睡觉，我要钻进去睡觉，从这里钻进去睡觉。（2.5）

（被试讲故事）大老虎出去砍柴，忽然碰见一个凶恶的大灰狼。（3.5）

（被试想吃果丹皮）叔叔，你怎么不代我们去买果丹皮呀？（3.5）

（被试要出去，对取样人说）我出去玩一下再来。（3.5）

但也有表示动性较弱的目的性意愿性较强的用法。例如：

（取样人问被试：爸爸呢？被试）爸爸和妈妈一道去有事去了。（2）

（被试甲对乙说）咱俩去照一个相。（2.5）

（被试要玩枪）我去拿个枪来玩。（2.5）

（被试甲、乙要打大灰狼，甲说）我去拿棍子。（2.5）

同"来"字连谓结构相比，"去"字连谓结构要少得多。造成这种情况的原因可能有三个方面：一是儿童在实际生活中出去的时候较少，这是儿童生活实践的限制；二是儿童以自我为中心的心理特点的影响，更多的时候是希望别人"来"，而自己则较少愿意"去"；三是词义的制约，从儿童习得指示代词的情况来看，儿童对表示近指的"这"的习得要早于远指的"哪"。儿童对动词"来、去"使用上的差异同儿童对"这、那"习得的差异应该说是一致的。

3. 等一下 + V_2

这类连谓结构中的动词"等一下"是"过一会儿"的意思，表示较短时间的等候。这类结构出现得较晚（2.5岁出现），使用得也不多。下面是几个例子：

（被试对取样人说）我妈妈等一下接我回家了。（2.5）

（被试要玩枪）我等一下拿机关枪。（2.5）

（被试想回家了）我妈回来了，我等一下要回家了。（2.5）

（快放学的时候，被试甲对乙说）等一下跟老师再见啊。（2.5）

（被试甲要取样人先讲自己挑选的故事。甲）你先讲这个再讲它。（乙）先讲她的等会儿再讲我的。（3.5）

上述 $V_1 + V_2$ 构成的这类连谓结构是比较简单的。这类连谓结构一般只涉及一个施事和一个受事（或对象），而且受事和对象往往就是动作的终点，一般不再形成联锁性的语义联系和关系，所以这类连谓结构的长度相对来说都比较短。

（二）$V_1 + N$（处所）$+ V_2$

在这种类型的连谓结构中，V_1 后面带上了表示处所的宾语。这种处所宾语实际上是"$V_1 + V_2$"类中的 V_1 语义上隐含的处所成分的显性化。

结构中的处所宾语虽然是 V_1 的宾语，但在语义上却有双重性，它既是 V_1 到达或所在的地方，也是 V_2 发生的地方。

根据 V_1 的语义特点，这类连谓结构可以分为两个小类：

1. V_1〔（V）到〕$+ N$（处所）$+ V_2$

这类连谓结构中的 V_1 都是表示移动、行动的意义。这种结构表示的意义是：（为了一定的目的）到某处做某事。

这种结构中最常用的 V_1 是"到"。例如：

（被试问取样人）到什么地方去玩玩？（2）

（被试对取样人说）我六一儿童节到赭山公园去玩的。（2.5）

（被试甲向取样人提要求）我跟他（乙）到我家玩一会儿。（2.5）

（被试讲到公园去的情况）我爸爸我妈妈还有园园一起到里面看。（2.5）

（取样人带被试来到教室外面。被试说）到爸爸学校里玩玩。(2.5)

（取样人和被试分手的时候。被试说）你们到我家来玩吧。(2.5)

（被试来到幼儿园的游戏场）我到这做游戏。(2.5)

（被试甲对乙和取样人说）我到那边玩，你们也到那边玩一会儿。(2.5)

（被试要上山）我到那个山上去拔萝卜。(2.5)

（被试对取样人说）我家有橘子，你到我家吃橘子。(3)

（被试睡在床上和妈妈谈话）妈妈和××明天一起到浴池去洗澡。(3.5)

（被试讲故事）它赶快吭哧吭哧到它们家一看哪，它的孩子不见了。(3.5)

（被试上幼儿园时对爸爸说）我到房间拿一个新手帕。(3.5)

（被试甲向乙要巧克力豆）那你到冰箱里拿两个出来。(4)

（被试跟取样人谈话）我爸爸现在在北京学习。我爸爸下次到成都上班。(4)

"V+到"的用例我们只发现了如下几例：

（放学了，被试对取样人说）我自己走，走到外面去就跟你再见。(2.5)

（被试对取样人讲公园里的风景）……还有青蛙在里面，走到河边上喝水。(2.5)

（被试对取样人说）我走到前面去带路好吗？(3)

（被试边看画册边说）那个米老鼠缩到被窝里睡觉。(3)

"去"做 V_1 的例子较少：

（被试对取样人说）去医院看妈妈打针，妈妈去医院也不哭。(2.5)

"回家"在早期儿童语言中几乎相当于一个动词：

（被试要回家）我马上回家画画。（2）

（取样人问被试：你在哪儿吃饭？被试）在……回家吃饭，回家吃饭。（2）

（被试对取样人说）我回家要吃板蓝根了。（2.5）

"上"出现得比较晚，用例也不多：

（被试向爸爸提要求）把这两本书全都讲完，再上被窝里睡觉。（3.5）

（被试讲"芭蕉扇"的故事）最后哇，他们一起上西天取经啦。（3.5）

2. V_1 ［（V）在］＋N（处所）＋V_2

这类结构中的动词除了"在"以外，还有"V 在"以及其他一些表示静态动作行为意义的动词。这类连谓结构表示的意义是：在某处做某事。下面是 V_1 是"在"的例子：

（被试爬到木马上）在这上面来开枪。（2）

（取样人问被试：××，你吃饭不吃饭？被试）我不在这吃饭。（2.5）

（被试不愿意在取样人家里）我不在这里玩。（3）

（被试甲、乙要进公园。取样人：我们没钱。被试甲）你回家拿钱去，我们在这块等着你。（"这块"是方言词，意为"这儿"。）（3）

上述结构中的"在"我们之所以看作动词而不看作介词，主要是因为上述例子中的"在"同处所成分一直联系在一起，并且确实表示"存在、处于（某处）"的语法意义。我们从儿童对"在"的实际运用中也可以看出，儿童也确实把"在"作为存在动词来运用。例如：

（取样人问被试的同伴：××呢？被试说）××在外面，在外面玩。（2）

从上例可以看出，儿童明显地运用联结手段来延伸结构的长度。在联结前的结构中，"在"作为存在动词而出现在结构中；在联结后的结构中，"在"的存在意义并不因后面出现了动词"玩"而有所改变。所以，我们觉得，当"在"出现在处所成分之前时，应该把它看作动词，以便同存在动词在句法分布和语义特征上做一致性的处理。不仅如此，对于成人语言中的"在"，我们把它分为介、动词时也应同时考虑句法分布和语义特征两个方面。当"在"同处所成分组合在一起时，即使"在 + 处所"结构后面跟上动词性结构，也不应把"在 + 处所"中的"在"看作介词。因为介词"在"同动词"在"单靠分布环境并不能把它们截然分开。这时我们就必须参照语义上的特征，包括语义分布和语义组合。例如同处所成分组合就是一个语义上的特征，或者说是一个鉴别标准。

"V 在"做 V$_1$ 的例子不多，"V 在"中的 V 主要是"坐、躲"等几个很少的动词。这是因为构成"V 在"时对其中的 V 有一定的要求（主要是语义上表示静态），而儿童语言中的静态动词又比较贫乏，所以这类"V 在"复合动词也较少的原因。下面是例子：

（取样人问被试：你的鸡蛋呢？被试说）搁在嘴里吃下去了。(2.5)

（被试指着公园说）这里面有老虎、大象，都躲在洞里睡大觉。(3)

（取样人指着画册上的老虎问：它吃人没有？被试说）没吃，它关在笼子里面没有吃人嘛。(3)

（被试看画册，取样人问：孙悟空怎么样啊？被试说）他坐在地上，他坐在地上吃西瓜。(3)

（被试给取样人讲家里的事）我坐在爷爷奶奶身上看电视。(3.5)

（被试回来，发现教室外没有小朋友了）哎呀，他们都不见啦，他们躲在教室里不给我们看见。(3.5)

（爸爸问被试：你吃不吃花生米？被试说）爸爸不让我吃，我就坐在屋里位子上等着。(3.5)

除了"在、V 在"充当 V_1 以外，其他充当 V_1 的动词还有"坐、站、放"。例子如下：

（被试向取样人要了笔坐在板凳上）坐板凳写。(2)

（被试要喝水）要喝水，坐好喝水。(2)

（被试对小朋友说）坐那不许动！(2)

（被试摆弄玩具狗）大狗，小狗，坐小椅子看。(2)

（被试拍拍桌子对取样人说）叔叔，坐这写字。(2.5)

（被试爬到椅子上向取样人要笔）我站好高拿。(2)

（被试爬到椅子上看窗外）站上面看。(2)

（被试想进公园，但是没有票。被试说）我就站门口看看。(3.5)

（被试把玩具鸭子放好）放这，不许动！这个小鸭放这不许动！(2)

类连谓结构同 "$V_1 + V_2$" 类连谓结构比较起来，结构中多出了 V_1 的处所宾语这一成分，因此，结构的语义成分稍有增多，语义关系也稍微复杂一些。但是，由于处所成分的句法接力性较弱，所以 "$V_1 + N$（处所）$+ V_2$" 类连谓结构的结构关系和语义关系相对来说还是比较简单，句法结构的长度相对来说也还比较短。这种状况只有新的句法和语义成分加入连谓结构才会改变这种结构不发达的状况。

（三）$V_1 + N$（受）$+ V_2$

在这类连谓结构中，V_1 后面带上了表示受事的名词性宾语 N，并且这个名词性成分具有双重语义性质，它既是 V_1 的受事，

同时与 V_2（或者 V_3）也发生不同的语义联系。这个名词性宾语表示的大多是食物或用具。

这类连谓结构根据结构中 N 同 V_2 的语义关系以及 V_1 的语义特点，也可以分为几个小类，分别描述如下。

1. V_1 + N（受、受）+ V_2

这类连谓结构中的 N 是双重受事性质的成分，它既是 V_1 的受事，也是 V_2 的受事。结构中的 V_1 一般表示获得、索取、寻找、携带等意义。

（1）V_1 表示购求意义。整个结构表示的意义是：购求以获得某物，然后进行处置或转移给别人处置。这类结构中 V_1 的代表词是"买"，V_2 多为"给"。下面是一些例子：

（被试指着老师对取样人说）买牛奶我吃。(2)

（被试对取样人说）妈妈买泡泡糖给我吃的。妈妈买山芋给我吃的。(2)

（被试甲对乙和丙说）爸爸买铃鼓不给你们两个玩。(2.5)

（被试甲、乙比宠，甲说）我妈妈买山楂片给我吃。(2.5)

（被试感冒。取样人：吃药了吗？被试说）是爸爸妈妈买来给我吃药。(2.5)

（被试对取样人说）我爸爸买好多山芋给我吃。(2.5)

（被试讲去公园的情况）……我们就出来了，还买那个东西喝。(2.5)

（取样人指着画册问被试：这个阿姨干什么呢？被试说）在买东西吃。(3)

（被试对取样人说）我下次买东西给你吃。(3)

（被试对取样人说）妈妈明天买水（饮料）给你吃给我吃。(3)

（被试要玩取样人的眼镜，取样人不给。被试说）我明天要妈妈代我买一个放这个上面（指着自己的眼睛）。(3)

（2）V_1 表示携带、运送意义，V_2 一般表示转移意义。V_1 的代表词是"带"，V_2 的代表词是"给"。整个结构表示的意义是：携带运送某物并转移给某人，以让该人处置某物。例子如下：

（被试抱了两个玩具给取样人）我搞好多给你。（2）

（被试对取样人说）叔叔，我下午带糖给你吃。（2.5）

（被试对取样人说）我下午带这么大苹果给你吃。（2.5）

（被试对取样人说）叔叔，我明天带枪给你玩。（3）

（被试甲对乙说）你跟我玩，我带《黑猫警长》给你看。（3）

（3）结构中的 V_1 表示索要意义，V_2 一般表示处置意义。V_1 的代表词是"要"。整个结构表示的意义是：希望得到某物并处置（以满足自己的某些要求）。在儿童时期，他们的要求一般是"玩"和"吃"。例如：

（被试要玩枪）我要枪玩。（2.5）

（被试要吃糖）我要糖吃。（2.5）

（被试对取样人说）我要好多好多玩具玩。（3）

（被试找玩具玩）找一个好东西玩一玩。（3）

（被试向取样人要积木）我要积木玩。（3）

（4）结构中的 V_1 表示处置性意义。相对于 V_2 来说，V_1 都有一定的服务性或目的性，即 V_1 为 V_2 发出，V_2 是 V_1 的目的。例子如下：

（被试甲对乙说）我们两人换刀玩。（2）

（被试在桌子上作弹琴状）叔叔，我弹琴给你听啊。（2.5）

（被试对取样人说）我生病了妈妈给我吃药，妈妈也烧牛奶给我喝。（2.5）

（被试搬起一块石头，对取样人说）我抱大石头坐坐吧。（2.5）

（被试甲对乙说）下午到我家去，拿机关枪给你玩。（3）

（被试看画册）老奶奶。（取样人问：老奶奶怎么样?）老奶奶在拿鸡杀了给我们吃。（3）

（被试讲"芭蕉扇"的故事）结果呢，孙悟空从嘴里吐个小风扇给那个老牛啦。（3.5）

（5）结构中的 V_1 为"有"，表示领有意义；V_2 为"给"，兼表给予、允让意义；V_3 表示处置意义。整个结构表示的意义是：领有某物并转移给一定的对象，让该对象处置该物。例子如下：

（被试对取样人说）我有米老鼠唐老鸭不给你玩。（2.5）

（被试对取样人说）我家有话梅给你吃，给你吃一点。（2.5）

（被试对取样人说）我家有好多玩具给你玩，你要玩什么玩具就给你什么玩具。（2.5）

（吃饭的时候，取样人问被试：你吃饭不吃饭? 被试说）我不在这吃饭。我在家里有嘎嘎肉给我吃。（2.5）

还有一例否定式：

（被试甲、乙斗嘴，甲说）……然后天黑啦，想睡觉的时候，我就把你的玩具，还有小画书偷掉，然后你就没有东西看啦，没有东西玩啦。（4.5）

2. V_1＋N（受、施）＋V_2

这类结构中的 N 是受事—施事同体性质的成分，它既是 V_1 的受事，又是 V_2 的施事。结构中的 V_1 在语义上也各有特点。下面分别描述。

（1）结构中的 V_1 表示祈求、指派意义，N 是祈求、指派的对象，V_2 是 N 受 V_1 的祈求、指派后发出的动作行为。整个结构表示的意义是：（某人）祈求、指派 N 做某事。这类结构中的 V_1 有"叫、请、给、让"等。

"叫"做 V_1 的例子：

（被试甲吃瓜子，乙也想吃，甲说）叫妈妈买。（1.5）

（被试看到一个小朋友打人，大叫）打死了！打人了！叫奶奶打！（1.5）

（被试吃完了点心说）没有了。叫妈妈买。（2）

（被试看到幼儿园的小朋友出来玩，对取样人说）叫小朋友唱歌。（2）

（被试趴地下。取样人：快起来，看你多脏！被试说）我叫妈妈洗洗。（2.5）

（被试拍拍桌子对取样人说）伯伯，我叫你坐这写字。（2.5）

（被试跟取样人说话）……后来小朋友叫我搭积木。（2.5）

（被试向取样人要笔，没要来，说）明天叫妈妈买这个（指笔）。（2.5）

（被试甲哭，乙说）他哭，叫公安局把他抓起来！（3）

（被试甲坐木马，乙推甲，甲对取样人说）我叫她不要推，她非要推。（3）

（爸爸午睡，被试来喊）我叫你起来吃甘蔗，你怎么不起来呀？（3.5）

（吃过饭以后，被试对爸爸说）妈妈叫我吃过饭去掉这个兜兜，可是我解不开这个带子。（3.5）

"给"做 V_1 的例子：

（被试甲向乙要鸡蛋吃）给我咬一点。（2）

（被试向取样人要笔）拿，拿，给我拿。（2）

（取样人逗被试：我到你家吃饭好吧？被试说）我家没有饭，给你吃辣椒。（2）

（被试甲想拍乙手中的手鼓）给我碰一下手。（2.5）

（被试甲站在镜子前照镜子，乙推开甲说）给我看看。（2.5）

（被试甲要乙放下手里的玩具鸭子）给小鸭子站着。（2.5）

（被试甲对乙说）我家放唐老鸭了，不给你看。(2.5)

（被试对取样人说）你们到我家去，我给你们玩玩具。(2.5)

（被试甲对乙说）起床了，起床了！老师给我们吃东西。(3)

（取样人不让被试甲和乙抢伞，甲说）我不给××打（伞），我到时间就给××打。(3)

（被试甲给乙玉米花，对爸爸说）爸爸，我给他吃玉米花呢。(3)

（被试对取样人说）今天老师给我们吃大苹果的。(3.5)

（被试跟爸爸谈话）以前我到××家，他给我吃狼耳朵，就是巧克力做的狼耳朵。(3.5)

还有几例是"V给"做 V_1：

（被试甲要骑小三轮车，乙说）你骑给我看看。(2.5)

（被试讲完了故事说）我晚上妈妈讲给我听了，我讲给你们听。(3.5)

"让"做 V_1 的例子：

（被试看到取样人来了，往这边挤）让我过来，让我坐。(2)

（爸爸问被试：你吃不吃花生米？被试说）爸爸不让我吃，我就坐在屋里位子上等着。爸爸让我吃，我就吃。(3.5)

"请"做 V_1 的例子：

（被试对取样人说）我请你到我家来，我家有玩具。(2.5)

（被试讲幼儿园里的事）我坐得好，老师请我发两次（点心）了。(5)

（被试向取样人提要求）爸爸，我想请你跟我下盘棋。(5)

还有一例是"罚"做 V_1：

（被试甲对取样人讲乙的事）老师罚她站，她画画没画好。(3.5)

（2）结构中的 V_1 表示带领、引导意义，N 是带领、引导的对象，V_2 是 V_1 的施事和 N 在该施事的带领、引导下共同发出的动作行为。整个结构表示的意义是：某人带领、引导 N 做某事。这类结构中的 V_1 都是"带"。

结构中的 V_2 有三种情况，第一种情况是：V_2 是 N 和 V_1 的施事共同发出的动作行为。例如：

（被试要取样人带他出去）带我去。（2）

（被试对取样人讲看灯展的情况）……我爸爸还带我看灯笼。（2.5）

（取样人问：你以前来过这里吗？被试说）我爸爸没有带我到这里来。（2.5）

（被试讲自己编的故事）妈妈带我打坏人去。（3）

（被试甲、乙斗嘴。甲说）我爸爸带我坐过轿车的。（乙说）我妈妈带我乘小汽车了。（甲说）我妈妈带我乘小火车的。（3）

（被试问取样人）你带我们到哪里去呀？（3）

（被试对取样人说）我爸爸带我看这么大猴子的。（3）

（被试甲讲到屯溪玩的情况，乙也想去。甲对取样人说）我下次星期天我带他去。她妈妈同意我就带她去，她妈妈不同意我就不带她去。（3.5）

（被试对取样人说）我妈妈上次讲要带我到南京，带我到上海，带我到合肥的。（3.5）

（被试甲、乙比谁见多识广。甲说）有时候妈妈带我到老远老远的地方坐大汽车。（3.5）

（取样人带被试进了幼儿园。被试说）明天再带我们出去玩！（3.5）

（被试对取样人说）我爸爸带我们去打球。（3.5）

第二种情况是：V_2 只是 V_1 的施事发出的动作行为。例如：

（被试指着自己的脸说）妈妈带我回家搽香的。（2）

（被试讲自己编的故事）……后来小山羊的妈妈就带小山羊到街上去买玩具。(3.5)

上面两例中，给被试搽香的是妈妈，买玩具是小山羊的妈妈。

第三种情况是：V_2 主要同 N 成分相关，同 V_1 的施事关系较为疏远。例如：

（被试对取样人说）我妈妈带我坐碰碰车。(2.5)

（被试向取样人提要求）带我看《黑猫警长》。(2.5)

（被试对取样人说）爸爸带我到菜场去吃豆腐脑。(2.5)

（被试甲说）我要回家。（乙说）我带你回家。(2.5)

（被试讲幼儿园里事）老师没带我们出去玩。昨天带我们出去玩了。(2.5)

（被试对取样人说）我妈妈带我走路上幼儿园的，没骑车子。(3)

（被试对取样人说）妈妈刚才带我打针去的。(3)

（被试对取样人说）我爸爸带我坐公共汽车到郎溪看到小猪的。(3)

（被试对取样人说）我妈妈说放学以后带我去洗个澡，再带我去玩滑滑梯。(3.5)

在上面几例中，坐碰碰车、看黑猫警长、吃豆腐脑的等都是"我"。

由"带"字做 V_1 的连谓结构，其中的名词性成分同结构中的动词性成分的语义联系并不是很清晰的，即使在成人语言中也是如此。这种连谓结构间的语义关系的判定更多地依赖于语境。

3. V_1 + N（受、工具）+ V_2

这类结构中的 N 是受事—工具同体性质的成分，它既是 V_1 的受事，又是完成 V_2 所凭借的工具。结构中的 V_1 在语义上也各有特点。下面分别描述。

（1）结构中的 V_1 表示操作意义，N 是操作的东西，V_2 是 V_1 的施事凭借 N 进行的动作行为。整个结构表示的意义是：（某人）操作 N 做某事。这类结构中的 V_1 基本上都是"拿"。例子如下：

（被试叠纸）拿纸叠个小船。（2）

（取样人说：要是大灰狼来了怎么办？被试说）我马上拿棍子打这个大灰狼。（2）

（被试拿出一个塑料枪对着取样人）拿个大枪来了，拿个大枪打你。（2.5）

（被试对取样人说）我要拿那个（话筒）唱歌。（3）

（被试看图讲故事）大老虎有劲，拿个石头一下子把狗熊砸碎了。（3）

（取样人问：大灰狼来了怎么办？被试说）我拿小棍子打！（3）

（爸爸准备带被试去洗澡。被试说）今天拿着大盆去洗澡。（3.5）

（被试要扫地）今天该我扫地了。地下都是脏东西，我拿扫把来扫干净。（3.5）

（被试边看电视边说）那两个警察好玩得很，他们拿刀搞着那个人的嗓子。（3.5）

（被试甲、乙斗嘴。甲说）你们要打我呢，我就拿报话机告诉公安局，告诉警察，警察就来了。（4）

（被试甲、乙斗嘴。甲说）……后来再拿刀一砍，把他头砍半块喽。（4.5）

（被试讲故事）……后来兔妈妈就拎着篮子到地里采蘑菇了。（5）

（2）结构中的 V_1 表示使用意义。整个结构表示的意义是：（某人）使用 N 做某事。例如：

（取样人说：大灰狼好怕人！被试说）我不怕！我用棍子就打死它了。(2.5)

（取样人拿出手帕要给被试揩鼻涕，被试说）我用纸揩。(2.5)

（爸爸要去买馒头包子，被试说）用饭票买肉包子。(3)

（被试的眼给迷住了，对妈妈说）我的眼睛睁不开了，妈妈用毛巾擦一擦就好了。(3)

（爸爸给被试弄甘蔗，被试说）要是把甘蔗用凉水搞搞洗洗，再用热水烫烫，就可以吃了。(3.5)

"用"的意义要比"拿"概括的范围大。"用"字连谓结构的出现，不仅反映了儿童词义概括能力的发展，而且反映了儿童认知能力的发展。例如上面例子中"用饭票买肉包子"就反映了儿童交换意识的出现。

(3) 结构中的 V_1 表示获得意义。整个结构表示的意义是：获得某物并用该物做某事。这类例子较少。如下：

（被试对取样人说）我妈妈买个大枪打你！(2.5)

（被试对取样人说）我妈妈买个枪打爸爸。(2.5)

（被试看《龙宫借宝》讲故事）孙悟空来到水晶宫，他说：海龙王，我想借一个兵器用一下。(3.5)

（四）V_1 + N（结果）+ V_2

这类连谓结构中的 N 也是双重性质的成分。从我们取得的语料来看，大部分例子中的 N 都是结果—受事双重性质，另有一例是结果—工具双重性质，一例是结果—施事双重性质。

整个结构表达的意义是：发出动作 V_1 产生一定的结果并使后续动作 V_2 得以进行。例子如下：

（被试跟取样人谈话）叠个小船好不好？叠个小房子给你看。(2)

（被试叠手帕，对取样人说）我叠火车轧你。(2.5)

（被试对取样人说）你叠个风琴给我。（2.5）

（被试向取样人提要求）你写一个大老虎给我看。（"写"意为"画"）（3）

（被试要取样人讲故事）讲故事给我们听嘿。（3.5）

（被试对取样人说）你讲个好故事以后，我讲个《黑猫警长》系列故事给大家听。（3.5）

（被试甲、乙在一起玩。甲说）我会演那个《西游记》上的小猴。（乙说）我演牛魔王，……变成一个猪八戒去哄孙悟空的扇子。（5）

V_1 代结果宾语引起的连谓结构在儿童语言中数量较少。出现这种情况的主要原因是儿童语言中带结果宾语的动词较少。关于这一点，我们在考察儿童语言中的"VP 的"结构表示转指的情况时已经指出，可以参看。

（五）$V_1 + N_1$（与、施）N_2（受）$+ V_2$

这类连谓结构中的 N_1 是与事—施事同体性质的成分，它既是 V_1 的与事，又是 V_2 的施事，N_2 基本上是双受事性质的成分。根据结构中主语的情况和 V_1 的宾语的情况，这类连谓结构也可以分为两个小类。下面分别描述。

（1）结构中的主语为施事，V_1 的 N 为与事—施事性质，V_2 是 N 发出的动作行为。整个结构表示的意义是：（某人甲）给予某人乙（某物）让乙做某事。这类结构中的 V_1 都是"给"。其中施事甲和给予物 N_2 常常由在现场的人和物补足。例子如下：

（被试甲向取样人要笔，被试乙说）写完给你写。（2）

（被试向取样人要笔）把笔给我写。（2.5）

（被试甲向取样人要玩具，乙说）给他玩玩。（2.5）

（取样人买了一包花生米，被试要）给我吃，给我一个吃。（2.5）

（被试甲给乙一片树叶）给你一个小叶子玩一玩。（2.5）

（被试甲给乙一个石头）给你一个小石头拿着。（2.5）

（甲、乙比宠。甲）我妈妈给我鱼吃。（2.5）

（爸爸：你到别人家里去玩，不许吃人家的东西。被试说）别人要是再给我东西吃，我就不吃。（3.5）

（2）结构中的主语为受事，V_1、N、V_2 的情况同上。整个结构表示的意义是：某物给予某人并让某人处置。例子如下：

（被试见老师发鸡蛋，说）大蛋给我吃。（2）

（被试甲要跟乙换座位，说）给我坐，这个给你坐。（2）

（被试搭棋子）做小楼房，给叔叔住。（2）

（被试把球给保育员）给奶奶打。（2）

（被试玩玩具飞机、火车）这个快给妈妈看，好多大飞机!（2）

（被试给取样人一张纸）这个纸给你叠。（2.5）

（取样人拿出玩具，被试说）小白兔给我玩。（2.5）

（被试甲把橡皮鸭子给乙，说）先给你玩一下再给我玩。（2.5）

（被试等爸爸回家吃饭，对妈妈说）爸爸回来以后，面条给爸爸吃。（3.5）

动词"给"在儿童语言中表示的意义最常见的有两种，一种是给予意义，另一种是允许、容让意义。在上述连谓结构中，"给"表示的兼有这两种意义。例如"把笔给我写"中的"给"既表示给我笔，也表示让我用这个笔写。

（六）V_1 着 +（N）+ V_2

我们把这类连谓结构单独列为一类的主要原因是结构中的 V_1 后面都附有动态助词"着"，V_1 和 V_2 之间大多有同时关系。这种结构表示的意义是：处于某种状态做某事。例子如下：

（被试甲让乙看画册）××跪着看。（2）

（被试看到一个老奶奶推着一辆小车，说）奶奶推着，奶奶推着走了。(2)

（被试坐在转盘的椅子里，说）我就站着骑！(2.5)

（被试讲《黑猫警长》的故事）……黑猫警长驾着摩托车来了。(2.5)

（取样人问被试：爸爸怎么接你呀？被试说）爸爸骑着自行车来接我。(3)

（被试指着画册上的小松鼠说）手里拿着梨子拉小提琴。(3)

（被试谈论动物）它（老鼠）可以在地下爬，爬着偷吃东西。(3.5)

（被试要取样人讲故事）你给我讲，看着书讲。(4.5)

上面的例子中的 V_1、V_2 都是同主体关系。下面这一例例外：

（被试要爬树，对取样人说）你抱我爬，你抱着我爬。(3)

例中的"我"是受—施同体性质的成分，是"抱"的受事，"爬"的施事。"爬"是在"抱着"的状态下进行。根据这一意义特点，我们把它归入此类。

（七）V + N + V（重动连谓结构）

这类连谓结构单独列为一类的主要原因是其结构成分的特点，即重复同一个动词而构成连谓结构。这类连谓结构一般是一个述宾结构加上一个述补结构。其中述补结构中的补语成分是信息的焦点。例如：

（被试回到幼儿园门口，门锁起来了。被试说）他锁门锁起来啦。(2.5)

（被试指着爸爸的大碗）你吃这么多呀！你吃这么多吃不完。(3)

（被试甲、乙比谁跳得远。甲说）看哪个跨步跨得远。

（3.5）

（被试睡觉前对爸爸说）爸爸，明天送我上学送早一点。
（3.5）

（被试甲对取样人讲乙的事）老师罚她站，她画画没画好。
（3.5）

（被试对取样人说）昨天我吃包子吃了两个。（4）

（被试对取样人说）我在幼儿园拍球能拍十下，能拍十三下。（4.5）

（被试给取样人讲幼儿园里的事）××、××和××拍球拍得好，给她们奖个小画片儿。（5）

下面这两例比较特殊：一例是述宾结构加上状中结构构成重动连谓结构，另一例是把一个双宾结构分解为两个"给"字述宾结构：

（被试对取样人说）我洗头在食堂里洗头，把肥皂搞我眼睛里去了。（2.5）

（被试要枪）给那个枪给我嘛。（3）

可以看出，前一例强调的是"洗头"的地方（在食堂里），后一例强调的是给予的东西（枪）。因为这两例的语序都是非正常语序。正常的语序应该是：

我在食堂里洗头。（述语一般处于状语后面）

给我那个枪。（受事宾语一般位于与事宾语后面）

儿童之所以采用上面的语序，正是为了突出要强调的信息。

（八）其他的情况

其他的情况的例子比较散，从结构成分、结构形式、语义关系等方面不大好归类。我们根据结构中的两个 V 是否变换主体分为两类：两个（或几个）V 同一个主体为一类；两个（或几个）V 变换主体的为一类。

1. 主体不变换的情况

（1）V_1V_2 之间有因果关系，二者之间的关系可以概括为"因为 V_1，所以 V_2"。例如：

（被试捡树叶。取样人问：干什么？被试说）烧饭的，烧饭起炉子。（2）

（被试甲看见乙戴着帽子，说）她戴帽子好热，她一头汗。（2.5）

（被试跟取样人谈话）我妈妈上班有钱买糖。（2.5）

（被试玩枪）啪啪！老鹰打死了！（取样人：怎么死的？被试说）开枪打死的。（2.5）

（被试看太阳觉得刺眼，说）把衣服挡起来就看不到太阳。（2.5）

（被试对取样人说）我洗澡是三分钱。不洗澡身上好臭（2.5）

（被试甲骑自行车，乙坐在那里。甲说）×××给我坐真乖。（3）

（妈妈出去时对被试说：好好在家，不要犯错误。被试说）犯错误谁搞了谁改正。（3）

（被试甲玩土，乙说）玩土把手搞脏了。（3.5）

（2）V_1V_2 之间有转折关系，二者之间的关系可以概括为"虽然 V_1，但是 V_2"。例如：

（被试跌倒了，爬起来对取样人说）跌倒了我勇敢不哭。（3）

（被试从幼儿园回来，妈妈发现被试的衣服没扣扣子，说：这衣服怎么穿的？被试说）穿衣服老师没给我扣扣子。（3）

（妈妈从医院回来。被试对妈妈说）妈妈，你打针不哭。爸爸，你打针哭不哭？（3）

（3）V_1V_2 之间有目的关系，二者之间的关系可以概括为"V_1 是为了 V_2"。例如：

（被试见其他小朋友回家了，说）坐车子回家去了。（2）

（被试找洞）找一个老鼠洞打出来呀。（意为找一个老鼠洞把老鼠打出来）（2.5）

（被试脱鞋上床）我脱了鞋上床睡觉。（3）

（被试讲自己编的故事）大鱼张开大嘴巴要吃大虾，它就跑喽。（3.5）

（回家的路上，被试跟爸爸谈话）睡好觉，起来看电视。（3.5）

（4）V_1 V_2 之间有条件关系，二者之间的关系可以概括为 "V_1 才能 V_2"。例如：

（被试骑木马，取样人催他走。被试说）骑够了就走。（2.5）

（被试看到取样人一张纸记完了，说）再翻过来写吧。（2.5）

（被试学解放军走路的样子）小手摆起来走。（3）

（妈妈喊被试吃鸡蛋，被试说）我洗过脸再吃鸡蛋。（3）

（被试拿起铃鼓说）我拿铃鼓当班长。（3）

（被试要跟爸爸比吃饭快）爸爸，再盛一碗饭跟我比。（3.5）

（被试甲指着一所小屋对乙说）这里面关的是坏人。那个坏人一开开，把你逮走了。（乙）我不怕。我长大当警察，我当解放军阿姨。（3.5）

（被试甲、乙谈话，甲说）我长大当将军。将军本事很大。（3.5）

（5）V_1 对 V_2 有时间上的修饰限制关系，有 "V_1 以后应该 V_2" 或 "当 V_1 时要 V_2"。例如：

（被试吃完了茶鸡蛋，说）我吃完了。吃完了谢谢老师。（2）

（被试甲听说乙讲吃东西，说）我上学没带东西吃。（2.5）

（被试看到一队武警，说）解放军排好队要走呢。（3）

（被试提要求）下次我看电视要吃个糖。（3.5）

2．主体变换的情况

（1）条件性变换主体。即 V_1 是 V_2 的主体变换的条件或原因。例如：

（被试对远处正在玩的小朋友说）打你们屁股！你再来打你屁股！（2）

（被试甲对正在骑车的乙说）你骑我推你。（2.5）

（被试对取样人说）我上过学妈妈上班。（2.5）

（被试要骑自行车，对取样人说）××骑好了给我骑。（3）

（2）目的性变换主体。即 V_1 的目的是让另一主体 V_2。例如：

（被试指着座椅对取样人说）抱我到这里面去。（2）

（朋友家的孩子把门关上，想让被试多玩一会儿。被试对妈妈说）他把门关上了不给我们回家了。（2.5）

（被试要取样人扮大狮子）你演狮子给我们看。（2.5）

（取样人问被试：你昨天干什么了？被试说）我喂小宝宝吃药，带小宝宝睡觉。（4.5）

（九）儿童语言中连谓结构的功能

儿童语言中的连谓结构的功能比较单调，主要是做句子的述语的构成成分（例子见前面的部分）。所以我们不专门描述，在此一并举例说明。

在儿童语言中，连谓结构除了做述语的构成部分外，还有做宾语、主语的用例，下面一并举例。

（1）做宾语。连谓结构做宾语的情况主要出现在谓宾动词后面，例子如下：

（被试等爸爸回家吃饭，对妈妈说）爸爸现在该饿了，我应该叫爸爸回来洗洗手吃饭。(3.5)

（被试吃完了取样人给他的饼，说）我要出去玩玩。(2)

（被试对取样人说）我要回家换裤子。(2.5)

（被试想到公园里去，对取样人说）应该到大山上看看小猴子。(2.5)

（被试站在门口往外看。取样人：××，你要干什么？被试说）我等着爸爸妈妈来接我。(2.5)

（被试看到班上的一个小朋友回家去了，说）×××回家去了，×××肯定回家去有事去了。(3)

（被试要吃果丹皮）我要买果丹皮给我吃。（句中省掉了宾语部分的主语"你"）(3)

（被试不愿意在取样人家里）我不在这里玩，我要到公园去玩。(3)

（被试对取样人说）我要到萝卜地里去拔萝卜。(3.5)

（2）做主语。连谓结构做主语主要出现在征求意见性的问话中。例如：

（被试对取样人说）叔叔到我家玩好吧？(2.5)

（被试甲要取样人去抢乙的纸）你抢去××那个纸叠大轮船可好？（"抢去"应为"抢来"）(2.5)

（被试上学要带着扇子）爸爸，我拿这个上学好不好？(3)

以上我们描述了儿童语言中的连谓结构的类型及其间的语义关系。儿童语言中的连谓结构所反映出来的一些问题，我们将在下面分析讨论。

三、相关问题的分析与讨论

（一）儿童习得连谓结构的过程、手段和机制

儿童语言的发展离不开心理的发展，也离不开生理能力的发

展。汉族儿童习得连谓结构也是如此。连谓结构是表示事件连续发展进行的句法结构，其间又涉及时间的进程、动作行为的转换等方面，所以儿童习得连谓结构需要更高的心理水平和更多的知识。

在儿童智能的发展中，动作发展占主导地位。根据有关的研究，到一岁末时，儿童开始能把自己的动作和动作的对象区别开来，以后又能把自己这个主体和自己的动作区分开来。此时，儿童开始把自己跟周围到客体区分开来，认识了自己与客体的关系，产生了自我意识，从而对自我、他人、事物间的关系有了初级的、一般的认识，动作的发出者（施事）、动作的承受者（受事）、动作的相关者（与事和对象）、动作的凭借物（工具）、动作发生的地方（处所）等这些语义角色及其间的关系也开始出现并联系起来；同时，儿童在自己的实际生活中，通过自己的实践，逐渐认识到动作行为的连续性，以及连续性动作行为之间的最初步的目的、条件、因果等关系。上述这些是儿童习得连谓结构必要的心理基础。

根据我们调查的情况，汉族儿童在 1 岁时已经习得了一些构成基本句法结构所必要的动词和名词，如下：

动词：吃　喝　要　拿　爬　打　走　来　坐
名词：爸爸　妈妈　糖　帽帽　蛋蛋　饼　狗

儿童不仅能够把握这些动词、名词的意义，而且也能够把握它们之间的语义关系，更重要的是能够理解这些动词、名词构成的句法结构，具备了相应的语言理解能力，这就为言语的大量输入提供了很好的条件。这些习得的最基本的动词、名词及其间的语义关系，相应的语言理解能力，是儿童习得连谓结构的必要的语言基础。

儿童在同成人和大龄儿童的交往中，经常听到含有连谓结构的句子。他们不仅逐步记忆了这种动词性结构连续排列的句法模式，而且自己在话语中也自觉或不自觉地进行模仿。限于语言能力的限制，他们最初还不能说出连贯的、合乎语法要求的连谓结构。下面是几例连谓结构初现阶段的例子：

（被试对奶奶喊）抱，走。（意思是抱我走）（1.5）

（被试要从取样人怀里下去）下走。（意思是下去走）（1.5）

（被试对妈妈说）出去，街街，玩。（意为出去上街去玩）（1.5）

从上面的例子可以看出，1.5 岁时的儿童的句法联结能力还不足以构成连贯的、合法的连谓结构。句法联结能力的不足体现在以下方面：一是不能把句法接力成分同表示动作行为成分联结起来（如"抱，走"）；二是缺少必要的联结动词（如"出去，街街，玩"）；三是对动词联结的相应的要求、条件（或者说规则）尚未很好地掌握（例如方向动词后接动词性成分要加趋向动词，"下走"即违反了这一要求）。当儿童的语言能力进一步发展时，特别是句法联结能力进一步时，到了 2 岁时，儿童就能说出连贯的、合法的连谓结构了。

儿童习得连谓结构使用的最主要的手段就是句法联结。当然，儿童在实际的习得过程中是如何进行模仿—练习的，我们还缺少这方面的材料。不过从下面这几个例子中我们可以大致看出儿童对句法联结手段的运用：

（被试从椅子里爬下来）爬下来，爬下来玩。（2）

（来到公园后门，被试说）小猴子没有啦，找找看，我去找找看。（2）

（被试把玩具鸭子放好）放这，不许动！这个小鸭放这不许动！（2）

（取样人问被试的同伴）××呢？（被试）××在外面，在外面玩。（2）

（被试甲玩"熊猫照相"的玩具，乙看不到，说）我来看一

看，叔叔你抱我来看一看。(2.5)

（被试向远处幼儿园的小朋友喊）小朋友们都到这边来，小朋友们都到这边来玩。(2.5)

儿童在习得连谓结构初期，也经历了模仿—练习阶段，也同样使用了"结构模仿—替换练习"这一手段。关于这一点，我们在前面有关的章节中已经指出，此处从略。

综上所述，儿童在习得的动词、名词及其间的语义关系基础上，在认识动作行为及相关的语义角色以及动作行为的连续性的认知基础上，在理解连谓结构的基础上，通过模仿—练习，掌握了连谓结构的基本结构模式。在语言能力和认知能力进一步发展后，通过句法联结手段，把两个以上的动词性成分联结起来，构成连谓结构。在不断学习和纠错活动中，他们逐渐认识到连谓结构的构成成分和构成规则等各个方面的要求。到了2岁时，他们已能说出连贯的、合法的连谓结构。这表明他们已基本习得了连谓结构。以上大概就是汉族儿童习得连谓结构的过程和机制。

（二）连谓结构中动词的序

谓词性成分不借助于虚词而连续排列构成连谓结构是汉语句法的一大特点，连谓结构也是汉语中有特色的基本句法结构之一。不过若干个谓词性成分连续排列构成连谓结构并不是任意的，而是要受到一定因素的制约，其中最主要的因素就是动词的不同小类的特点；谓词性成分的连续排列也不是杂乱无章的，而是有规律可循的，这个规律就是动词之间的相对语序。

我们对汉族儿童语言中连谓结构中的动词的相对语序进行了观察。观察的初步结果告诉我们：当两个或两个以上的动词连续排列时，其间的语序是有一定的规律的。下面我们对儿童语言中连谓结构中的动词之间的相对语序描述归纳如下。

1. 意愿动词在动作行为前

如果表示意愿的动词和表示具体动作行为的动词连续排列

时，意愿动词总是排列在动作动词前面。例如：

我来 V／我要 NV／我叫（给）NV

上面三种句式是儿童语言中最常见的连谓句式，句式中表示要（做）、尝试（做）的"来"，表示索要的"要"，表示祈使、允让的"叫、给"，总是排列在动作动词的前面。从汉语的整体情况来看，汉语的能愿动词一般来说总是排列在一般动词前，心理动词在句法结构中也总是高于一般动词一个层次，例如"我喜欢 V"也是儿童语言中常见的句式，句式中的谓宾动词"喜欢"常常带上谓词性宾语。

汉语的这一语序实际上有着深刻的认知基础。当人们行动时，总是心理活动在先（或思考，或冲动，等等），而具体的动作行为在后。中国人有一句老话，叫作"三思而后行"，或曰"谋定而后动"。实际上人们做什么事也总是动机在先。汉语动词的这种语序反映了人们行动时由心理活动而具体行动的顺序。

2. 居处、位移动词在动作动词前

如果表示位移的动词和表示具体动作行为的动词连续排列时，位移动词总是排列在具体动作行为动词前面。例如居处动词和位移动词"站、坐、在、到、去、来、回家"等总是排列在具体动作行为动词前面。关于这一点，我们在本书第 187 页"$V_1 + V_2$"和本书第 190 页"$V_1 + N$（处所）$+ V_2$"两节中有丰富的例子。（此处从略）

上述这种动词的相对语序也有一定的认知基础。动作行为总是在一定的时间和空间里进行，空间（包括方向、位置、处所等）是动作行为得以进行的必要条件。而要居于或处于一定的空间，就要首先移动或占据空间。儿童连谓结构中的动词的这种相对语序反映了他们对动作行为的基本认识。

3. 操作动词先于处置动词

操作动词是指表示操纵器具、制作物品动作行为的动词。儿童语言中常见的操作动词是"拿、用"，常见的制作动词是"叠"，常见的处置动词是"杀、打"。这些动词连续排列时，操作动词总是排列在处置动词前面。例如：

我马上回家拿刀把大灰狼杀死。（3）

儿童语言中连谓结构中的动词的这种相对语序也反映了儿童对动作行为的认知。除了徒手动作行为以外，动作行为总是要借助于一定的工具或器具，而这些工具、器具各有各的用处。因此，有了一定的工具、器具，才能进行相关的动作行为。换句话说，工具、器具是进行特定动作行为的前提。儿童认识到了这一点，并在动词的相对语序上反映了这一认识。

4. 获得、给予动词和操作、处置动词之间的语序

获得、给予类动词（如"买、给"）同操作、处置动词之间的语序有一定的相对性。获得、给予可以概括为转移。转移可以先于操作、处置，也可以后于操作、处置。所以儿童语言中的连谓结构既有"劈一半给你""拿一个给我"，也有"大蛋给我吃""给你一张纸画画"。不过，从我们取得的语料来看，获得、给予类动词前置的情况要多一些。

5. 趋向动词总是后置

这一点是显而易见的事实。我们在第三章中有较为详细的描述。（此处从略）

通过上述描述，我们可以把儿童语言中的动词在 VV 句法结构中出现的相对先后顺序排列如下：

意愿动词＞祈使、允让动词＞位移动词＞获得、给予动词＞操作动词＞处置动词＞趋向、变化动词

上述序列告诉我们：从意愿动词开始往后，动词的动性逐渐加强，直到动作动词，然后又趋于减弱，到趋向动词、变化动词时动词的动性又减至最弱。像意愿动词"来"、指使动词"请、要"都具有很强的心理属性；位移、获得、给予往往是操作、

处置动作的先决条件，所以在相对位置上也往往排列在动作动词前面。根据上述描述，我们可以假设：动词的动性的强弱决定了动词连续排列时的相对顺序。这一假设能否成立，还有待于更多的语言事实的验证。

（三）儿童语言中的语义非连续 VV 序列

儿童语言中的连谓结构在语义上一般都是连续性的。当 V_1V_2 连续排列时，一般二者同一个主体；当 V_1V_2 不是同一个主体时，V_1V_2 之间一般有传递转换动作的 N 成分。但是，我们在儿童语言中也发现了一些非连续的连谓结构。例如：

（被试讲到公园去的情况）我爸爸妈妈不给我买那个东西喝。(2.5)

（被试对取样人说）我妈妈代我买巧克力豆吃的。(3)

（被试要取样人讲故事）你给我讲故事听。(3)

（被试要纸）妈妈，你给我拿一个纸画画好吗？(3.5)

上面几例中的 V_2 的主体"我"都用介词移动到 VV 序列前。这种非连续结构虽然为数不多，但是反映了儿童的语言系统越来越摆脱现实和知识系统的限制，越来越具有自己的独立性。儿童语言中非连续连谓结构的出现说明：语言和认知虽然有密切的联系，但是二者毕竟不是一回事儿。认知可以对语言产生影响，但绝不能决定语言。我们不能用认知的研究来代替语言的研究。

（四）关于连谓结构中的主要动词问题

连谓结构中的动词问题是计算语言学家们非常关心的问题，因为这个问题涉及汉—外语言的对译问题。如果我们不能确定连谓结构中的主要动词，那么自然也就谈不上如何处理相关的问题。

在讨论连谓结构中的主要动词这个问题以前，我们应该首先明白，所谓的主要动词是根据什么来确定的，或者说我们平常所说的"主要"指的是哪些方面主要，是句法的、还是语义的，还是语用的。这个问题如果不搞清楚，所谓主要动词的问题恐怕也就难以解决。

我们觉得，两种语言的句法结构的对应问题更多的是句法结构上的对应，也就是说，我们来比较两种语言相对应的句法结构时，应该更多地参照句法因素。如果我们过多地参照语义因素，根据句法结构同语义结构之间的一对多和多对一关系，我们也就很难确定二者之间句法上的对应；如果我们过多地参照语用因素，那么也是不妥的。虽然句法结构的对译涉及表达问题，但是如果把句法结构中的语用诸因素都考虑进去，如新旧信息、焦点、预设等，那么这种研究也就成了具体翻译的研究，而不是句法结构对应研究，何况我们目前还没有很多办法让计算机接收这些没有严格定义、没有形式刻画过的东西。所以，我们认为，这里所说的连谓结构中的主要动词，主要是从句法因素而言的。具体地说就是：

（1）动词在特定句法结构中的地位，是处于较高层次，还是处于较低层次。例如，在"我喜欢吃苹果"这个序列中，动词"喜欢"处于较高层次，因而毫无疑问是主要的谓语动词；而"吃"只能作为宾语成分中的动词。

（2）动词对于特定句法结构在构成上的作用，也就是说，一个动词，它对于它所在的句法结构，在结构的稳定性、合格性方面起多大作用，换句话说，离开它，这个结构是否稳定，是否合格，是否散架。例如，在"大蛋给我吃""给我大蛋吃"中，如果其中的"给"缺少了，或者结构的性质改变（大蛋给我吃→大蛋我吃），或者结构不合法（给我大蛋吃→×我大蛋吃）。因此，结构中的"给"是主要动词。

（3）一个动词对句法结构中的其他动词的相对地位，这些相对地位包括的因素有：对其他动词的影响控制，对其他动词在

意义上的影响；对句法结构中的名词的性质的影响，特别是对于
句法结构中名词的格性质的影响。因为格性质在句法结构的对译
中具有基础的作用，破坏了这个基础，句法结构的对译也就无从
提及。但是，在连谓结构中，名词性成分往往具有双重性质。如
"拿刀杀大灰狼"，其中的"刀"是受事—工具双重性质。不过
我们应该看到，"刀"的受事性质是直接的，工具成分则是间接
的。因此，我们主张，在动词连续排列的连谓结构中，以排列在
前的动词作为主要动词；只有当 V_1 表示状态时例外，因为状态
对动作有较明显的修饰作用。我们之所以如此主张，是因为动词
之间的相对语序不仅反映了人们对动词性质更深入的认知，而且
这种相对语序同表达、信息的传递也有非常密切的关系，更重要
的是这种相对语序同结构的性质密切相关。

　　以上我们提出了三个参考因素，作为确定连谓结构中的主要
动词的标准。这个问题如何妥善地解决，还有待于进一步的
探讨。

（五）连谓结构的长度和名词的句法接力性

　　连谓结构是谓词性成分连续排列而构成的句法结构。但是，
我们通过对儿童语言中的连谓结构中的动词的排列顺序和句子长
度的观察，我们发现，VV 序列的延伸实际上要受到句法结构中
N 成分的制约。首先，如果没有 N 成分，VV 序列只能做有限的
延伸，而且出现在 VV 序列中的动词也都有极其严格的限制；其
次，如果 VV 序列中出现了 N 成分，还要看出现在句法结构中的
N 成分的句法接力性如何。所谓名词的句法接力性，指的是句法
结构中的名词对动作行为的传递能力和延伸句法结构长度的能
力。句法接力性强的 N 能够使 VV 序列作更长的延伸和接续，而
句法接力性弱的 N 成分则只能使 VV 序列做有限的延伸和接续。
对于儿童语言中的 VV 序列结构来说，"来、去 + V_2" 构成的

VV 序列长度都比较短；"V_1 + 处所 + V_2" VV 序列由于其中多出了处所 N 成分，所以长度略有加长。但是由于处所 N 成分句法接力性较弱，所以也不能使 VV 序列过多地延长；当 VV 序列中出现了句法接力性较强的、具有双重语义性质的 N 成分（如受—施同体成分、受—工具同体成分、与—施同体成分等），VV 序列的长度才有明显的延长。像施事、与事成分，由于其生命度较高，具有承受动作、接受物体、施发动作等多种能力，因而对动作行为的传递能力也较强，所以其句法接力性也就较强。

第七章　主谓结构习得研究

一、引言

主谓结构是汉语的基本句法结构之一。主谓结构做谓语是汉语的显著特点之一。本章拟对儿童语言中的主谓结构的状况进行考察。我们首先描述儿童语言中的主谓结构的分布状况，然后重点描述儿童语言中的主谓谓语句的结构类型和语义关系。在此基础上，对相关的问题进行讨论。

二、分布状况

主谓结构在 1.5 岁儿童的语言中已经出现。例如：

（保育员换班走了。被试对取样人说）奶奶买饼饼。（意思是奶奶买饼饼去了）（1.5）

（被试的球让别的小朋友抢走了，被试说）我拿球。（1.5）

（吃饭的时候，被试说）宝宝吃饭，妹妹吃饭。（1.5）

（取样人给小朋友分玩具，被试说）我要大球。（1.5）

2 岁以后，在儿童自发性话语中，开始出现主谓结构做句子成分的用法。分别描述如下：

（一）主谓结构做谓语构成主谓谓语句

这种用法始见于 2 岁年龄段。例如：

（被试看到取样人买来了果丹皮，说）果丹皮我要。（2）

（取样人装老虎逗被试，被试说）大老虎我来打！（2）

（被试上木马）这大马我骑。（2）

关于主谓谓语句的情况，后面我们还要详细描述。

（二）主谓结构做定语

这种用法也始见于 2 岁年龄段。例如：

（被试指着纸上的字说）这是妈妈写的字。（2）

（被试洗过手，看看洗过的水说）我洗过手的脏水好脏。（4）

（被试把叠好的船给取样人看）你看我叠的船，冒火的船。（4.5）

（被试问妈妈）我留给你的瓜子你怎么不吃啊？（4.5）

（被试甲对乙说）我想吃的东西妈妈都给我拿。（5）

（三）主谓结构做主语

这种用法始见于 2 岁年龄段。例如：

（被试把帽子往取样人头上放）叔叔戴我帽子好不好？（2）

（被试问取样人）你会讲大灰狼的故事对不对？（2.5）

（被试甲对乙说）要不到我家去，我拿我的宝剑，我们来比比打仗好不好？（5）

主谓结构做主语的用法一般都出现在疑问句中，句中的谓语一般都是形容词。

（四）主谓结构做宾语

这种用法始见于 2.5 岁年龄段，句中的谓语动词都是谓宾动词。这些动词大部分都表示人们的感觉、知觉或意志、情绪。

1. 做动词"看"的宾语

句中动词"看"多表示"观看"的意思，此外也有少数例子表示"看望""评判"的意思。例如：

（被试跳上一块石头）看我蹦得远。（2.5）

（被试讲到医院看妈妈的事）……去医院看妈妈打针，妈妈去医院也不哭。（2.5）

（被试把手帕叠成个怪样子让取样人看）你看这个好玩吧？（2.5）

（被试看到一个小朋友摔倒了，招呼取样人来看）你看他摔倒了。（2.5）

（被试学小白兔跳，对取样人说）你看我蹦。（2.5）

（被试说了一段话后问取样人）看我说得可对？（2.5）

（被试跑到教室门口看看，对取样人说）我看看老师还来了。（"还"是方言词，相当于"可"）（2.5）

（被试甲让乙看《黑猫警长》画册）你看黑猫警长打枪。（3）

（被试甲、乙在一起玩，甲指着一个玩具说）小人骑马。（乙）我看解放军打仗也骑着马。（3）

（被试给取样人讲故事）从前，有一个大老虎和小狐狸，就在山上，结果看到一个小猴子在赭山动物园玩。（3.5）

（被试看画册讲《狼和白云》的故事）它看见一个白云飞到它面前，……白云又变成了大象。（3.5）

（被试摆弄圆珠笔，对取样人说）你看着我修。（4.5）

（被试甲摆弄玩具钢琴，不响。乙说）你看我怎么修。（4.5）

（被试讲到公园看灯展的情况）我看见孔雀开屏的。（4.5）

2. 做动词"要"的宾语

句子中的动词"要"主要表示意愿。例如：

（被试要回家）我想回家，我要妈妈陪着我。（2.5）

（被试甲不让乙唱歌）我不要×××唱嘛，我不要他唱。（3）

（被试看到有的小朋友戴着眼镜，说）明天我要妈妈代我买一个。（3）

（被试要取样人讲故事）我要你给我讲一个《孙悟空大闹天宫》。（4）

3. 做表示感觉、知觉的动词的宾语

例如：

（取样人问被试：这是什么树？被试说）我不晓得它是什么树。(2.5)

（被试走到教室门口，取样人问：你干什么？被试说）我等着爸爸妈妈来接我。(2.5)

（被试问取样人）爸爸，你可同意我上水管去洗手？（"水管"指自来水龙头。）(4)

（被试搽过雪花膏对爸爸说）你闻闻我脸搽得可香？(4)

（被试甲说爸爸要给他买自行车，乙说）我带你去吧，你爸爸不认识买车场在哪。(4)

（被试和妈妈谈话）妈妈，还记得我会唱什么？(4.5)

（爸爸：你第一喜欢哪个老师？被试）我怕老师骂我，我不敢讲。(4.5)

（妈妈在厨房做事，被试对爸爸说）我没看到妈妈在切菱角，我就知道妈妈在切菱角，我晓得你在切菱角。(4.5)

（被试甲、乙谈话。甲）我妈妈在地区医院。（乙说）我晓得妈妈在哪上班。(5)

4. 做"讲、说"类动词的宾语

例如：

（被试装黑猫警长）我是黑猫警长。爸爸讲我不是黑猫警长，我讲我是黑猫警长。(3)

（取样人指着画册问被试：孙悟空干什么呢？被试说）：孙悟空爬起来了，他讲妖怪来了。(3)

（被试把馒头咬了几口，然后问爸爸）爸爸，你说这像个什么？(4.5)

（被试讲幼儿园检查卫生的情况）黄医生一讲"嗯"，就说明你的指甲不长。(5)

（五）构成"主谓＋的"结构

"主谓＋的"结构都表示转指，转指的成分有两类，一类是指称受事，这种用法始见于2.5岁年龄段。例如：

（被试甲对乙说）我有好多东西，我妈妈给我的。（2.5）

（被试让取样人看她的手帕）这手帕是××买的。（2.5）

（被试甲对乙说）我等一下拿机关枪，我爸爸妈妈买的。（2.5）

（被试甲拿着《黑猫警长》的书对乙说）这是爸爸妈妈送给我的。（3）

（被试指着画册上的黑猫警长说）他骑着车子，他骑的摩托车。（3）

（被试带了两瓶橘子水回家，对妈妈说）我给哥哥一瓶。这是老师发给我的。（3）

（被试甲拿着糖对乙说）糖我从家里带来的。（3.5）

（被试卖弄知识）最热的叫赤道，是妈妈教我的。（3.5）

（被试跟爸爸谈话）你有，这是徽章，这是爹爹送给我的。（4.5）

另一类指称结果，这种用法也始见于2.5岁年龄段。例如：

（被试把叠好的钢琴拿给取样人看）你看，钢琴叠好了吧，是我自己叠的。（2.5）

（被试要妈妈讲故事。爸爸说：我来讲。被试说）妈妈讲的好听，我爸爸讲的故事不好听。（2.5）

（被试指着本子上的画问取样人）这个是你画的？（2.5）

（被试叠纸）我叠小船，是我自己叠的。（3）

（被试甲对乙说）我写的你不认识。（3）

（被试叠纸，边叠边说）我叠的能飞。（4）

从以上描述来看，主谓结构作为一个整体成分，在儿童语言中的外部功能主要是做谓语、宾语和构成"主谓＋的"结构，其次是做定语，做主语的用法较少。

三、主谓谓语句的结构类型

主谓谓语句根据充当谓语的主谓结构的结构类型，还可以分为若干小类。

1. 充当谓语的主谓结构为"主＋述"结构，其中的述语大部分是状中结构

例如：

（被试看到取样人买来了果丹皮，说）果丹皮我要。（2）

（取样人给被试一把玩具枪，被试说）这个枪我不喜欢，你给我换一个。（2.5）

（被试看到××手上有个伤口，问取样人）他那里怎么搞的？（2.5）

（被试甲对乙说）我写的你不认识。（3）

（吃饭的时候被试喝汤。取样人：菜汤咸。被试说）我不怕咸，咸我不怕。（4）

（被试问妈妈）我留给你的瓜子你怎么不吃啊？（4.5）

2. 充当谓语的主谓结构为"主＋述＋补"结构

例如：

（取样人问被试：你怎么没戴眼镜呀？被试）我眼镜我已经自己搞坏了。（2.5）

（被试甲拿着糖对乙说）糖我从家里带来的。（3.5）

（被试讲了一段话后对取样人说）这句话你给我记下来。（3.5）

（被试扮演老师）好，这个故事我就给小朋友讲完了。（4.5）

3. 充当谓语的主谓结构为"主＋述＋宾"结构

这类句子中的"主＋述＋宾"结构中的宾语有的是名词性

宾语，有的是谓词性宾语，还有的是双宾语。例如：

（被试对取样人说）苹果我喜欢吃。（2.5）

（被试玩积木）我一个人搭积木。（2.5）

（被试甲指着乙告状）他手帕不给我，他不给我手帕。（2.5）

（被试吃了饭去洗手，对爸爸说）我手上有油，所以要打肥皂。（4）

（被试玩橡皮鸭子）今天小鸭我来给它戴花儿。（4.5）

4．充当谓语的主谓结构为"主＋述＋补＋宾"结构

例如：

（被试吃完了香蕉对取样人说）香蕉我吃到肚子里头去了。（2.5）

（被试看画册讲故事）孙悟空嘴里吐出一个小风扇……（3.5）

上一例是处所宾语在前，趋向补语在后。下一例是趋向补语在前，受事宾语在后。

5．充当谓语的主谓结构为"主＋连谓"结构

这类句子中充当小谓语的连谓结构包括连动式和兼语式。例如：

（取样人装老虎逗被试，被试说）大老虎我来打！（2）

（被试指着画册上的海豹说）海豹我到公园看到的。（2.5）

（被试找书看）大灰狼书我找来看。（3）

（被试对取样人说）饼子没有啦，饼子我给老师吃啦。（4）

6．充当谓语的主谓结构为"周遍性主语＋述"

这类句子中充当谓语的主谓结构都是由周遍性主语加上述语构成，充当主语的成分基本上都是"什么"。

例如：

（取样人问被试：你想说什么？被试说）我什么也不想说。

(4)

　　（被试甲说乙）你真是哑巴呀，一句话都不说。(4.5)

　　（被试甲、乙吹牛。甲说）你什么都不知道！（乙说）我什么都知道！(4.5)

　　（被试甲喊乙，乙不理。甲说）你听到没有？（乙说）我什么都听见了。(4.5)

　　（被试对取样人说）我们班上××是个大笨蛋，她什么都不会画。(5)

　　（被试对取样人讲旅游经历）……我到山洞里头，什么也看不见。(5)

　　7. 充当谓语的主谓结构为"主 + 述（形）"

　　这类句子中充当谓语的主谓结构的述语是形容词性的。

　　例如：

　　（被试对取样人说）我鼻子不通，回家我要擤鼻涕了。(2.5)

　　（被试出水痘）爸爸，我背好疼。(4.5)

　　（被试吹牛）我本事好大哟，我晓得打人。(5)

　　（被试甲、乙斗嘴。甲对取样人说）我本领大，她本领小。(5)

　　除了上述类型之外，我们还发现了一个主谓结构相互联结构成紧缩句的例子：

　　（被试拿一个纸叠的玩具问取样人）这是什么？（取样人：我不知道。你说这是什么？被试说）你猜出来我就告诉你。(4)

　　从以上描述来看，儿童语言中主谓谓语句的谓语部分的结构还是比较多样的。这反映了儿童构句能力朝着多样化发展的状况。

　　儿童语言中主谓谓语句的主语部分相比之下要简单一些。充当大主语的成分一般为名词（包括代词）、名词性定中结构和

"的"字结构。下面是几个有代表性的例子：

（被试见取样人买来了果丹皮，说）果丹皮我要。（2）

（被试上木马）这大马我骑。（2）

（取样人给被试一把玩具枪，被试说）这把枪我不喜欢。（2.5）

（被试找书看）大灰狼书我找来看。（3）

（被试甲对乙说）我写的你不认识。（3）

（被试谈论水果）甜的葡萄我喜欢吃，酸的不吃。（4.5）

（被试问妈妈）我留给你的瓜子你怎么不吃啊？（4.5）

四、主谓谓语句中的语义关系

以上我们描述了主谓谓语句的谓语部分的结构。如果从主谓谓语句中的大主语、小主语和述语之间的语义关系来看，情况也还是比较复杂的。

1. 大主语为受事，小主语为施事

（取样人装老虎逗被试，被试说）大老虎我来打！（2）

（被试吃完了香蕉对取样人说）香蕉我吃到肚子里头去了。（2.5）

2. 大主语为结果，小主语为施事

（被试甲问乙）手枪你可会画？（4）

（被试讲自编的故事）好，这个做梦的故事我就给大家讲完了。（4.5）

3. 大主语为处所，小主语为施事

（被试上木马）这大马我骑。（2）

（被试指着一辆吉普车说）那个车我坐过。（3）

4. 大主语为与事，小主语为施事

（被试玩橡皮鸭子）今天小鸭我来给它戴花儿。（4.5）

5．大主语为施事，小主语为受事

（被试甲指着乙告状）他手帕不给我，他不给我手帕。(2.5)

（被试甲、乙吹牛。甲说）你什么都不知道！（乙说）我什么都知道！(4.5)

6．大主语为施事，小主语为结果

（被试甲说乙）你真是哑巴呀，一句话都不说。(4.5)

（被试对取样人说）我们班上××是个大笨蛋，她什么都不会画。(5)

7．大主语为主体，小主语为主体的部分

（被试对取样人说）我鼻子不通，回家我要擤鼻涕了。(2.5)

（被试看到××手上有个伤口，问取样人）他那里怎么搞的？(2.5)

（被试出水痘）爸爸，我背好疼。(4.5)

8．大、小主语之间有领有者和领属物的关系

（取样人问被试：你怎么没戴眼镜呀？被试）我眼镜我已经自己搞坏了。(2.5)

（被试甲、乙斗嘴。甲对取样人说）我本领大，她本领小。(5)

9．大主语为双受事性质，小主语为施事

（被试找书看）大灰狼书我找来看。(3)

（被试对取样人说）饼子没有啦，饼子我给老师吃啦。(4)

上面两例中，"书"既是"找"的受事，也是"看"的受事；"饼子"既是"给"的受事，也是"吃"的受事。

以上所指出的语义关系是就主—谓一个结构层次上谈的。实际上，儿童语言中的主谓谓语句成分之间的语义关系也有跨越一个结构层次的。例如：

（被试谈论水果）甜的葡萄我喜欢吃，酸的不吃。(4.5)

（被试同取样人谈论饮食）……什么汤我都喜欢喝。（5）

上述两例中的大主语"葡萄、汤"是句中的小谓语"喜欢"的宾语部分的宾语，作为话题主语移到了句首。再看下例：

（取样人对被试说）我们到公园去。（被试说）公园我不知道在哪。（3）

例中的大主语"公园"是句中小谓语"知道"的宾语部分的主语（"知道"的宾语是一个主谓结构），作为话题也被提升移到了句首。下面这个例子是主谓谓语句做宾语：

（被试把手伸给取样人）你看我手可冰？（"冰"是凉的意思。）（2.5）

这样的情况虽然只有一例，但反映了儿童能够尽量把大的、复杂的结构压缩成一个句法成分的能力，而这一点也正是我们所关心的。关于这一点，我们下面还要讨论。

五、相关问题的讨论

（一）儿童语言中的主谓谓语句和汉语语法特点

朱德熙先生在《语法答问》中曾指出："跟印欧语比较的时候，主谓结构可以做谓语是汉语语法的一个明显的特点。……主谓结构做谓语的格式是汉语里较常见的句式之一。应该看成是正好跟'主—动—宾'相匹配的基本句式。"从我们对汉族儿童语言中的主谓结构和主谓谓语句的描述看来，汉族儿童很早就已经开始使用主谓结构做句子成分，特别是大量地用于构成主谓谓语句。我们知道，儿童语言知识的来源，一是成人的话语的示范，一是大龄儿童的话语的影响。汉族2~5岁儿童使用主谓结构的状况表明，主谓结构确实是汉语的一种基本结构，主谓谓语句确实是汉语的一种基本句式。我们的研究从一个新的角度证明了朱德熙先生关于汉语语法特点的这一论断。

通过汉族儿童使用主谓结构状况的描述证明主谓结构确实是

汉语的一种基本结构，主谓谓语句确实是汉语中的一种基本句式，这还是比较浅层的证明。汉族儿童很早就能够使用主谓结构构句，很早就能够使用主谓谓语句这种句式，这一事实实际上反映了更深层的东西。具体地说，这一事实反映了儿童的句法分解能力、句法合成能力的发展和儿童语言习得过程中的句法分解过程和句法合成过程。

（二）句法分解、句法分解能力和句法合成、句法合成能力

句法分解和句法分解能力、句法合成和句法合成能力，是我们经过对儿童语言较长期的研究而提出的两对概念。句法分解这一概念是指儿童在习得语言的过程中，对整体性的语言符号链逐步进行分析和分解的过程。具体地说，在汉族儿童习得语言的过程中，句法分解就是对句子、词组这样的语法单位进行分析、分解，并对其进行替换、扩展和变换等句法处理；句法分解能力也就是指儿童这种对语言符号链分析、分解，并对语言符号链进行替换、扩展、变换等句法处理的能力。句法合成和句法合成能力是同句法分解和句法分解能力相对应的一对概念。句法合成是指儿童在语言习得过程中把符号链合成为一个整体结构的语言过程。具体地说，在汉族儿童习得语言的过程中，句法合成就是指把语言符号链合成为词组这样的语法单位的过程。句法合成能力就是指儿童把语言符号链合成为整体性的句法结构——词组的能力。如果说，句法分解是让儿童逐步获得了对构成语言符号链的成分、单位以及其间的句法、语义关系更深入的认识，并认识到句法结构间的依存关系的话，那么句法合成则使儿童获得了更大的、语义内容更丰富的整体性的句法单位。例如，主谓结构就是这样的句法单位。

正如朱德熙先生指出的那样，汉语是一种以词组为基本语法单位的语言。既然词组是构句的基本单位，那么从儿童语言习得

的角度来看，就必然存在一个基本句法结构形成的过程，或者说存在一个把分析性的语言符号链合成为整体性的句法结构的过程。只有把这一句法合成的过程和机制搞清楚了，我们才能更好地解释儿童语言习得的整个过程和更深层的机制。因此，探讨汉族儿童句法合成能力的形成和句法合成的具体过程，对于儿童语言习得研究具有特别重要的意义。

我们知道，在汉语的基本句法结构中，同其他句法结构相比，主谓结构恐怕是结构最为松散的了。也就是说，要把具有和句子相同结构的主谓结构压缩成一个整体，并且成为构造句子的成分（也就是把一个句子压缩进另一个句子），比起把其他句法结构压缩为一个整体所需要的句法合成力而言，这需要更大的句法合成力。换言之，儿童合成主谓结构的难度更大。

那么，儿童是怎样把主谓结构合成为一个整体的呢？

我们在考察分析汉族儿童习得被动句的机制时曾指出：口语语序受视觉事件的时空发展过程的制约，并以知觉、认知为基础；事物和动作形成心理概念时，事物在时间上先于动作出现。汉语反映并表现这一特点，并以此为基础排列语序。受事置于动作之前形成被动句和受事置于动作之后形成主动句是儿童语言反映现实、表现思维的同源而异流的两种结果，它们同以儿童的知觉和认知为基础。被动句反映了心理事件中成分排列的时间顺序，主动句则反映了心理事件中成分排列的空间顺序。关于这一点，请参阅本书第十章。

游顺钊论证了事物（包括施事、受事等）在时间上出现于动作之前是一种自然语序。儿童在表达和交际时，以知觉和认知为基础，并按照信息传递过程中的焦点优先原则，将受事成分置于句首，这样就形成了最初的主谓谓语句。例如：

（被试看到取样人买来了果丹皮，说）果丹皮我要。(2)

在把主谓结构合成为一个整体之前，首先是句法分解过程在起作用。句法分解过程体现在儿童对主谓谓语句的替换和扩展上。当替换和扩展进行多次以后，儿童就逐渐强化了结构意识，把主谓谓语句的谓语部分同其他类型的谓语一样看待，这时，儿童开始把谓语部分的主谓结构看成一个整体，也就是说，此时句法合成过程已经开始。当这种句法合成达到一定程度，主谓结构就逐渐合成为一个整体。主谓结构成为一个整体的标志，就是离开谓语位置，出现在主语、定语、宾语和"的"字结构之中。到了这个时候，我们说，儿童已经完成了对主谓结构的合成，也就是说，儿童已经获得了整体性的主谓结构。

第八章　联合结构习得研究

一、引言

联合结构是现代汉语中的基本句法结构之一。本章拟对儿童语言中的联合结构的状况进行考察。我们首先描述儿童语言中的联合结构的结构类型、语义关系和外部功能，然后对相关的问题进行讨论。

对取得的语料初步观察的结果表明，1～3.5岁是儿童习得联合结构的重要阶段。因此，我们将对这一段时间的儿童语言的状况做重点描述。

联合结构根据有无联结词语可分为有标记联合结构和无标记联合结构。如"爸爸妈妈"是无标记联合结构，而"爸爸和妈妈"是有标记联合结构。根据联合结构的外部功能，联合结构又可以分为体词性联合结构和谓词性联合结构。如"苹果和葡萄"是体词性联合结构，"又香又甜"是谓词性联合结构。联合结构的构成成分之间又存在各种语义关系，如并列、顺序、递进等关系。这些方面的情况我们将在下面分别进行描述。

二、类型和功能

根据联合结构的功能，我们把儿童语言中的联合结构分为体词性联合结构和谓词性联合结构。我们先描述体词性联合结构的情况。

（一）体词性联合结构

（1）在 1.5~2 岁儿童的语言中，出现了两个体词性成分连续排列的情况。例如：

（被试趴在门口。取样人问：××，你在这干什么？被试说）爸爸。（意思是等爸爸来接）（然后站了起来，手指门外）爸爸，妈妈。（意思是爸爸妈妈要来接我）（1.5）

（取样人问被试：饼干是什么样子的。被试说）是红的，黄的。（2）

（被试对取样人说）你写。（取样人：写什么？被试）小贝贝，小月亮。（按被试所说的"写"实际上是指"画"）（2）

（被试从门缝里往幼儿园里看）小哥哥，小姐姐。（2）

（被试玩玩具）这小熊，这大熊。（2）

（被试玩烧饭的游戏，捡瓦片当"菜"）大的，小的。（2）

从上面举出的这些例子来看，此期儿童语言中两个体词性成分连续排列而形成的"N，N"结构尚不完全具备联合结构的性质。从指称功能上说，这些"N，N"结构的指称功能同体词性联合结构也不相同，不是把两个 NN 合并为一个整体概念来指称，还有着分别指称的痕迹；从分布上说，这些"N，N"结构不是出现在一定的句法结构之中，充当一定的句法成分，还没有具备联合结构应有的句法功能。当儿童运用这些"N，N"结构回答成人的问话时，我们还可以根据问话所提供的语境以及儿童的答话所替换的成分来判断这些"N，N"的句法性质。当儿童自发地说出这些"N，N"结构时，我们也就无从确定它们的句法性质。所以，此期的这些"N，N"结构只能称为准联合结构。

（2）从 2.5 岁开始，儿童语言中开始出现真正语法意义上的体词性联合结构。我们先看体词性联合结构做主语的情况。例如：

（被试扮演狮子逗小朋友。被试说）大狮子是黄黄的头发，小马是绿绿的头发。狮子和小马不一样。(2.5)

（两个取样人扮演老虎和狮子逗被试。被试说）砰！把大老虎打死了！（取样人问：大狮子呢？）大狮子跟大灰狼走了。(2.5)

（被试指着自己衣服上的拉链对取样人说）妈妈爸爸奶奶还给我安起来，已经坏了。(2.5)

（被试看画册）猴和豹子爬树。(3)

（被试对取样人说）我爷爷奶奶有一个大枪，把你们打死掉！(3)

（被试看《小红帽》画册）……大灰狼跟她一路走，走呀走呀，"我要吃掉你"（这一句是模仿大灰狼的话）。(3)

（被试讲家里的事）叔叔阿姨喜欢吃桃子，我不喜欢吃桃子，我喜欢吃西瓜和葡萄。(3)

（被试对取样人说）妈妈不喜欢我，爸爸不喜欢我，爸爸妈妈都不喜欢我，他们打我。（被试在开玩笑）(3)

（被试对取样人说）那天晚上妈妈跟我到上海去了。（取样人问：你爸爸呢？）后来就到广州去了。(3.5)

（取样人带被试进了幼儿园。被试甲说）我跟×××自己跑教室去。（乙说）明天再带我们出去玩！(3.5)

（被试对取样人说）我小时候我帮拖地板的，我帮爸爸的。爸爸妈妈一道拖地板的。(3.5)

通过上面举例我们可以看到，出现在主语位置上的联合结构，当联合结构表示亲属称谓时（如爸爸妈妈、叔叔阿姨等），这种情况下联合多为无标记联合结构。这似乎表明儿童认为"爸爸妈妈"是一种自然的并列联合；而当联合结构表示有区别的人以及非人的事物时，则多用联结词。联结词的使用这一语言现象似乎表明儿童认为这些人或事物的并列联合要借助于一定的力量才能实现，或者说，要靠人们主观上的合并。儿童语言中联合结构的联结词的有无是否反映了儿童对事物同类或同质关系的认识的发展，这一问题有待于进一步的研究。

联合结构做主语还有比较复杂的情况，分别列举如下。

（1）做连谓结构的主语。这种用例不少。例如：

（快放学的时候，被试甲对乙说）等一下跟老师再见啊，妈妈爸爸来接我啊。（2.5）

（被试讲到公园里看菊展的情况）我爸爸跟我妈妈还有××一起到里面看。（2.5）

（被试指着公园说）爸爸妈妈带我看的。（2.5）

（被试讲到公园去的情况）后来停电了，我们就出来了，还买那个东西喝。我爸爸妈妈不给买那个东西喝，阿姨买那个东西吃。（2.5）

（被试给取样人讲到叔叔家的事）阿姨、叔叔带我到那个大楼房，睡觉的那个楼房。（2.5）

（被试对取样人说）爸爸、妈妈、奶奶给我吃这么大的橘子。（2.5）

（被试感冒，取样人问：吃药了吗？被试）爸爸妈妈买来给我吃药的。（2.5）

（2）做小句宾语中的主语。例如：

（被试站到教室门口）我等着爸爸妈妈来接我。（2.5）

（被试给取样人讲到公园去的情况）我看见一个小猴子和大猴子在那山坡上。（3）

（3）做连谓结构中的小主语。例如：

（被试对取样人说）我有米老鼠唐老鸭不给你玩。（2.5）

（4）做"主谓＋的"中主谓结构的主语。例如：

（被试甲对乙说）我等一下拿机关枪，我爸爸妈妈买的。（2.5）

1. 联合结构做宾语

联合结构做宾语包括做动词宾语和做介词宾语两种情况。我们先来看联合结构做动词宾语的情况。例子如下：

（被试要取样人画人头像）你画一个爸爸妈妈。(2.5)

（被试甲、乙谈话。甲说）我家有水枪。（乙说）我家有米老鼠和小米老鼠。(2.5)

（取样人拿书让被试看。被试说）今天没拿出来米老鼠和唐老鸭。(2.5)

（被试甲、乙谈话。甲说）我妈妈带我上街玩。（乙说）我妈妈代我买一个小山羊、小白兔。(2.5)

（被试指着公园说）这里面有小猴子、大猴子。(3)

（被试指着公园说）这里面有老虎、大象，都躲在洞里睡大觉。(3)

（被试看画册）老奶奶。（取样人问：老奶奶怎么样?）老奶奶养几只鸡和几只鸭。……老奶奶在拿鸡杀了给我们吃。(3)

（妈妈问被试：你在幼儿园吃的什么？被试说）吃的饭、骨头、骨头汤。老师给我吃骨头。(3)

（被试讲跟爸爸去玩的情况）我爸爸带我到码头去，看到一个螃蟹和兔子。(3.5)

（被试讲自编的故事）地主讲，你们是谁呀？他们说，我们是小公鸡，你为什么偷了我们的台灯、录音机、被窝呀？(4.5)

（被试给爸爸讲班级的事）我们的操第一，给我们巧克力和一朵花儿。(5)

在儿童语言中，联合结构也可以做复杂结构中的宾语。例如：

（被试看画册）他打电话给爸爸妈妈。(3)

（被试讲家里的事）叔叔阿姨喜欢吃桃子，我不喜欢吃桃子，我喜欢吃西瓜和葡萄。(3)

（被试同爸爸谈心。被试说）我长大想当个科学家。（爸爸：什么科学家？被试说）不就是那个造氢弹、原子弹的科学家吗？(5)

在上面三例中，联合结构分别做连谓结构中的宾语、谓词性宾语中的宾语和定语中的述宾结构的宾语。不过从总的情况看来，联合结构做宾语的情况不如做主语的情况复杂。

联合结构做介词宾语的用例不多。下面是几个例子：

（被试对取样人说）我给爸爸妈妈说了一个"××"，就这一个。（××是被试的名字）(2.5)

（被试觉得取样人对她很好，分手的时候对取样人说）回家跟爸爸妈妈讲啊，我回家跟你再见啊。(2.5)

（被试对取样人说）我爷爷奶奶还要比我爸爸妈妈年纪大一些，我爷爷奶奶年轻，都退休了。（按"年轻"用错了）(3.5)

从以上举例可见，联合结构做动词宾语的用法要比做介词宾语的用法普遍。这显然受到介词的黏着性和句法控制力的有限性的影响。介词所支配的符号链的长度要比动词所支配的符号链的长度短得多。同时，介词引进的联合结构宾语基本上都是表示对象成分，而动词所带的联合结构宾语的语义性质则有受事（"买一个小山羊和小白兔"）、结果（"画一个爸爸妈妈"）、客事（"有小猴子、大猴子"）、对象（"看到一个螃蟹和兔子"）等几种。所以就语义角色而言，联合结构在述宾结构中的语义变化更为多样一些。

2. 联合结构做定语

联合结构做定语的情况不太复杂，用例也不太多。例如：

（爸爸问被试：××是哪个的姑娘？被试说）是爸爸的姑娘。（爸爸：也是妈妈的姑娘。）爸爸妈妈的姑娘。(2.5)

（取样人对被试说：你们要听老师的话。被试说）我听妈妈的、爸爸的话。(2.5)

（被试跟取样人说）我听爸爸、妈妈、奶奶的话。（2.5）

（取样人：你们听过什么故事？被试甲）小白兔的故事听过。（乙说）狐狸和大灰狼没听过。（乙的话省略了中心语"故事"）（3.5）

（被试给取样人讲家里的事）我妈妈本来带我到爷爷奶奶那去玩，妈妈爸爸上班，我坐在爷爷奶奶身上看电视。（3.5）

根据我们观察的情况来看，联合结构做宾语的定语的情况要多于做主语的定语的情况。

3. 联合结构做谓语

体词性联合结构做谓语的情况也不太多。主要出现在判断句和描述句中，而且出现得也晚一些，到3岁时才出现。下面是几个例子：

（被试看画册）这牛和马。这牛和羊。牛快要顶我们了！（3）

（被试看画册）这小象和大象。这个大，这个小。（3）

（被试看画册）两个小白兔，这兔子妈妈跟小兔子。（3）

（被试甲说）我长大当将军。将军本事很大。（乙说）将军要戴帽子的，警察衣服、警察裤、警察帽。（3.5）

（被试讲到公园的情况）……大象长长的鼻子大耳朵，长长的腿，还有长长的尾巴。（3.5）

4. 联合结构单独成句

联合结构单独成句的情况较少。例如：

（被试看画册）鸡，大公鸡和小鸡、大母鸡。（3）

（被试看画册）小松鼠和小熊猫。……狼和豹。（3）

从取样环境来看，联合结构单独成句的情况主要出现在看图说话的状态下。所以，联合结构单独成句应该是受语境制约而出现的句法现象。

从上述描述可以看出，从2.5岁年龄段开始，儿童语言中的联合结构已经分布在多种句法位置上，并且保持着结构形式上的整体性和功能的一致性。因此我们可以认为：这时，无论是"N，N"结构、"NN"结构还是"N和（跟）N"结构，都已经被合成为一个整体性的句法结构。换句话说，我们认为，从句法功能的角度来说，汉族儿童在2.5岁时已经习得了体词性联合结构。

（二）谓词性联合结构

谓词性联合结构始见于2岁年龄段，比体词性联合结构早出现半年。在此之前，儿童在"结构模仿—成分替换"的学习活动中已出现谓词性联合结构。例如：

（妈妈问被试：橘橘给哪个吃？被试说）给爸爸吃，给妈妈吃，给宝宝吃。（1.5）

（开饭了。保育员问：谁吃饭呀？被试说）宝宝吃饭，妹妹吃饭。（1.5）

谓词性联合结构由两个或两个以上的谓词或谓词性成分构成，其中主要是动词性联合结构。形容词性联合结构较少。儿童联结谓词性成分的手段除了连续排列以外，还运用了联结框架和表示相同、并列、递进、补充关系的副词等手段。

根据构成联合结构的谓词性成分的内部结构关系，谓词性联合结构可分为如下几种类型。

1. 主谓结构构成的联合结构

由于儿童逻辑思维能力尚未发展到相应的水平，因此2岁时的儿童尚不能把两个或几个并列的命题合并为一个复合命题。从语言能力上讲，2岁时儿童的句法合成能力也还没有达到把两个或两个以上的体词性成分合成为一个整体性的联合结构的水平，所以，"N和N都V"结构的句子出现较晚。因此，在儿童语言中就出现了主谓结构的句子并列而形成联合结构的现象。这种现象在3岁前较多。3岁以后，随着儿童逻辑思维能力和句法合成能力的发展，这种现象就逐渐减少了。这类联合结构的例子如下：

（取样人问被试：爸爸妈妈哪个好？被试说）爸爸好，妈妈好，奶奶好，都好。（2）

（取样人手拿哨子糖，问：谁吃呀？被试说）AA 吃，BB吃，都吃。（AA、BB 是被试和另一个小朋友的名字）（2）

（取样人问被试：妈妈呢？被试说）妈妈没来，爸爸没来。（2）

（被试玩刀）大灰狼也搞死了，老虎也搞死了。（2）

（取样人做小狗状逗被试。被试说）变个小猫好不好？变个小白兔好不好？（2）

（被试甲对乙说）我家有马，我家有枪，我家有刀。（2.5）

（被试讲进公园的情况）我爷爷也没有票，我奶奶也没有票。（2.5）

（被试甲要取样人给甲、乙两人买膨米棍）买两个，她也要我也要。（2.5）

（被试一个人自言自语）你也学习，我也学习，大家都来学习。（3）

2. 谓词连续排列的联合结构

这类联合结构也是在 2 岁时出现。例子如下：

（被试玩玩具兔子）小白兔一蹦一跳。小白兔蹦蹦跳跳真可爱。（2）

（两个小朋友来抢被试的手帕，被试说）又抢又抢（2）

（被试看到一群小朋友）好多小朋友唱歌、跳舞、做游戏。（2.5）

（被试对取样人说）我家有话梅给你吃。（取样人问：怎么吃呢？）话梅烧呀烧呀，煮呀煮呀，煮好了才能吃呢。（2.5）

（被试讲到阿姨家的事）……阿姨给我吃那个白糖，那个白糖好吃，又甜又香。（3）

（爸爸从冰箱里取出香蕉给被试一根，被试接过来说）这冻得冰冰的，凉凉的。（3）

（被试给爸爸讲幼儿园里的事）我们开了联欢会，还跳舞唱歌的。（4）

3. 述宾结构构成的联合结构

这类联合结构始现于 2 岁年龄段。由于述宾结构是儿童使用较多的句法结构，所以这类联合结构出现的也较多。例子如下：

（被试看到一只小猫跑走了，就去找）小猫呢？等着我，等着你。（"你"这里指取样人。）（2）

（被试要取样人画东西）画一个妈妈，画老虎。（停一下）画姐姐，画鱼，画阿姨。（2）

（被试叠纸）叠个大轮船，叠个小白兔。（2）

（被试对取样人说）我吃咸的还吃糖。（2）

（被试让取样人画）还画一个唐老鸭，画一个嘴巴，画一个身子，画一个脚。（2.5）

（被试看取样人用笔记录，说）我家有小小的铅笔，有大大的铅笔。（2.5）

（被试甲、乙玩烧饭的游戏。甲说）烧什么？（乙说）烧饭烧菜。（2.5）

（被试往门口走，对取样人说）我在门口玩，去看妈妈去，给妈妈打针去，妈妈又生病又吃药的。（2.5）

（被试甲、乙谈话谈到了变形金刚。甲说）变形金刚能变成恐龙，变成小鸟。（2.5）

（被试甲、乙谈话说到了变形金刚。甲说）机器人霸天虎，会打枪还会变形。（2.5）

（被试甲、乙谈话谈到了月亮。甲说）月亮里面有嫦娥，有白兔，还有小乌鸦。（2.5）

（被试对取样人说）我家有红红的铅笔，有蓝蓝的铅笔。（2.5）

（被试向取样人提要求）把琴拿出来，一边弹琴一边讲故事，一边讲故事一边弹琴。(3)

（被试向取样人提要求）那你给我们买果丹皮，我们就一边吃一边讲故事。(3.5)

（被试讲《阿里巴巴和四十大盗》的故事）……强盗头子最坏了。……他偷人家的金银财宝，还偷人家的书，偷人家的钥匙。(3.5)

4. 连谓结构构成的联合结构

由连谓结构构成联合结构的难度相对而言要大一些，所以这类联合结构的数量要少一些。例子如下：

（被试和取样人谈话）妈妈买泡泡糖给我吃的，妈妈买山芋给我吃的。(2)

（被试跟取样人谈话）妈妈还给我看唐老鸭，还给我看米老鼠。我爸爸还带我看灯笼，还代××买灯笼。(2.5)

（被试喊取样人）你来，我给你讲话。……明天带香蕉，给他吃，给你吃，全部给你吃掉吧。(2.5)

（被试对取样人说）妈妈昨天晚上带我出去玩的，妈妈明天买水（饮料）给你吃给我吃。(3)

（被试对取样人说）我妈妈上次讲要带我到南京，带我到上海，带我到合肥的。(3.5)

5. 其他

在3.5岁以前的儿童语言中，我们还发现了述补结构和状中结构构成的联合结构，各有一例：

（取样人和被试玩球。被试说）打过去，打过来。(2)

（被试对取样人说）我妈妈还给人家打针，给人家看病。(3)

在儿童语言中，谓词性联合结构的句法功能主要是做述语。我们在4岁儿童的语料中发现了一例由述宾结构构成的联合结构做定语的情况：

（被试甲指着零售小店，说）这个是卖豆腐乳的地方。（乙说）不是，这是卖盐、卖火柴的地方。(4)

可见在句法功能上，联合结构的谓词性结构同非联合结构的谓词性结构有所不同。这大概是由于句法结构的长度增加了，其句法活力也就随之降低。我们在考察双宾结构的句法功能时就发现，饱和双宾结构的句法功能要比不饱和双宾结构的句法功能弱（见本书第二章）。对儿童语言中的谓词性联合结构的句法功能的观察，又一次证明了我们的观点，即句法结构的活力（功能）随着其长度的增加而降低。这是否是一个规律，还有待于进一步的研究、探讨。

三、语义关系

儿童语言中的联合结构的成分之间的语义关系有如下几种：

（一）并列关系

例子如下：

爸爸、妈妈、奶奶给我吃这么大的橘子。(2.5)

我喜欢吃西瓜和葡萄。(3)

把琴拿出来，一边弹琴一边讲故事，一边讲故事一边弹琴。(3)

那个白糖好吃，又甜又香。(3)

我爸爸带我到码头去，看到一个螃蟹和兔子。(3.5)

你为什么偷了我们的台灯、录音机、被窝呀？(4.5)

我们的操第一，给我们巧克力和一朵花儿。(5)

儿童把语言成分并列起来构成联合结构所选择的并列角度是多种多样的。如在上面的例子中，"爸爸、妈妈、奶奶"都是给我吃东西的人；"西瓜和葡萄"都是我喜欢吃的东西；"弹琴和讲故事"可以同时进行；"甜和香"都是白糖的性质；"螃蟹和兔子"都是我看到的东西;"台灯、录音机、被窝"都是我们的东西;"巧克力和一朵花儿"都是奖励给我们的东西,等等。这些多种多样的并列角度反映了儿童对事物同一性认识的多样性,但是儿童又能够通过几种有限的句法手段(如连续排列、运用连词或副词等)把这些多种多样的认识角度统一在一种句法形式之下,这又反映了儿童具有运用句法形式表达认知结果的能力。语言是儿童认知世界的工具,同时也是表现认知结果、储存认知结果的工具。从儿童对联合结构的运用,我们又看到了语言和认知相互联系、相互依存的关系。

(二)顺序关系

例子如下:

我听爸爸妈妈奶奶的话。(2.5)

还画一个唐老鸭,画一个嘴巴,画一个身子,画一个脚。(2.5)

去看妈妈去,给妈妈打针去,妈妈又生病又吃药的。(2.5)

将军要戴帽子的,警察衣服、警察裤、警察帽。(3.5)

大象长长的鼻子大耳朵,长长的腿,还有长长的尾巴。(3.5)

联合结构成分之间的顺序关系也是多角度的。在上面的例子中,"爸爸妈妈奶奶"这一顺序排列是按照人物同自己的关系亲密的程度;画鸭子的"画嘴巴、画身子、画脚"和大象的"鼻子、耳朵、腿、尾巴"这些成分的排列是按照身体部位从上到下、从前到后的顺序;"又生病又吃药"的排列是按照时间先后和前因后果的顺序;"警察衣服、警察裤、警察帽"的排列是按照穿戴的顺序("警察衣服"中的"衣服"指上衣)。儿童对这些成分的顺序的排列反映了儿童对人们之间的关系、事物的整体——部分关系、现象之间在时间先后和因果关系上的初步认识。当然,学龄前儿童对事物间"序"的认识还是比较浅的。

不过，正是这些较浅的认识为以后更深刻的认识打下了基础。

（三）递进关系

例子如下：

我家有大汽车，还有小汽车，还有黑猫警长书，还有黑猫警长手绢。（2）

我有手帕，还有笔，还有纸。（2.5）

机器人霸天虎，会打枪还会变形。（2.5）

我爸爸还带我看灯笼，还代××买灯笼。（2.5）

我吃肉，我还吃萝卜和青菜呢，我都吃耶。（4）

儿童排列联合成分顺序以形成递进关系的角度也是多方面的。例如前两例是按拥有物的种类形成递进关系；"会打枪还会变形"是按能力形成递进关系；"看灯笼和买灯笼"是按行为态度的变化形成递进关系；"吃肉、吃萝卜和青菜"是按符合行为准则的程度（不挑食）而形成递进关系。儿童排列句法成分的顺序以形成递进关系也反映了儿童的认知能力同语言能力共同发展的关系。

（四）补充关系

例子如下：

（被试回家时跟两个保育员再见）奶奶再见，还有个奶奶再见。（1.5）

（被试来到公园后门）到公园里去，大狗，还有小狗。（意思是公园里有大狗还有小狗）（2）

（被试讲到公园里看菊展的情况）我爸爸跟我妈妈还有××一起到里面看。（××指另外一个小朋友）（2.5）

（被试甲谈月亮）月亮里面有嫦娥，有白兔，还有小乌鸦。（2.5）

（被试讲《阿里巴巴和四十大盗》的故事）……强盗头子最

坏了。……他偷人家的金银财宝，还偷人家的书，偷人家的钥匙。(3.5)

儿童排列成分顺序形成补充关系的角度大致跟形成递进关系的角度差不多，不过恰好反过来。总的来说，儿童排列成分形成补充关系主要是根据事物的重要性和形象的显著性。例如，在儿童的心目中，"大狗"比"小狗"显著重要，"爸爸妈妈"比"××"显著重要，"嫦娥、白兔"之于月亮比"小乌鸦"重要，"金银财宝"比"书、钥匙"重要。第一个例子中似乎是两个奶奶同等重要，实际上被试先跟她再见的那一个是主要的保育员，另一个则是辅助人员。

儿童语言中联合结构成分之间的语义关系基本如上。顺便说明一下，在我们取得的语料中，没有发现用连词"或、或者"联结的表示逻辑析取关系的联合结构。这一情况表明儿童的逻辑思维能力尚未达到相应的水平。

有关的研究指出，语义关系是儿童习得语言过程中最先掌握的关系。从本节的描述来看，儿童不仅能在句法形式上表现联合关系，而且还能运用一定的句法手段（如语序、虚词等）来表现联合结构中的各种不同的语义关系。实际上，联合结构的"联合"这一语法关系正是在语义关系的基础上形成的。关于"联合"语法关系的形成，我们下面还要讨论。

四、分析和讨论

（一）儿童习得联合结构中的若干特殊现象

1. "N和N、和N"结构的出现

在4岁前儿童的语言中，我们发现了"N和N、和N"结构，例子如下：

（被试看家庭的照片）爸爸和妈妈、和姥姥、和姥爷。(3.5)

（被试看画册讲故事）这是唐僧和孙悟空、和猪八戒、和沙和尚，上西天取经。（3.5）

这种"N 和 N、和 N"结构在成人语言中是没有的。那么为什么儿童语言中会出现这种结构呢？我们分析了一下，发现这种结构出现在体词性多项联合结构中。我们对儿童语言中的体词性多项联合结构进行了全面的观察，发现儿童语言中的体词性多项联合结构有如下几种形式：

一是"NNN"式。例如：

我听爸爸妈妈奶奶的话。（2.5）

（在幼儿园）吃的饭、骨头、骨头汤。（3）

二是"N（和、跟）N 还有 N"式。例如：

我爸爸跟我妈妈还有××一起到里面看。（2.5）

大象长长的鼻子大耳朵，长长的腿，还有长长的尾巴。（3.5）

三是"N 和 NN"式。例如：

（被试看画册）鸡，大公鸡和小鸡、大母鸡。（3）

四就是"N 和 N、和 N"式。例子见上。

成人语言中常见的体词性多项联合结构的"NN 和（以及）N"在 4 岁前儿童语言中没有发现。

通过对儿童语言中连词"和、跟"使用状况的观察，我们发现，在 4 岁前的儿童的语言中，"和、跟"联结的成分只是两项。"和、跟"联结两项这种用法使用多了，儿童就形成了"和、跟"用法的不完全规则，即"和、跟"只联结两项；如果需要多项成分联结时，就采用上面的一、二、三种方式。在这种规则的支配下，就出现了这种"N 和 N、和 N"结构。显然，这种结构的出现是对"和、跟"的用法未完全正确掌握的情况下出现的。这种情况的出现也说明多项联合结构习得的难度要大于双项联合结构，也反映了儿童的思维能力尚处于一定的发展阶段。

2."还有"的运用及其性质

在儿童语言中，我们还发现另一个有趣的现象，即儿童对"还有"这一词语的运用。

"还有"在成人语言中本来是两个词，即是副词"还"和动词"有"的连续排列，并没有合成为一个词。但在儿童语言中，有时儿童把"还有"作为两个词运用，有时儿童似乎是把"还有"作为一个词来用。请看下面的例子：

（被试指着停在车场的汽车说）各种各样的颜色，白颜色，还有红颜色，还有黑颜色。(2.5)

上面这个例子中的"还有"的使用是正确的，即"有"表示存在，"还"表示项目、数量增加或范围扩大，"还有"出现在第二项位置上。但是下面这些例子中的"还有"的使用就有些别扭：

（取样人看手表，被试说）我家有三个手表，还有白的，还有黑的，还有绿的。(2.5)

（取样人带被试在幼儿园外面取样。被试班级的老师带同学出来游戏，被试看到了）还有一个老师，还有一个胖胖，还有一个××。(2.5)

（取样人问被试：你在家吃什么？被试说）吃鸭子，吃豆腐，还有吃鱼，还有黑猫警长。(2.5)

上面的前两个例子中，"还有"出现在第一项的位置上，与副词"还"的语义冲突；第三例则把"还有"作为"还"来使用了。

那么为什么会出现这种情况呢？带着这个问题，我们观察了儿童对"还有"使用的情况，结果发现儿童主要在两种意义上使用"还有"。一是表示递进。例如：

我家有大汽车，还有小汽车，还有黑猫警长书，还有黑猫警长手绢。(2)

二是表示补充。例如：

（被试讲到公园里看菊展的情况）我爸爸跟我妈妈还有××一起到里面看。（××指另外一个小朋友。）(2.5)

由于儿童对句法成分的联结能力和合成能力尚未达到联结、合成多项成分的水平，所以就出现了多项连续补充的现象。例如：

（被试讲公园里的景物）……还有小桥，还有小洞（指山洞），还有狮子，还有猴子。(2)

（被试讲公园里的情况）……还有秋千，还有跷跷板，还有虾子，还有螺蛳，还有癞蛤蟆，还有泥鳅。(2.5)

这样多次使用的结果，就使"还有"带有一定的并列意义（实际上"还有"本身就有一定的并列意义）。这样，就导致了"还有"出现在多项之中的每一项前面的用法。至于把"还有"当作"还"使用，则是儿童句法分析能力不足造成的误用，也反映了儿童对"还"和"还有"的分布状况还没有完全掌握（"还"分布在谓词性成分之前，"还有"分布在体词性成分之前）。

（二）儿童习得联合结构的过程、手段和机制

汉族儿童在1.5岁时通过成人语言的诱发即说出联合结构，到3.5岁时已达到相当高的水平。那么儿童是如何逐步习得联合结构的呢？通过对儿童语言中联合结构发展状况的考察，我们初步形成了一些看法。现略述如下。

在我们取得的语料中，1岁儿童已能说出一定数量的名词和动词。名词如"爸爸、妈妈、糖、帽帽、蛋蛋、饼、球、花"等，动词如"吃、喝、要、拿、打、爬、来、走"等，并且儿童能够把这些名词、动词同相应的人、事物、动作行为相联系。儿童在认识这些人、事物、动作行为的同时，也逐步认识到其间的相同点。如"爸爸妈妈"是和他生活在一起的人，"糖、蛋

蛋、饼"都是可以吃的东西，等等。我们认为，儿童此时的语言能力和认知能力为习得联合结构打下了基础。

到了 1.5 岁，儿童开始进入托儿所。托儿所里的集体生活为儿童认识人、事物、动作行为间的共同点提供了比家庭生活更为有利的环境。在托儿所里，大家一起玩，一起吃饭，一起睡觉。而保育员的语言往往不是对一个对象而发，而是涉及集体或若干个对象，例如"都来""××坐好，××也坐好""××三块饼，××三块饼，××也是三块饼"，等等。这种集体生活和成人语言的示范对儿童习得联合结构起了很大的推动作用。此时，在成人语言的诱导下，儿童已能说出两个谓词性成分并列的联合结构（例子见本书第 242 页"谓词性联合结构"）。

我们在前面曾指出：由于儿童逻辑思维能力尚未发展到相应的水平，因此，2 岁时的儿童尚不能把两个或几个并列的命题合并为一个复合命题。从语言能力上讲，2 岁时儿童的句法合成能力也还没有达到把两个或两个以上的体词性成分合成为一个整体性的联合结构的水平。对于两个性质相同的人或事物，儿童此时只能形成"P（a）+P（b）"两个命题并列的思维形式，还不能形成"P（a，b）"复合命题的思维形式。这种"P（a）+P（b）"思维形式表现在儿童语言中，就出现了主谓结构的句子并列而形成联合结构的现象（例子见本书第 242 页"主谓结构构成的联合结构"）。这种现象说明儿童已初步认识到事物间的同一性和动作行为的同时性。

到了 2.5 岁，儿童已能明确地认识到事物间的同一性。这种认知水平表现在语言中，其一是出现了表示同一关系的同一性比较句，其句法格式为：

①a 跟/像 b 一样。例如：

给我弄一个跟她一样的。（2.5）

我家也有笔跟这一个样。（2.5）

②a、b 是一样的。例如：

这两个故事是一样的吧？（2.5）

你再上去一点就两个一样高了。（2.5）

其二就是体词性联合结构的出现（例子见前）。

儿童初期构成体词性联合结构是通过连续排列这最简单的句法手段而构成的，而最先出现（或者说最先被合成的）体词性联合结构就是"爸爸妈妈"——这就是体词性联合结构的原型。因为没有什么其他人能比得上爸爸妈妈的重要性、亲密程度和熟悉程度，也没有什么事物能比得上爸爸妈妈之间更具有同一性了。作为人，爸爸妈妈对儿童的生活的影响是巨大的，作为词语，"爸爸妈妈"对儿童习得体词性联合结构的原型作用也是相当重要的。

"NN"结构一经形成，儿童在使用中就不断地强化它，并逐步认识到联合结构的整体性。此时的联合结构开始分布到不同的句法位置上去，具有了更多的句法功能。同时，在成人和大龄儿童语言的影响下，儿童逐步学会使用联结词语"和""还、还有"来联结联合结构，这样联合结构得到进一步的合成和扩展，并由此进入句法同化阶段。在句法同化的作用下，进入联合结构的成分之间不再像"爸爸妈妈"那样只是并列关系，相互间具有顺序、递进、补充等关系的成分也进入了联合结构。这样，随着儿童认知能力的发展和句法同化过程，儿童逐步把更多的语义关系容纳到联合结构中去，并掌握了联合结构的多种句法功能。

总之，从认识事物间的同一性和动作行为的同时性，从命题并列到命题复合，这是儿童认知、思维能力的发展；从谓词性成分的并列到体词性成分的并列，从双项联合到多项联合，从无标记到有标记，这是儿童语言能力的发展。通过命题并列、命题复合、确定原型等心理过程，通过连续排列、词语联结、框架联结等句法合成手段，通过句法同化、成分替换、结构扩展等句法分解手段，儿童既能把联合结构作为一个整体成分运用——掌握了联合结构的外部功能，又能对联合结构在内部进行替换扩展——掌握了联合结构的内部结构。这大概就是汉族儿童习得联合结构的过程和机制。

第九章　"把"字句习得研究

一、引言

"把"字句是汉语中常见的、也是较有特色的句式之一。本章考察儿童语言中的"把"字句的状况，分析儿童对于动作行为的处置、致使意义与施事、受事、时间、处所、工具、结果等成分之间的相互关系的认识，以及对于主动语态和及物动词的掌握和运用。我们首先描述儿童语言中的"把"字句的结构类型，其次分析儿童语言中的"把"字句在其发展过程中的一般趋势，最后探讨儿童在习得"把"字句过程中的心理机制和语言机制等相关的问题。

二、儿童语言中的"把"字句的结构类型

我们从经过整理的语料中共得到"把"字句 844 个，其中 2 岁年龄段 14 个，2.5 岁年龄段 40 个，3 岁年龄段 92 个，3.5 岁年龄段 120 个，4 岁年龄段 122 个，4.5 岁年龄段 230 个，5 岁年龄段 226 个。

儿童语言中的"把"字句按结构类型可分为 9 大类 17 个小类[①]。下面按照各结构类型出现于相应的年龄段的情况分别描述。

1a 把 + 名词 + 动词 + 趋向动词

1b 把 + 名词 + 动词 + 动词/形容词

2 把 + 名词 + 在/到 + 处所名词

上面这三类格式始见于 2 岁年龄段。例如：

我把这球摔掉。(2)

把这个手套搞下来。(2)

把手帕放到口袋里边好不好？(2)

（被试指着圈式座椅对取样人说）把我抱到这里面去。(2)

等一会我回来还要把苹果（画的苹果）贴在墙上。(3.5)

3 岁以上年龄段在这三类格式的基础上发展成"把"字连谓句。例如：

我要把果丹皮搞开吃。(3)

把眼睛蒙上来找人。(3.5)

你们要是听我的话，我就把你们带到公园去玩。(3.5)

它（指大象）有长长的鼻子，把大狮子卷起来甩到河里去了。(3.5)

（被试指着痰盂盖子说）等会儿，爸爸要吐吐沫就把这个掀开吐。(3.5)

我妈妈就说把我搞到外国去上学。(4.5)

3a 把 + 名词 + 副词 + 动词

3b 把 + 名词 + 一 + 动词

3c 把 + 名词 + 给 + 动词

3d 把 + 名词 + 介词词组 + 动词

3a 始见于 2.5 岁年龄段。例如：

把这个衣服先脱掉。(2.5)

把这个还搞。(2.5)

我把我的狗尾巴草插在这上面，把你的狗尾巴草也插在上面好吗？(2.5)

3 岁以上年龄段在这个格式中逐渐出现的副词有"都₁"（表示总括）、"都₂"（表示程度或强调）、"全都""全部""暂时"等。例如：

你帮我把两个都拿着。(3)

上一次扣这个扣子,把我的手都累疼了。(3)

我们把玩具全都放在桌子上,给我们玩。(4.5)

把我说的话全部记下来。(4)

我把剑暂时放在这里。(4.5)

3b 始见于 3 岁年龄段。例如:

他把火车一放,火车就开了。(3)

大象把它一卷,咚,甩到水底下去了。(3)

3c 始见于 3 岁年龄段。例如:

我把酱豆都给蘸完了。(3)

这个格式中的"给"是助词。主语为施事时,"给"加强处置意义。例如:

(被试自言自语)请注意,你们把你们的孩子给带好,不然他会跑的。(4.5)

总的来说,"给"表示加强语气或强调。例如:

快,把我给坐下去。(4)

我不说了,我再没话说了,都把我给累死了。(4.5)

这个格式在 4.5 岁以前复呈率较低,到 4.5 岁时剧增,成为与"把 + 名 + 都$_2$ + 动"(这是 3.5 岁年龄段从 3a 的"把 + 名 + 都$_1$ + 动"中分化出来的格式)有相关语法意义的平行格式。试比较下面的例子(均出自 4.5 岁年龄段):

我拿个刀来,把你头都杀掉了→后来他拿个刀把大灰狼给杀死了

我用刀把枪口都砸断掉→我说你把他的花给拆碎了

有时"都$_2$"和"给"连用。例如:

第一次录音,第二次录音,第三次录音,第四次录音,第五次录音,这么多录音,把嘴巴都给讲麻了,都不能喝水吃饭了。(4.5)

哎哟，还有这么多呀，把我手都给提不动了。(4.5)

（吃饭时取样人给被试揀了一个好红枣，并问她好不好。被试不小心把黄瓜弄掉了）好哇，好哇，把我的黄瓜都给好得掉在裙子上了。(5)

3d 始见于3.5岁年龄段。例如：

妈妈，把《小熊拔牙齿》给我讲完。(3.5)

这个例子中的"给"是介词。在以后的年龄段中，这个格式还有"介词+处所名词+工具名词"的用例：

它把枪对黑猫警长屁股打一针。(4.5)

我把粉笔在纸上写。(4.5)

要是把甘蔗用凉水搞搞，再用热水烫烫，就可以吃了。(3.5)

他就把豆腐用手库、库、库到地下了。(5)

4a 把+名词+动词+了

4b 把+名词+动词+着

4a 始见于2.5岁年龄段。例如：

大灰狼把我们吃了。(2.5)

这个格式是动词直接跟动态助词"了"组合。从组合成分来说，这个格式相对简单；但是相对而言，这个格式反而不如"把+名词+动词+结果补语+了"格式普遍。4a在2.5~3.5岁年龄段中复呈率极低。4岁以后出现的次数逐渐增多。如4.5岁年龄段的用例有：把头撞了/把它踩了/把她救了/把他打了/把房子烧了，等等。

4b 始见于3岁年龄段。例如：

你帮我把两个都拿着。(3)

太阳晒死了，我都没戴帽子来了，我就把手帕戴着吧。(3)

5a 把+名词$_1$+动词+名词$_2$（名词$_2$属于名词$_1$）

5b 把+名词$_1$+动词+名词$_2$（名词$_1$表物，名词$_2$表人）

5c 把+名词$_1$+动词+名词$_2$（名词$_1$表处所，名词$_2$表动作

的结果）

　　5d 把＋名词₁＋动词＋名词₂（名词₂表示名词₁的一部分）

　　5a 始见于 2.5 岁年龄段。例如：

　　（被试拿玩具枪追打鸭子）打小鸭子打死了，把打淌血了。（2.5）

　　要是吃刺，把嘴扎流血了怎么能吃呀？（3.5）

　　5b 始见于 3 岁年龄段。例如：

　　让我把猪八戒还给你。（3）

　　那你把我的纸给我。（3.5）

　　5c 始见于 3 岁年龄段。例如：

　　哥哥一弄，把缸子上搞上水了。（3）

　　其后的年龄段出现名₁不带处所标记的用例：

　　强盗头子最坏了，他把所有的门都画上白圆圈、红圆圈。（3.5）

　　黄金纸把这个染上了颜色。（4.5）

　　5d 直到 4.5 岁年龄段才出现。例如：

　　后来再拿刀一砍，把他头砍半块喽。（4.5）

　　6 把＋名词＋动词重叠

　　这个格式始见于 2.5 岁年龄段。例如：

　　（被试手拿玩具枪，当作工具往一个汽车模型中插）枪把这个修修。（2.5）

　　把车修一修，把这个自行车修一修。（2.5）

　　我叫爸爸来把你教训教训，我爸爸是老师。（4.5）

　　7 把＋名词＋动词＋得＋情态补语

　　这个格式始见于 4 岁年龄段。例如：

　　我在家里天天练武，练武把爸爸推得跌跤。（4）

　　我就拿个最大最大的弓箭往你那个那上面一戳，就把你戳得像个什么样子，像大轮那个样子。（4）

　　8 把＋名词＋动词＋动量

这个格式始见于 4 岁年龄段。例如：

我要你把全体的话都说一遍。(4)

我张开嘴把他咬一口，他就死了。(4.5)

9 把 + 名词$_1$ + 当/V 成 + 名词$_2$

这个格式始见于 4.5 岁年龄段。例如：

它想把小白兔当点心吃。(4.5)

把沙搞成正方形。(4.5)

××把瑞钰搞成了梅小姐，把梅小姐搞成了瑞钰。(4.5)

以上我们描述了儿童语言中的"把"字句的结构类型。详细状况请见下表。

句　　型		年龄段						
		2	2.5	3	3.5	4	4.5	5
		数　　字						
1	a	10	21	45	51	46	62	74
	b	1	12	24	20	22	43	55
2		3	1	9	19	12	36	31
3	a		3	2	9	7	25	13
	b			2	10	4	6	4
	c			1	1	4	12	10
	d				1	2	4	4
4	a		1		1	6	5	7
	b			3	1	2	4	4
5	a		1	3	4	6	4	3
	b			1	1	4	9	5
	c			1	2	2	3	2
	d						2	1

续上表

句　　型	年龄段						
	2	2.5	3	3.5	4	4.5	5
	数　　字						
6				1	1	3	3
7					4	2	4
8						1	
9						9	6
合　　计	14	39	91	121	122	230	226

[本表未列出各年龄段在各种结构类型中的人数分配比例，因而只反映某类结构开始出现的年龄以及各年龄段共出现了多少类型，并不表明各段中大多数人能够运用这些类型。]

三、儿童"把"字句的一般发展趋势

纵观 2～5 岁儿童语言中的"把"字句，可见类型 1a、1b 和类型 2 一直是运用频率最高的基本结构类型。这三种结构类型在 2 岁年龄段是 100%，在 2.5 岁年龄段是 90%，在 3.5 岁年龄段是 75%，在 4.5 岁年龄段仍占总句数的 65%。从一般发展趋势上看，随着年龄的增长，儿童语言中的"把"字句格式由简而繁，构成成分由少而多，句子长度由短而长。

（一）初始阶段

2 岁年龄段是"把"字句在儿童语言中的初现阶段。此期出现的"把"字句的类型只有 2 大类 3 小类，句内的构成成分也很简单，只有施事、受事、动作、结果、处所 5 种成分，而且施事成分经常不出现而由在现场的人补足。2.5 岁年龄段的发展主要表现在"把"字前面的成分上，一是出现了助动词和表示语气、频率、否定的副词。例如：

　　我要把它踩死。(2.5)

　　我能把大灰狼杀死。(2.5)

　　我就把你搞倒，我还把你搞倒。(2.5)

　　我不把小老鼠打死。(2.5)

　　我不把板蓝根吐出来。(2.5)

　　二是出现了时间、处所、工具等成分。例如：

　　昨天晚上我把车子搞倒了。(2.5)

　　在这上面跌倒了就把头跌破了。(2.5)

　　我回家拿刀把坏蛋杀死。(2.5)

　　三是出现了连动"把"字句和"动词词组/小句＋就＋把"构成的紧缩句，如上面的两例即是。再如：

　　哪个小孩不听话就把你抓起来。(2.5)

　　也有"把"字句在前的。例如：

　　把衣服躲起来就看不到太阳。(2.5)

　　以上情况表明，这一时期的儿童已经能够对"把"字结构整体运用，这一句法结构在儿童语言系统中已经成为一种较稳固的、具有整体功能的结构模式。特别是这一时期儿童表现出的对"把"字结构的扩展、引导、联结等句法处理能力，表明儿童已由初期的词语法阶段进入词组语法阶段。

（二）发展阶段

　　3～3.5岁阶段是儿童语言中的"把"字句的重要发展阶段。这一时期的"把"字句，结构类型已有6大类13小类，结构形式和结构成分比以前更为复杂，这一情况主要表现在"把"字结构的内部。一是"把"的宾语和谓语动词之间出现了一些附加成分，如表示频率、范围、方式、语气等语法意义的副词。这些成分出现在句中，使"把"字句的表义更加丰富，句子长度也明显增加。二是在动词之后出现了动态助词"了""着"，这表明儿童对处置性动作行为的完成和持续已有了实质性的认识。三是在"把"字结构的前面或后面出现了表示对象的"给 + 与事"构成的介词结构。例如：

　　××爸爸，你给我把伞打开。(3.5)

　　又如"把《小熊拔牙齿》给我讲完"。这种移位用法说明儿童对句子成分的语义性质及其间的语义关系已经能够准确地分析、确定，已经初步掌握句法格式之间的异形同义关系，具有了初步的句法变换能力。四是在"把"字的宾语（名₁）之后又出现了与之相关的名₂，即结构类型 5a、5b、5c、5d，这说明儿童此时对于人与人、人与事物之间比较复杂的多边关系（诸如从属、旁及、附着等）也已有了初步的理解和掌握。

（三）成熟阶段

　　4.5 岁以上年龄段可视为"把"字句的成熟阶段。此期"把"字句的结构类型已达 9 大类 17 小类，基本接近承认"把"字句的状况，覆盖率达 90%。未出现的两个格式分别是类型 6 的平行格式"把 + 名词 + 动词 + 了 + 动词"（即动词重叠中嵌了"了"字），如"把被子拉了拉"；还有类型 8 的平行格式"把 + 名词 + 动词 + 时量"，如"把小猪圈了三个月"。从表义特点来看，这两种格式基本上都是表示过去时态的动作行为，并且涉及时间的量，因而习得难度较大，所以在儿童语言中出现得也较迟。当然，以上这种比较只是就句法结构的类型而言。实际上，儿童语言中的"把"字句结构类型较多，但充当结构成分的词语则相对贫乏。所以，儿童语言中的"把"字句在词语的繁复和表义的精确性等方面，都不能同成人语言中的"把"字句相比。

四、儿童习得"把"字句的心理基础和语言基础

　　(1) 在儿童智能的发展中，动作发展占主导地位。"大约到

第一年末，儿童开始能把自己的动作和动作的对象区分开来，以后又能把自己这个主体和自己的动作区分开来，从这时候起，儿童开始把自己跟周围客体区分开来，认识了自己与客体的关系。"[②]16 周的儿童开始出现捋、抓握、操纵和探索等精细动作，这种直觉行动思维的特征，导致了直接处置的主动意识的形成。随着儿童自我意识的发展，儿童对自我、他人、事物间的关系有了初级的、普遍的认识，施事、受事、对象、工具、处所等语义角色的表象也逐渐形成，并相互联系起来。这一切都为"把"字句的习得提供了必要的心理基础。

（2）儿童在掌握施事、受事与动作行为之间的关系的初期，在运用句法形式来表现、处理这些语义角色的性质及其间的关系时，其语序之一为"（施事）＋动作行为＋受事"。下面是几个 1.5 岁年龄段的例子：

给我/抱宝宝/揩屁股/伯伯抱我

在此期儿童的动作句中，施事经常不出现，而由在现场的人补足。当儿童进一步理解、掌握这些语义角色的性质及其间的关系，认识到动作与施事、受事之间这种语义关系的恒定性时，儿童对语义成分、语义关系和句法形式的对应关系就有了进一步的认识。在处理这些语义关系时，就能够运用更多的句法形式。这样，受事成分就从最初的位于动词之后而位移到了动词前。这时候，"把"字句就出现了。

从语法意义上看，"把"字句表示动作行为对人或事物的处置或致使的结果，因而在语法结构上，"把"字句中的动词不能是单纯的单音节或双音节动词，一般要求动词后面要带有助词"了""着"，或者有宾语或补语，或者动词前面要有介词结构"往……""用……""当……"等充当的修饰成分，或者动词本身是重叠形式。上述这些句法要求对于儿童习得"把"字句来说，就是必要的语言基础。换句话说，儿童只有先学会上述这些结构成分，才能进一步去习得"把"字句。我们在考察中发现，1 岁半至 1 岁 9 个月的儿童已经能够运用如下动词性结构：

动词 + 处所名词：坐后面/在这里/在手上

动词 + 结果补语 + 了：坐好/长高了/（鞋）掉掉了

动词 + 趋向动词 + 了：门关起来了/下来/拾起来

这些动词性结构为儿童习得"把"字句提供了最基本的语言基础。因此，在三四个月之后，也就是 2 岁左右，儿童语言中就出现了"把 + 名词 + 动词 + 动词/形容词 + 了""把 + 名词 + 动词 + 趋向动词""把 + 名词 + 动词 + 在/到 + 处所名词"这三种最基本的"把"字句的结构类型。

（3）儿童在初步习得"把"字句以后，并没有停止学习的脚步，他们进而进入了发现性联系阶段。这个阶段他们运用的习得手段以及习得的步骤、内容大致如下：

①替换。对已习得的具体的、有一定句法结构的语句，用句法性质相同的成分去替换原句法结构中的某个句法成分。例如对"把"字句中的施事、受事、处所、结果、动作等成分的替换。

②扩展。对已习得的"把"字句中的结构成分进行扩展。扩展包括增加修饰成分、补充成分等。从下面这几个例子我们可以看到儿童"把"字句扩展的大致过程：

我把这球甩掉（2）→把你的狗尾巴草也插在这上面（2.5）→把孙悟空大闹水晶宫那本好看的书拿来（3.5）→把电视上面的《末代皇帝》的字写下来（4.5）

③移位。根据一定的表达目的和语境，把"把"字句中的结构成分的移动位置，变化结构形式。例如：

给我把伞打开（3.5）→把《小熊拔牙齿》给我讲完（3.5）（介词 + 对象）+ 把 + 受事 + 动作→把 + 受事 + （介词 + 对象）+ 动作

大象用长鼻子把它卷起来甩到大河里（3.5）→把甘蔗用凉

水搞搞（3.5）

施事＋（介词＋工具）＋把＋受事＋动作→（施事）＋把＋受事＋（介词＋工具）＋动作

④联结。把习得的句法结构彼此联结起来，构成更为复杂的句法结构。例如"把"字句同其他句法结构的联结：

在这上面跌倒了就把头摔破了（2.5）

你把东西放掉才能打球呢（3）

⑤纠错。儿童在习得"把"字句的过程中，会出现不完全学习过程中的偏误现象。这时儿童会主动地或在指导下纠正自己的错误。例如：

要把打死它，要把它打死，把它捆起来。（3）

又如在习得"把"字句的否定形式时，我们发现儿童对"不"的运用比"没（没有）"早。"不"在2.5岁年龄段就已经出现，而"没"直到4岁年龄段才出现。儿童在使用"不"字否定式时很少出现偏误现象，而在使用"没"字否定式时则有偏误现象。例如：

（被试说在幼儿园吃中饭的情况）今天把饭没吃完。（4）

（被试讲故事）坦克开炮，砰、砰，把小姑娘没打死，把大狗熊打死了。（4）

上面两例中的"没"应置于"把＋名词"的前面。这种现象在以后的年龄段中有所改善。例如：

（被试讲故事）小公鸡，你怎么把它推到地下去了？小公鸡说，喔喔喔，我没把它推进去。（4.5）

上述联系反复进行，儿童对"把"字句的认识也逐步深化，对"把"字句的结构形式、结构成分和结构规则渐次达到完整、正确的认识，这时，我们可以认为儿童基本上习得了"把"字句。

五、儿童"把"字句的几个特点

（一）儿童"把"字句中的动词

儿童"把"字句中的动词几乎全是单音节的，而其中又有相当数量是表示人的肢体部位的动作的动词，这显然与儿童的生活内容、生活环境以及儿童的直观思维有密切的关系。下面是几个有代表性的年龄段的"把"字句中出现的动词（列举不避重复）。

（1）2.5 岁年龄段。

插　搞　杀　逮　打　劈　摔　抓　拿　甩　踩　关　闭　栽　掉　躲　吃

（2）3.5 岁年龄段。

扇　打　搞　宰　掀　逮　抠　解　扒　装　脱　剪　卷　拿　捂　捆　收

接　记　写　撒　挂　摔　伸　拖　扎　举　带　画　刷　倒　放　讲　累

跌　锁　蒙　吃　砍　甩　照　咬　啃　开　破　砸　冒　送　给　烫　关

贴　拉　杀　烧　消灭　整理

（3）4.5 岁年龄段。

推　扶　带　牵　抱　拿　救　撒　扔　捡　拆　提　砍　杀　剪　裁　套

卷　钩　装　塞　戴　接　缩　放　迷　抓　打　戳　抠　扳　挖　捣　抵

搞　挑　撞　扫　撕　捆　抹　捞　偷　吊　射　甩　砸　转　压　滑　染

轧　系　碰　敲　关　开　闭　锁　炸　烧　盖　端　踩　踢　跌　骑　吞

吹 咬 啃 写 记 说 讲 饿 累 淹 变 当 给 朝 发动 教训

（二）工具性"把"字句

儿童"把"字句明显地表现出凭借工具进行处置的意识，换句话说，在早期儿童的思维中，动作同工具是密切相连的。如2岁儿童语言中的例子：

大石头搬起来，把大灰狼打死。（2）

我的刀呢，把大灰狼打死了。（2）

不过早期儿童还不能给工具性成分冠以语法标志。到了2.5岁时，儿童能够把工具成分同处置性动作行为组合在一个句子之中。例如：

我回家拿刀把坏蛋杀死。（2.5）

这个例子中的"拿"已经比较明确地显示了"刀"的工具性质。到了3.5岁，工具成分被更为明确地标示出来：

大象用长鼻子把它卷起来甩到大河里。（3.5）

工具性"把"字句在儿童"把"字句中占有相当的比例。在我们考察所取得的总句数中，2岁组占15%，2.5岁组占18%，3岁组占16%，3.5岁组占14%，4岁组占21%，4.5岁组占18%，5岁组占16%。

（三）儿童"把"字句中"把"字宾语情况的发展

从词语的指称角度来看，儿童"把"字句中"把"字的宾语可以分为三类：指称现实语境中的人、指称现实语境中的物、指称非现实语境（不在眼前或手头）的人或物。

2岁年龄段的儿童还不能运用"把"字句表示对现实语境中的人进行处置。在所得的2岁年龄段的14个用例中，我们没有发现"我、你、他"做"把"字宾语的情况，"把"字的宾语基本上都是同现实语境中的事物相联系。例如"这个手套、这球、叔叔笔、手帕、鱼"等。形成这种情况的原因同儿童早期对施事、受事的认识有关。在早期儿童的认识中，人同施事、物同受事基本上是等同的概念。儿童的这一认识反映在"把"字句中，就形成了"把"字的宾语基本表物这一特点。

2.5岁年龄段出现了人称代词做"把"字宾语的用例，但在"把"字的宾语中，仍有75%同现实语境中的物相联系。这种情况到3.5岁时有较大的变化。在121个"把"字句中，人称代词做"把"字宾语的情况占19%，同现实语境中的物相联系的"把"字宾语占48%，同非现实语境中的人或物相联系的"把"字宾语占33%。造成这种变化的原因主要是两个方面，一是由于这一年龄段的儿童已能通过影视音像制品、书籍图片等获得更多的知识，间接地扩大了自己的视野，并且也已经具备相当的记忆、背诵和表述能力，其思维也具有一定的超越眼前范围的想象性，从而使非现实语境中的人和事物大量地进入言语。二是，这一年龄段的儿童已经认识到人不仅可以对物施发动作行为，进行处置，而且也可以对人施发动作行为，进行处置。人同施事、物同受事之间的等同关系在儿童思维中已不再保持。进入4.5岁年龄段，同非现实语境中的人和物相联系的宾语已达到50%，同现实语境中的事物相联系的宾语则下降到36%。这两个数字从一个方面反映了儿童思维能力的发展，也反映了儿童语言能力的发展。

（四）儿童"把"字句中"把"字宾语的脱漏

在"把"字句中，"把"字的宾语是句法结构的必有性成分，是不允许缺少的。但是，在儿童"把"字句中，尤其是在2～3岁儿童语言中的"把"字句中，却常常出现"把"字的宾语脱漏的现象。例如：

这是小娃娃头，放在这个口袋里边，把塞到叔叔领子里去。

（2）

（被试玩弄取样人的指甲剪，取样人要拿回来，被试说）我把搞好。（2）

这种"把"字宾语的脱漏是一种不自觉的言语错误。这种"把"字宾语的脱漏并不是儿童由于知识的不足而说不出，或是由于背景不明而不知道，这种现象的出现是有其特定的原因的。分析起来，造成这种情况的原因有两个方面：

第一个方面是早期儿童以自我为中心的思维特点。这种思维特点表现之一就是：凡是儿童自己认为是明确的东西，他们觉得别人也一样地明确（实际上脱漏的"把"字的宾语的所指也确实是明确的），所以儿童认为指明或不指明没有太大的关系。在这种思维习惯的支配下，就出现了"把"字宾语的脱漏。不过，需要指出的是，儿童对"把"字句中"把"字的宾语已有相当的自觉意识，他们常常给"把"字的宾语加上"这、这个"之类的词语予以特指。但这种自觉意识又常常被不自觉意识阻断而导致破格句的出现。从下面这两个例子可以看出儿童心理上对"把"字宾语的"淡化"和"强化"意识：

（被试摆弄取样人的圆珠笔后，要求取样人缩回笔芯）把关掉。（取样人未动作）把这个关掉。（2.5）

（被试扣取样人的夹克衫的按扣，扣不上，要取样人扣）把扣上哎。（取样人未动作）把高头扣上，把这一边扣上。（2.5）

上面两例似乎说明，儿童在生成"把"字句的过程中，由于情绪（如急于实现动作行为的预期效果）、情境（如当时专注于做某件事）等方面的因素，可能会干扰其语言机构的工作。

第二个方面是语速的影响。儿童在说话时，有时语速太快，这时常常出现言语错误。"把"字宾语的脱漏也是其中之一。例如：

（被试拿着玩具枪追小鸭子，边追边喊）把小鸭子打死了！（小鸭在跑动中歪仄）把打跌倒了！把打淌血了！（3）

（被试甲、乙画画。甲说）呃，我不画大鲨鱼了，把擦子给我，我自己擦。（被试乙要帮甲擦，甲说）你擦得不干净，把擦掉吧，把擦掉吧，把这些都擦干净。(4)

这种现象显然有着思维同语言瞬间脱节的因素。随着儿童语言习得进程的发展，4 岁以上年龄段中，这种“把”字宾语脱漏的现象已很少见，儿童对“把”字必带宾语的句法制约的认识已经很巩固，并逐渐规则化。下面两个例子可以反映出儿童“把”字句的成熟：

（被试讲故事）然后他们就赶快，咚（摹拟脚步声），把台灯，咚咚，录音机、被窝抱着回家了。(4.5)

（被试甲、乙斗嘴。甲说）他就张开口把你头，把你衣服，把你吞到肚子里去。(4.5)

（被试一边摆弄东西一边对取样人说）我把这三样，你看好，把这个东西一挑。(4.5)

上面三例的第一例中，“把”字带了三个宾语；第二例中，“把”字分别带了三个不同的宾语；第三例中，儿童更换了“把”字的宾语，并且中间还插入了插说成分。由此三例可见，儿童对“把”字带宾语的这一句法制约的掌握和运用已经到了比较自如的程度。

六、儿童“把”字句给我们的启示

以上我们比较全面地展示了 2 ~5 岁儿童使用“把”字句的情况。通过以上描述和分析，我们觉得有两点值得我们注意：

(1) 我们的考察表明，2 岁左右的儿童的语言中已经出现“把”字句的三种基本格式，而且都是由一定的语言环境引发的生成句。在我们的考察之前，有关的研究人员已经对儿童“把”字句进行了考察，并且得出儿童“把”字句出现在 3 岁年龄段的结论。例如李丹主编的《儿童发展心理学》指出：3 岁左右儿童已开始使用较复杂的修饰语，如名词性结构的"的"字句（我玩的积木）、介词结构的"把"字句（小朋友把钢笔交给阿姨）③。又如朱曼殊先生指出：3 岁半以后，出现了较多复杂的 M 句，如其中有介词结构的"把"字句：他们把绳子接起来跳／小兔子把萝卜放在桌上④。我们得出的结论在时间上比这些结论有较大的提前。这就意味着，我们对儿童语言能力的认识，有必要继续进行比较细致的考察。

（2）关于"把"字句的习得机制问题，有一种较流行的假设"转换习得说"，即认为儿童首先习得"主—动—宾"句，然后经过句法转换，将句中的宾语前置为"把"字的宾语，从而形成"把"字句。这种"转换习得说"的语言理论基础是汉语语法学界关于"把"字句是由"主—动—宾"变换而来的观点。

我们认为，从习得机制的角度来说，"把"字句很难说是由"主—动—宾"句转换习得。因为这两种句式无论在句法构成上，还是在表达的语法意义上，都存在一系列的差异。关于这两种句式之间的关系，朱德熙先生曾有过如下论述：

过去有的语法著作认为"把"字的作用在于把动词后头的宾语提前，因此"把"字句可以看成是"主—动—宾"句的变式。……其实跟"把"字句关系最密切的不是"主—动—宾"句式，而是受事主语句。仔细观察一下就会发现，绝大部分"把"字句去掉"把"字以后剩下的部分仍然站得住，而这剩下的部分正是受事主语句。例如：

把衣服都洗干净了，衣服都洗干净了。

由"把"字组成的连谓结构由两个特点：①动词不能是单纯的。②"把"字的宾语在意念上是有定的。我们知道，受事主语句里的动词也不能是单纯的，主语（相当于"把"字的宾语）在意念上也必须是有定的。可见这两种句式关系之密切⑤。

我们根据朱德熙先生以上指出的"把"字句在句法构成上

的特点，比较了 2 岁年龄段儿童语言中的"把"字句、受事主语句和"主—动—宾"句。比较的结果是：在三种句式中的受事成分的性质这一点上，"把"字的宾语、受事主语句的主语基本上都是有定的，"主—动—宾"句中的宾语既有有定的，也有无定的；在句中的动词的性质这一点上，"主—动—宾"句中的动词几乎都是单纯的。例如：

　　我咬手／我拿小鸭／叔叔开门／奶奶去倒水／叔叔戴帽帽／你画一个鞋／我要叠个小老鼠／小朋友搬椅子／小妹妹玩玩具

　　这种单纯动词无疑极大地限制了"主—动—宾"句转换为"把"字句的可能性。而同期出现的受事主语句中的动词都不是单纯的，多为"动＋趋向动＋了""动＋着／过了""动＋处所名"等。例如：

　　笔拿来／球拿到了／鞋子挂着了／积木放上面了／字又写过了／帽帽放叔叔口袋里／这个小鸭放在这儿

　　拿我们前面所描述的 2 岁年龄段"把"字句的状况同上面的例子相比较，我们可以看到，同期出现的"把"字句同受事主语句之间明显地存在密切的联系。有的"把"字句相当于受事主语句加上一个"把"字。例如，"把手帕放到口袋里"显然同"帽帽放叔叔口袋里"关系密切。此外，同期还出现受事主语句同"把"字句配合使用的情况。例如：

　　小白兔打死了，把小白兔打死了。

　　大石头搬起来，把大灰狼打死。

　　我把这球摔掉，这球摔不掉。

　　（被试脱取样人左手手套）把这个手套搞下来。（又看右手）这个手套可搞下来了？

　　尽管我们目前还不能断言儿童是先习得受事主语句然后再习得"把"字句的，但是可以肯定地说，这两种句式之间的关系确实密切，而 2 岁儿童语言中的"主—动—宾"句则根本不可能转换成"把"字句。因此,关于"把"字句的转换习得说也就很难成立。

通过对取得的语料的分析,我们还发现,在运用句式的策略上,2岁儿童还有一种值得注意的倾向:在需要强调句子中受事成分时,一般不是运用"把"字把受事前移,而是往往置于句首,形成受事主语句。例如:

(被试一个一个地推动旋转木马)叔叔开这个呀,我来开这个。开呀,这个我开过了。

(被试要骑木马)骑马,这大马我骑。

我有手绢,手绢我藏起来了。

儿童"把"字句从2岁时开始出现,到4.5岁时已相当成熟。这个发展速度是惊人的。由于我们还缺少个案追踪性材料,因而还不能很清晰地展示这一习得过程的发展轨迹。这方面还有待于今后进一步的探讨。

注 释:

①我们所归纳的儿童"把"字句的结构类型参照了《现代汉语八百词》中所列出的"把"字句基本结构类型,按各年龄段相应出现的结构类型重新标注了大类和小类。

②李丹. 儿童发展心理学[M]. 上海:华东师范大学出版社,1987:477.

③李丹. 儿童发展心理学[M]. 上海:华东师范大学出版社,1987:130.

④朱曼殊. 儿童语言发展研究[M]. 上海:华东师范大学出版社,1986:7.

⑤朱德熙. 语法讲义[M]. 北京:商务印书馆,1982:187-189.

第十章　被动句习得研究

一、引言

　　本章考察儿童语言中的被动句的状况。我们首先描述儿童语言中被动句的结构状况和语义状况，勾勒其发展过程，指出儿童被动句的特点，然后对相关的问题进行讨论。

　　本章所讨论的被动句包括两种情况：一种是有被动介（助）词的被动句，如"球给他拿走了"；另一种是无被动介（助）词的被动句，如"球拿走了"。

　　在被动句中，受事成分处于主语位置是必要条件之一，但是处于主语位置的语义成分除了受事以外还有其他性质的成分，如"结果"（飞机叠好了）、"处所"（汽车坐过了）等，这些成分也可以占据受事成分的句法位置，如"把"字后、"被（给）"字前、谓语动词后等。我们把这些成分看作广义的受事成分。这样，被动句也包括狭义的受事主语句和广义的受事主语句。从取得的语料中共得到被动句 288 句，其中无被动介（助）词被动句 172 例，占总数的 59.7%；"给"字被动句 81 例，占 28.1%；"被"字被动句 34 例，占 11.8%；"叫"字被动句 1 例；"让"字被动句未发现。

二、儿童语言中被动句的类型

　　我们根据句中结构成分的情况，把儿童语言中的被动句分为以下类型，下面分别描述。

（一）名_受＋动

此类被动句始现于 2 岁年龄段。这类被动句中的"动"或为动趋式、动结式，或带有助词"了、过、着、的"。例子如下：

（取样人帮被试从床下把皮球拿了出来，被试说）球拿到了。(2)

（被试看画册《小猫钓鱼》）大鱼钓上来了，钓起来了。(2.5)

（被试看画册《猪八戒吃西瓜》）西瓜杀开了，猪八戒吃了。(3)

（被试边玩边说）啪啪！大灰狼打死喽！(2)

（被试甲、乙玩烧饭的游戏。乙碰坏了"炉子"，甲说）炉子搞坏了，不玩了。(2.5)

（被试洗好了脚，喊妈妈）妈妈，我的脚洗好了。(3.5)

（被试甲拿本画册问乙）这本看过了没有哇？(2.5)

（被试指着"熊猫骑自行车"玩具上的熊猫说）它下不来，它捆着的。(3.5)

（被试对取样人讲幼儿园的伙食）苹果昨天吃的，今天吃橘子。(3.5)

这类被动句中的"动趋式"和"动结式"后面一般都有助词"了"，但也有不带"了"的。例如：

（被试的爸爸给被试戴帽子，被试边摘帽子边说）帽甩掉！(2)

（被试边看画册边自言自语）大石头搬起来，把大灰狼打死！(2)

句尾有"了"的被动句和没有"了"的被动句区别有两点：从表述的事件状态来说，是已然和未然的区别；从表达性质上说，是陈述事件和表达意愿的区别。句尾不带"了"的被动句只出现在早期儿童（2～2.5 岁）的语言之中。随着儿童语言能力的发展，句尾加"了"逐渐成为儿童生成此类被动句时一条约束较为严格的规则。

在这类被动句中，主语和谓语动词之间的语义关系除了"受事—动作"以外，还有其他语义关系。描述如下：

1. 结果—动作

（被试把自己叠的纸钢琴拿给取样人看）你看，钢琴叠好了吧？是我自己叠的。(2.5)

（被试摆积木，对取样人说）叔叔你看，火车摆起来了。(2.5)

（被试听完了故事问取样人）你的故事讲完啦？(3)

2. 处所—动作

（被试指着画册上的汽车问取样人）这是什么？（取样人回答：警车。）警车可坐过了？（被试又指着消防车问）消防车坐了没有？(3)

（被试对取样人讲公园里的事）那还有飞机，飞机坐上去，它就开了。(4.5)

3. 方式—动作

（被试帮助取样人往盒子里装磁带，问）顺序摆乱了可有关系？(4.5)

主语同谓语动词的语义关系从"受事—动作"发展为多种语义关系，我们认为这是句法同化的结果。这反映了儿童句法概括能力的发展。关于这一点，我们后面还要讨论。

从上面的例子可以看出，这类被动句中的主语绝大多数表示无生物或动物，这是其语义上的特点。从语法特点上看，绝大多数都表示有定的、确指的事物。

（二）名$_受$＋被（给）＋（名$_施$）＋动

如果在"名$_受$＋动"类被动句中加上"被、给"，引出施事成分，就成为这类被动句。这类被动句又可以分为两种情况：一种是"被、给"后面有施事成分，另一种是"被、给"后面没有施事成分。我们先来看"被、给"后面有施事成分的情况。

用"被、给"引出施事成分的被动句始现于 2 岁年龄段。在这种情况中，"给"比"被"出现得早。例如：

（取样人把笔放在腿弯里。被试找笔）笔呢？笔给老猫拿去了。（取样人拿出笔）笔给老猫拿来了。(2)

（取样人指着被试手上的血痕问：这怎么搞的？被试说）手给小朋友抓破了。(2.5)

（被试边看画册边说）（小白兔的）伞给大灰狼抢走了。(3)

3 岁以前，引进施事成分的都是"给"。"被"到 3 岁时才开始使用。3～5 岁是"给""被"共用的时期。比较起来，"给"的使用要多一些。下面是"被"引进施事成分的例子：

（被试甲玩乙的积木，发现少了几个，问）那一个呢？（乙说）那一个被我搞掉了。(3)

（被试喝完茶对爸爸说）房间里那个茶缸被我喝完了。(3.5)

（被试讲《变形金刚》）魔力神球的钥匙被那个威震天抢去了。(4)

（被试画画时自言自语）哎呀，不好了，两棵树被风爷爷吹倒了。(4.5)

（被试甲、乙假想他们上街去玩，碰到了一些情况。甲说）那个老太太被汽车撞倒了，那……那就赶紧抢救吧。(5)

3 岁前"给、被"引进的施事成分都表示人或有生物。3 岁以后才出现"给、被"引进非生物施事的例子。例如：

（被试看到取样人手上包着白纱布，问）你手怎么搞的？（取样人说：开水烫的。被试转身对其他小朋友说）叔叔的手被开水搞破了。(3)

（被试踢球跌倒了，趴在地上对取样人说）我起不来，我被它（指球）打伤了。(4.5)

（被试甲指着乙说）她凉鞋被水搞潮了。(5)

（被试对爸爸说）妈妈手被刀割了。（爸爸说：骗人吧？被试强调说）这个刀把妈妈手割了。(5)

在早期儿童的语言知识中，表人或生物的成分同施事、表非生物的成分同受事近乎于等值。非生物施事句的出现，不仅表明儿童对"施事""受事"性质认识的深化，以及利用句法结构处理语义关系的能力的发展，而且也表明了儿童认知能力的发展。

不含施事成分的"被、给"类被动句到3岁以后才出现，而且使用得也较少。下面是例子：

（被试用手帕叠老鼠）小尾巴给搞住了。(3)

（被试讲自编的故事）晚上以后呢，狐狸叫起来了，它的痰盂被打掉啦！(3.5)

（被试即兴编故事）他们用火柴点他头，"哎哟，我的头给烧掉啦！"(4.5)

（被试用一根带子捆取样人的腿）你的腿被捆起来了。(5)

（被试看照片）我找出爸爸了，妈妈也给找出来了。(5)

（被试甲指着乙说）他的衣服被穿反了。(5)

上述例子中的"被、给"都可以省去。这类句子的形成有两种解释：一种解释是"被、给"后隐去了施事成分而形成这类句子；另一种解释是为了表示强调而在"名受＋动"类被动句中加上"被、给"而形成这类句子。

（三）名受＋动＋名处

这类被动句的"名处"是表示处所的成分，一般多为方位词组。句中的动词有三种形式。第一种是光杆动词。例如：

（被试在地下玩积木，取样人把积木拿起来放在桌子上，被

试说）积木放上面了。（取样人又把积木夹在腿弯里，被
试又说）这放底下了。(2)

（被试一边往阴沟里甩石子一边说）石头甩洞里。(2.5)

第二种形式是"动+趋"。例如：

（被试指着小床对取样人说）球搞到这个里面去了。(2)

（被试对取样人说）我帽子带回家去了，我不想戴了。
(2.5)

（被试甲乙玩玩具汽车）咚！汽车推到山下去了。(4)

第三种形式是"动+介"。例如：

（取样人手拿一个橡皮鸭子。被试用玩具手枪对着取样人
说）不许动！小鸭放在这儿！(2)

（被试玩种植游戏）大草栽在这里，好，栽好了。(2.5)

（被试讲公园里的情况）狼有两个，它关在笼子里面。
(4.5)

当儿童运用这类被动句进行询问时，句中的"名处"一般
为疑问代词"哪、哪里、哪儿"。例如：

（被试找玩具火车）火车搞哪去了？(3)

（被试找玩具手枪）枪搞到哪里去了？(3)

同"名$_{受}$+动""名$_{受}$+被（结）+（名$_{施}$）+动"两类被
动句相比，这类被动句中的动词后增加了处所成分。处所成分同
动词的结合方式，也从"动+处"逐渐发展到"动趋/介+处"。
这些情况都反映了儿童被动句水平的发展。

（四）名$_{受}$+（被、给）+（名$_{施}$）+动+名

这类被动句中有两个名词性成分。位于动词前面主语位置上
的名词是受事性质，位于动词后面宾语位置上的名词的性质则不
一致。分析起来，有如下两种情况：

第一种情况是：宾语位置上的名词为与事成分。例如：

（被试甲、乙分玩具。甲说）这个给你。(2)

（被试看到地上的草籽误认为是小米）小米给小鸡的。
(2.5)

（被试甲、乙分象棋棋子）甲：这个老将给你。乙：这个车给我。(4)

第二种情况是：宾语位置上的名词为受事成分，并且是主语位置上的名词的一部分。例如：

（被试指着腿说）这个地方被蚊子咬了一块，蚊子真坏！
(3.5)

（被试讲《黑猫警长》的故事）"一只耳"被黑猫警长打掉了一只耳朵。(5)

（看电视。被试指着剧中人说）他给坏蛋打伤了一条腿。
(5)

（五）名$_受$＋动$_1$＋动$_2$

这类被动句中的"名$_受$"同动$_1$、动$_2$的关系有两种情况：

第一种情况是："名$_受$"是既是动$_1$的受事，也是动$_2$的受事。例如：

（取样人指着画册上的画面问被试：他们干什么呢？被试说）在买书，书买来看看。(3)

（被试甲看乙画黑猫警长。甲说）手枪呢？（意思是你怎么没画出黑猫警长身上的手枪。）（乙说）不在这吗？它插在里面看不见的。(4)

（被试甲、乙谈论水果。甲说）香蕉皮不能吃，香蕉皮剥了吃，石榴也剥皮吃。(4)

下面几例是紧缩句，语义关系同上：

（被试对取样人说）我家有话梅给你吃。（取样人问：怎么吃呢？被试说）话梅烧呀烧呀，煮呀煮呀，煮好了才能吃呢。
(2.5)

（被试甲指着存钱盒问乙）这个钱装进去就倒不下来吧？（4.5）

（取样人问：你们上课画什么呢？被试说）月亮、卫星、星星，画画好了就送给老师。（5）

第二种情况是："名$_受$"只是动$_1$或动$_2$的受事，同时与另一个动词又有其他关系。例如：

（取样人问被试：你星期天干什么了？被试说）我喂小宝宝（布娃娃）吃药，带小宝宝睡觉，我的衣服给它当被子。（4.5）

"我的衣服"是动$_1$的受事，动$_2$的系事。

（被试指着公园的后门说）我妈妈有时候在这里上班，她又调到马路的大门那边去上班了。（4.5）

（被试对取样人说）我罚站不哭的。（5）

上面两例中的"她""我"是动$_1$的受事，动$_2$的施事。

下面一例是紧缩句：

（客人走了。被试对爸爸说）叔叔走了就找不着啦。（3）

"叔叔"是动$_1$的施事，动$_2$的受事。

（六）名$_受$＋动$_1$＋名$_兼$＋动$_2$

这一类被动句中的动$_1$都是"给"。句中的"名$_兼$"既是动$_1$"给"的与事，也是动$_2$的施事。主语位置上的"名$_受$"既是动$_1$的受事，也是动$_2$的受事。例子如下：

（老师发茶鸡蛋，被试说）大蛋给我吃。（2）

（取样人发玩具，被试说）小白兔给我玩。（2.5）

（被试给取样人一张纸）这个纸给你叠。（2.5）

（被试和妈妈说话）爸爸回来以后，面条给爸爸吃。（3.5）

（被试甲给乙一本画册）这书给你看。（4.5）

从上面的例子中我们可以看到，这类被动句的长度较短，句子中的词语也较为贫乏，但句法成分及其间的语义关系却相对复杂。特别值得注意的是，儿童2岁时就使用了这类句子，并且比较准确。由此我们初步得到两个印象：一是儿童对句法成分之间的语义关系的掌握完成得较早较快，二是儿童习得句法结构的速度要大于习得词汇的速度。

（七）名$_{受}$ + 名$_{施}$ + 动

这类句子是主谓谓语被动句。这类句子在2岁时也出现了，在以后各个年龄段出现得频率也较高。由此可见主谓谓语句确实是现代汉语的基本句型之一。

这类被动句中的"动"的后面一般都不再带"名$_{受}$"。句中"动"的情况包含了上面几类被动句中"动"的情况。下面是这类被动句的例子：

（被试看到取样人买来了果丹皮）果丹皮我要。（2）

（取样人装老虎逗被试，被试说）大老虎我来打！（2）

（被试指着画册上面的海豹说）海豹我到公园看到的。（2.5）

（被试吃完了香蕉）香蕉我吃到肚子里头去了。（2.5）

（被试找书看）大灰狼书我找来看。（3）

（被试甲拿着糖对乙说）糖我从家里带来的。（3.5）

（被试对取样人说）饼子没有啦，饼子我给老师吃啦。（4）

"名$_{受}$"是周遍性的主谓谓语被动句到4.5岁以后才出现：

（被试甲对乙说）我想吃的东西妈妈都给我拿。（5）

（被试同取样人谈论饮食）什么汤我都喜欢喝，就一种汤我不喜欢喝，就那个香肠汤。（5）

这类被动句还有比较复杂的情况：

（取样人对被试说：我们到公园玩去。被试说）公园我不知道在哪。（3）

"公园"是全句的主语，也是动词"在"的系事。

（被试谈论水果）甜的葡萄我喜欢吃，酸的不吃。（4.5）

"甜的葡萄"既是全句的主语，又是动词"吃"的受事。而"吃"又是动词"喜欢"的宾语。"吃"同"甜的葡萄"之间的语义联系跨越了三个层次。

这类被动句中充当主语的名词同动词之间的语义关系除了"受事—动作"以外，还有其他语义关系：

（被试上木马）这大马我骑。（2）

（被试指着一辆吉普车说）那个车我坐过。（3）

上面两例中，主语同动词之间的语义关系是"处所—动作"。

（被试对取样人讲了一句话后说）这句话你给我记下来。（3.5）

（被试甲问乙）手枪你可会画？（4）

（被试扮演老师）好，这个故事我就给小朋友讲完了。（4.5）

上面三例中，主语同动词之间的语义关系是"结果—动作"。

（被试玩橡皮鸭子）今天小鸭我来给它戴花儿。（4.5）

句中的"小鸭"是"戴"的与事。

（八）儿童被动句中的状语成分

儿童语言中的被动句中的状语，除了"给、被 + （名$_{施}$）"以外，还有副词性状语、助动词状语、介词词组状语等。

副词性状语表达的意义有以下几种：

表范围。使用的副词有"也、都、全"等。例如：

（被试甲、乙玩吃饭的游戏。甲说）肉吃了，鱼也吃了。（3）

（被试给取样人讲他家里的事）后来，我们家鸡嘛，全给黄鼠狼吃掉了。（4）

（取样人提问题，被试不耐烦）这都是小问题呀，小问题都

搞过了。(4.5)

（被试讲自编的故事）后来，老鼠全都被抓到了。(4.5)

表时间。例如：

（被试看《猪八戒吃西瓜》的画册）猪八戒拿刀子杀它，西瓜就杀开了。(3)

（被试讲家里丢鸡的事）黄鼠狼一钻进去就逮到我家鸡了。(取样人插话：鸡不叫吗？被试说）它已经被黄鼠狼逮住了。(4)

（被试甲对乙说）我们家一开始有《变形金刚》书，后来被哥哥搞掉了。(4)

（被试指着布娃娃对取样人说）她现在给医生诊好了。(4.5)

表强调。例如：

（被试甲、斗乙嘴。甲说）然后你就掉下来，咚，头都砸扁啦!(4.5)

（被试吃饭来晚了，说）菜都被我搞冷了。(4.5)

表否定。否定副词对它后面的成分的否定可分为两种。一种是全部否定。例如：

（被试甲进门后没关纱门，乙说）门没关上。(3)

（取样人带被试出了幼儿园，被试说）幼儿园有玩具，玩具没带来。(3.5)

（被试给爸爸讲幼儿园里的事）××的被子没叠起来，后来我就帮他叠了。(4.5)

另一种是部分否定。部分否定又分为否定动词后的补语和动词前的状语两种情况。先看否定补语的例子：

（被试玩栽树的游戏）树没栽活。（栽了，但是没活。)(2.5)

（吃饭的时候。甲吃了几口不吃了，乙说）你的饭还没吃完呢。（吃了，但是没完。)(3)

再看否定状语的例子：

（被试跟妈妈讲话）妈妈，我跟你说句话，别给爸爸听到了。（"话"只让妈妈听到，不让爸爸听到）(5)

助动词"能"做状语时表示两种意义。一种是表示主观上容许某物被处置。例如：

（被试甲一边骑车一边对乙说）这是我的车，这车不能骑。(2.5)

（被试甲玩乙的玩具火车，乙过来说）这个不能搞。(3)

另一种是表示客观上某物能够被处置。例如：

（被试拿起取样人的折扇问）这个能拉开吧？(3)

（被试甲捡起地上的树种问乙）这个能吃吧？(4)

介词词组做状语可分为两类。第一类是由方位介词引进处所成分，分别表示来源、方向、途径等意义。例如：

（被试看到取样人手里的玩具刀，问）宝剑从哪搞来的呀？(3)

（被试往口袋里塞手帕，说）手帕往口袋里塞塞，小朋友就夺不到啦。(3.5)

（被试看取样人摆弄录音机，问）电池从哪儿装进去呀？（又问）这个插头往哪儿插？(4.5)

另一类是由对象介词引进与事，表示传递、服务等意义。例如：

（被试指着馍筐里的包子说）这个给妈妈留着。(3)

（被试对取样人说）那个话筒给我拿过来，我来讲话。(4)

（被试要爸爸给他脱袜子）袜子给我脱掉。(4)

儿童被动句中状语成分的增加，既反映了儿童句法知识的发展（句法扩展能力和修饰能力），也反映了儿童对"受事—动作"关系认识的发展，即认识到这种关系存在于一定的范围、时间、空间之中，并且具有一定的程度、原因、目的和方式。

三、分析和讨论

（一）儿童习得被动句的心理基础和语言基础

语言知识的习得离不开对客观世界的知觉和认识，离不开儿童心理水平的发展。儿童被动句始现于 2 岁年龄段。2 岁前儿童心理水平的发展和语言知识的发展是儿童习得被动句的基础。

根据有关的研究，大约在 1 岁末，儿童开始能够把自己的动作和动作的对象区分开来，以后又能够把自己这个主体和自己的动作区分开来，认识了自己与周围客体的关系。20 个月的儿童已能完成较精细的操纵、处置性动作。心理水平的发展和动作能力的发展，使儿童对自我、他人、事物、动作行为及其间的关系有了一般的、较明确的认识，并逐渐建立起动作者、动作对象、动作行为这些表象类型及其间的联系。这些知识共同构成儿童习得被动句的心理基础。

在语言知识方面，随着心理水平的发展和动作能力的发展，儿童通过基本的主谓结构和述宾结构的习得，逐渐掌握了施事、受事、动作行为这些语义成分的性质及其间的联系。同时，儿童也已经掌握了构成被动句所必要的词语和句法结构。如名词、动词、助词和动趋结构、动结结构等。下面是 1.5 岁儿童语言中的"动＋趋/结/助"的例子：

拿了/吃了/（门）开了/（鞋）掉了

拿来/拾起来/关上了/搞好了/打死了

这些词汇、语义和句法知识共同构成了儿童习得被动句的语言基础。

（二）儿童被动句的发展

儿童被动句的发展可以从结构、语义、功能三个方面来观察分析。

　　儿童被动句结构的发展包括结构成分、结构层次、结构关系等方面的发展变化。早期儿童被动句的结构是比较简单的。这些简单的句子的结构可以看作被动句发展的基础结构。儿童正是以这些结构为基础，运用各种句法手段而实现被动句的发展的。

　　实现句法结构发展的手段主要是扩展、替换和联结。

　　扩展是以基础结构中的某一句法成分为中心，把一定的成分附加在中心上，构成元中心成分的扩展式。如在被动句中的"名$_{受}$"前附加限定成分，在动词前附加修饰成分等。扩展不仅使被动句增加了结构成分，而且也使结构层次增多了。替换是用一定的成分去替换基础结构中的某一部分。替换成分与被替换成分的性质不同，基础结构的性质也就发生了变化。例如：

　　石头甩进去（"名$_{受}$＋动"类被动句）→石头甩洞里（"名$_{受}$＋动$_{处}$"类被动句）

　　小鸭放下（"名$_{受}$＋动"类被动句）→小鸭放在这儿（"名$_{受}$＋动$_{处}$"类被动句）

　　这手搞破了（"名$_{受}$＋动"类被动句）→这手搞破了一块（"名$_{受}$＋被$_{纺}$＋名$_{施}$＋动＋名"类被动句）

　　他给坏蛋打了（"名$_{受}$＋动"类被动句）→他给坏蛋打伤了一条腿（"名$_{受}$＋被$_{纺}$＋名$_{施}$＋动＋名"类被动句）

　　联结是在基础结构的谓语部分接续上新的成分。接续成分同原谓语部分之间一般为连谓关系。例如：

　　大蛋给我＋我吃大蛋→大蛋给我（我）吃（大蛋）

　　书买来＋看看书→书买来看看（书）

　　钱装进去＋钱倒不下来→钱装进去（钱）就倒不下来

　　从以上举例可以看出，联结过程中还包含着删略、合并、提取、添加等手段，同时还要运用被动句以外的句式或结构。

　　儿童被动句在语义上的发展包括语义成分、语义内容、语义关系等方面的发展。语义的发展同结构的发展是一致的。通过扩展、替换、联结，语义成分增加了，语义内容丰富了，语义关系也复杂了，这些都是显而易见的事实。这里要指出的一点是句法同化在语义发展中的作用。

句法同化是一种重要的语言习得手段。它指的是：学习者根据句法结构的概括性，即一种句法结构可以容纳多种语义关系，利用已习得的句法结构，去包摄新的语义内容和语义关系。在儿童被动句的基础结构中，最基本的语义关系是"受事—动作"。儿童在习得"受事＋动作"这一主谓结构以后，就利用它去包摄更多的语义关系和语义内容：

①球拿到了/②大马骑过了/③飞机叠好了/④故事讲完了/⑤颜色涂好了/⑥顺序摆乱了

上面②～⑥诸句中的名词和动词之间虽然不是"受事—动作"关系，但都可以表现为例①的句法形式，于是就被同化到例①的句法结构中去。这样就形成了儿童被动句中各种广义的"受事—动作"关系。句法同化不仅使被动句中的语义关系变得多样，同时也使儿童对"被动""受事"等这些概念的认识得到了深化。

儿童被动句功能的发展包括表达功能的发展和句段功能的发展。

儿童早期使用被动句多用于直陈事实和表达意愿，句首的"名_受"具有明显的被处置的意味。如"果丹皮我要""大灰狼搞死了""这个给你"等。2.5 岁以后，被动句开始广泛地用于询问。如"这本书看过了没有""这从哪里捡来的""这能吃吧""飞机你会不会叠"等。句首"名_受"的被处置意味也有所减弱。3 岁以后，被动句开始用于评论。句首"名_受"作为谈论对象的话题意味逐渐增强。如"这个东西小松鼠能吃""他的衣服被穿反了""什么汤我都喜欢喝"等。同时也出现了表达褒义的被动句。如"我今天给老师表扬了""她现在给医生诊好了"等。

儿童被动句的句段功能可以分为统领功能（作始发句）和接续功能（作后续句）。这两种功能在儿童语言中的发展是不平衡的。根据我们取得的语料看，儿童被动句的接续功能发展较快。一般来说，当导引句谈论某一事物时，这个被谈论的事物在后续句中常常被作为旧信息放在句首，所以被动句常常作为接续句出现在话语中。下面是几个被动句充当接续句的例子：

（被试甲、乙在玩。甲说）我去接小鸭去，我来抱它。（抱起橡皮鸭子）看，小鸭接回来了，我让它快点睡觉。(5)

（甲、乙二人吹牛。甲）我到天上去把它（太阳）拿下来！（乙）太阳你拿不下来。(5)

（被试甲、乙谈看灯展的情况。甲）有"孔雀开屏"，还有一个小宝塔。（乙）小宝塔我也看到的。（甲）那天我们还碰到××呢。（乙）××我也碰到的。(5)

相比较而言，被动句作为始发句的情况要少得多。一般来说，儿童在两种情况下使用被动句作为始发句：一种是询问，如"这个你吃过没有""钢琴你会不会弹"；另一种是表达某种要求，如"《黑猫警长》书你找出来，我要看书"，"哨子糖我想吃，你给我买一个"。被动句作为始发句，并且句首的"名$_{受}$"作为主语统领后续句的情况几乎没有。我们仅发现一例：

（取样人对被试甲、乙说）说说你们的武器，看谁的厉害。（甲）我的剑打不断，我的剑是铁丝剑，它打不断！（乙）铁丝剑能打断！（甲）就打不断！(4.5)

儿童被动句的统领功能较弱，可能与以下几个因素有关：

（1）被动句结构上的特点（句中的谓语动词不能为光杆形式）使得被动句常常用于表达完成性、结果性事件，因而很少用于始发句。

（2）儿童句段功能较弱，主语、话题常常频繁地、较快地转换，所以被动句即使用于始发句，也很难统领句段。

（3）儿童时期是以自我为中心的时期。儿童常常开口就是"我怎么怎么样"。这个因素也影响了被动句充当始发句。

（三）儿童被动句使用上的特点

通过对儿童被动句的统计、分析，我们觉得儿童使用被动句有如下特点：

（1）无标记被动句使用较多，而有标记被动句（带"给、被"被动句）使用较少。这一情况说明，在儿童语言中，被动句是一种以语义控制为主的句式。被动句的构成，较多地依赖于句首名词性成分和句中动词的语义关系，而较少依赖于形式上的标记。

（2）在儿童被动句中，以下三种句式使用较多：

名$_受$＋动（"名$_受$＋动"类被动句），共 79 例，占总数的 27.4%。

名$_受$＋被（给）＋（名$_施$）＋动（"名$_受$＋动"类被动句），共 67 例，占 23.3%。

名$_受$＋名$_施$＋动（"名$_受$＋名$_施$＋动"类被动句），共 71 例，占总数的 24.7%。

由于儿童被动句的习得和使用同成人语言中的被动句的使用有密切的关系，因此，上述三种被动句式似乎也可以认为是汉语口语中使用较多的被动句式。

（3）同成人语言中的被动句相比，除了几个个别被动句式（如"为……所……"句式）外，儿童语言中的被动句同成人语言中的被动句在类型上几乎是相同的。但是无论在使用的频率上，还是在句子的长度上，以及运用的词汇量上等方面，儿童被动句都无法同成人被动句相比，尤其在一些较复杂的被动句式上更是如此。因此，结构类型多样而词汇相对贫乏是儿童被动句的又一特点。这一情况也说明儿童习得句法结构的速度要大于习得词汇的速度。

（四）被动句的习得机制

被动句的习得机制问题是语言习得研究中的重要问题。这一问题的研究也涉及转换语法的心理现实性问题。国外的研究者对这一问题曾做过研究，他们发现儿童总是把从主动句中所概括出来的一条词序规则"名词—动词—名词＝动作者—动作—动作对象"作为理解被动句的策略。他们假设：在语言上经过较多转换产生的句子或短语，儿童掌握起来就比较困难；由于儿童是在习得主动句以后经过转换而习得被动句的，因而儿童习得被动句要远远晚于主动句[①]。

关于汉语被动句的习得机制的研究迄今尚不多见。汉族儿童是否通过转换机制而习得被动句至今尚无答案。在对汉族儿童语言中的被动句做了描述分析之后，我们试对此问题进行讨论。

儿童语言中的被动句出现于 2 岁年龄段。我们观察、分析了 2 岁儿童语言中的被动句及其同主动句之间的转换关系。结果发现二者之间的转换不是一一对应的。这种不对应现象表现在以下三个方面：

第一是并非每一类被动句都可以转换为相对应的主动句。如"名$_{受}$＋动名$_{处}$"类被动句就不能转换为相对应的主动句。例如：

球搞到这个里面去了→×搞球到这个里面去了

帽帽放叔叔口袋里→×放叔叔口袋里帽帽

第二是在每一具体类型里，也因具体语句不同而使转换出现不对应现象。由某些被动句转换成的主动句语感别扭。例如：

这个捆起来啦→? 捆起来这个啦

大灰狼也搞死→? 也搞死大灰狼

手绢藏起来了→? 藏起来手绢了

第三是被动句和相对应的主动句出现的时间不对应。如

"名$_受$+动$_1$+名$_兼$+动$_2$"类被动句可以转换为相对应的主动句。例如：

　　大蛋给我吃→给我大蛋吃

　　但是同"名$_受$+动$_1$+名$_兼$+动$_2$"类相对应的主动句句型到2.5岁年龄段才出现，在时间上迟了半年。例如：

　　我妈妈给我鱼吃。/给你一个小叶子玩一玩。

　　上述这些被动句同主动句之间转换上的不对应现象使我们对儿童被动句是通过主动句转换而习得的观点表示怀疑。

　　1. 从句法构成看儿童主动句—被动句转换

　　汉语中的主动句同被动句之间确实存在转换关系，这是就句法结构而言，而且这种转换是有条件、有限制的，而不是任意的、无条件的。从语言习得的角度来看，要确定被动句是否通过主动句转换而习得，不仅要从句法结构上考察二者之间的转换关系及转换条件，更重要的是从发生学的角度，从两种句式的初现期的状况来考察二者之间的转换关系和转换条件。只有这样，我们才能做出较为全面、合理的解释。

　　我们从儿童语言中的被动句和主动句之间的转换呈现出的不对应现象出发，考察了1.5岁和2岁年龄段儿童语言中的主动句的情况。从我们取得的语料来看，汉族儿童从1.5岁开始使用主动句（包括施事不出现和不含动作对象这两种情况）。例如：

　　吃苹果/吃饼饼/喝水/关门/牵宝宝/抱抱我/打人/给你/我拿球/我坐这里了

　　2岁时的主动句的例子如下：

　　我咬手/我拿小鸭/叔叔开门呀/奶奶去倒水/叔叔戴帽帽/她拿只鞋/你画一个鞋/我要叠个小老鼠

　　从句法构成上考察上述例子，我们可以发现，这些主动句中的动词几乎都是单纯形式或光杆形式。而被动句句法构成的一个重要条件就是句中动词不能为光杆形式，而要求是动结式（打死)、动趋式(拿起来)等复合形式,或要求动词后附加"了、过"等动态助词,或要求用主谓词组作谓语。同时,要求受事主语一般要指称有定的事物。根据被动句句法构成的这两个条件,我们就明白了为什么上述主动句很难转换为主谓谓语被动句以外的其他类型的被动句。上述所举 2 岁儿童语言中的主动句不能转换为其他类型的被动句,而只能转换为结构是"名$_受$ + 名$_施$ + 动"类的被动句。例如,"我拿小鸭→小鸭我拿"。而"她拿只鞋""你画一个鞋""我要叠个小老鼠"等因受事主语为无定性质而不能做这种转换。如"你画一个鞋→×一个鞋你画"。因此,仅仅根据"我拿小鸭"这类句子可以转换为"名$_受$ + 名$_施$ + 动"类被动句(并且这种转换依然具有不对应现象),并不能解释、证明所有的被动句都是通过主动句转换而习得的。主动句和被动句在句法构成上的区别(并且这一区别依然存在于儿童语言之中)决定了二者在转换上的不对应性,而二者在句法构成上的所要求的条件不同也决定了习得二者的语言基础不同。就动词来说,习得主动句的必要的语言基础是动词的单纯形式或光杆形式,而习得被动句的必要的语言基础则是动词的复合形式、动词附加助词以及主谓词组。这也可以从一个侧面解释了为什么被动句比主动句晚半年出现,因为动词的复合形式的习得难度显然大于动词的单纯形式。

2. 从初现时间不对应看转换习得说

前面我们指出,"名$_受$ + 动$_1$ + 名$_兼$ + 动$_2$"类被动句可以转换为相对应的主动句。例如:

大蛋给我吃→给我大蛋吃

不过,同"名$_受$ + 动$_1$ + 名$_兼$ + 动$_2$"类相对应的主动句句型到 2.5 岁年龄段才出现,在时间上迟了半年。例如:

我妈妈给我鱼吃/给你一个小叶子玩一玩

这一初现时间的不对应现象使被动句转换习得说难以解释

"名_受＋动₁＋名_兼＋动₂"类被动句的习得。现在我们姑且退一步，接受转换习得说这一假设，看看由"给我大蛋吃→大蛋给我吃"这一转换过程的情况如何。

"给我大蛋吃"是一个复合句，它由一个双宾语句和一个主动句复合而成，即：给我大蛋吃＋我吃大蛋＝给我大蛋吃。句式的复合过程及转换程序如下：

（1）给我大蛋＋我吃大蛋＝给我大蛋我吃大蛋

（2）合并同类项，得：给（我我）（大蛋大蛋）吃

（3）整理，得：给我大蛋吃

（4）移位句子中双受事成分"大蛋"至句首，得：大蛋给我吃

从"给我大蛋＋我吃大蛋"到"大蛋给我吃"，对于儿童来说，这一过程应该说是比较复杂的了。如果我们接受转换习得说，承认转换在心理上的现实性，那么，由上述复合转换过程而得出的一个很自然的推论就是："大蛋给我吃"这类句子必然晚于"给我大蛋吃"这类句子。因为根据上述分析，"大蛋给我吃"的习得难度要大于"给我大蛋吃"。但是实际上却是"大蛋给我吃"这类句子先出现。反过来说，由于"大蛋给我吃—给我大蛋吃"这一转换是可逆的，根据转换习得说，"给我大蛋吃"这类句子也可以通过逆转换而形成，这样，"给我大蛋吃"这类句子也不应迟于"大蛋给我吃"这类句子。然而事实也非如此。可见转换习得说难以解释汉语被动句的习得，自然也就不能证明转换语法的心理现实性。

关于转换语法的心理现实性，有关的研究者曾有评说。请看下面一段话：

Brown 说，不能证实转换语法有什么心理现实性。关于这一点，不妨看看两位美国语言学家的话。Terry Winograd 说，"……现在一般承认，心理机制对语言表现的影响是可以测度的，但是

转换式不是直接与心理机制挂钩的。语法在形式上标示出语言的特点，但是语言知识在心理机制上怎么表现出来，这不是语法所要管的问题。"Frederich J. Newmeyer 也说，自 George Miller 1962 年发表他的心理实验报告以后，"人们再做实验，都无法证明转换规则有什么心理现实性。"②

3. 从句式关系来分析被动句转换习得说

认为被动句是通过主动句转换而习得的假设可能基于这样一个认识：主动句和被动句是相互对应的，二者之间有密切的联系。然而这一认识并不符合汉语的实际情况。

主动句（主—动—宾）、"把"字句和被动句是汉语中常见的三种句式。关于这三种句式之间的关系，朱德熙先生曾指出：过去有的语法著作认为"把"字的作用在于把动词后头的宾语提前，因此"把"字句可以看成是"主—动—宾"句的变式。其实跟"把"字句关系最密切的不是"主—动—宾"句式，而是受事主语句③。大陆以外的语言学家也持有相同的观点。例如戴浩一指出：事实上，"把"字式和"被"字式有许多共同的语义、句法特性，二者都有使动意义。这说明讲汉语的人所使用的是另一个观念框架。显然，"把"字式和"被"字式是处在同一个平面上从两个不同角度出发的使动式，跟另一个平面上的 SVO 非使动式相对立。如果坚持汉语中存在主动—被动关系，我们倒是该将"把"字式处理成主动，"被"字式处理成相应的被动，SVO 是中性的，既非主动，也非被动④。

不过，上述所引只是为了说明我们的观点，即汉语的被动句同"把"字句关系密切，被动句在主动—被动关系上不同主动句相对应，因而我们不同意主动句转换习得被动句的假设。但上述所引并不是说我们认为被动句是通过"把"字句转换而习得。恰恰相反，我们倒倾向于认为"把"字句是通过受事主语句增加受事标记而习得。因为受事主语句的结构要相对简单，习得难度也较小，所以也较早习得⑤。

　　既然汉语被动句同主动句之间并非有密切的联系，而且二者在句法构成、语义特性方面呈现出一系列差异，那么二者之间存在一系列的转换不对应现象就是很自然的了。面对二者之间的差异和转换上的不对应现象，如果仍然坚持用主动句转换习得被动句的假设来解释汉语被动句的习得，就未免显得有些削足适履，令人难以信服了。

　　4. 汉语被动句语序的基础与来源

　　汉语被动句的语序是"受事—（施事）—动作"，主动句的语序是"（施事）—动作—受事"。认为被动句是通过主动句转换而习得的假设还基于这样一个认识："（施事）—动作—受事"是早期儿童的基本语序，而"受事—（施事）—动作"则是派生语序。派生语序由基础语序而来，因此被动句是通过主动句转换而习得。

　　现在要问的问题是：被动句语序是不是汉语中的一种基本语序？它的基础如果不是主动句语序又是什么呢？

　　就汉语而言，受事置于动作之前而构成的被动句是汉语的基本句型之一。李临定、陈建民先生对此都做了详细的描述⑥。就儿童语言来说，被动句也是一种基本句型。本章第二部分的描述可以说明这一点。不过这仅仅是就语言事实本身而言。要说明"受事—（施事）—动作"也是儿童语言中的基本语序以及它形成的基础，我们还必须做理论上的论证。

　　游顺钊曾对手语中的手势序和口语中的语序这一问题进行研究。他发现，在以 10 名中国聋哑人为取样对象的资料中，基本的陈述性手势串的次序是 NN′R 或 N′NR。例如：

　　人 x·人 y·打（表示"人 x 打人 y"或"人 y 打人 x"）

　　鼠·狗·咬（表示"鼠咬狗"或"狗咬鼠"）

　　他认为，"一个基本陈述性手势串的成分次序受一个语言以外因素的制约，就是说这样一个手势串的基本手势序遵循一个视觉时间的时空发展过程。一个基本陈述性手势串的中 N、N′ 或 Nloc 必须（在时间上）先于或至少同时跟关联成分（动词）表示出来"。他还援引 Mallery 的一段话来解释这一制约："倒置，即事物置于动作之前，这是聋哑人语言的一个显著特点。这一特点似乎符合事物和动作形成心理概念的自然方法。击石时，自然概念不是首先有'击'或'凭空而击'的抽象概念，既没有见到任何东西，也没有击向某一目标的意图，然后突然有一块石头在心理视觉中冒出来接受一击；实际的词序是先见到石块，有心一击，然后击之。"游氏认为，既然总的来说聋哑人和非聋哑人都是有视觉的人，而且没有证据表明聋哑人和非聋哑人对形象的视觉上有什么差别，那么很可能口语在某一阶段也跟聋哑人基本手势序一样，受到同一个语言以外因素的制约，即视觉事件的时空发展过程。游氏的结论之一就是：任何口语或手语的基本次序或手势序必须以知觉甚至认知为基础[7]。

一种语言的基本语序必然同这种语言的特点（尤其是句法结构的特点）密切相关。徐通锵先生认为：从编码方式来看，汉语是一种直接编码型语言，它以临摹性原则为编码原则，语言中成素（elements）的次序平行于实际的经验或认识的顺序；句子跟思想的简单明确的顺序一致是汉语的特殊的优点，它直接反映现实的特征和思维的特征；从结构类型和句法结构基础来看，汉语是一种语义型语言，在语句上重"序"，即以思维的顺序为基础，根据思想之流来安排句法单位的排列顺序，语序跟思维之流完全自然地合拍[8]。

口语语序受视觉事件的时空发展过程的制约，并以知觉、认知为基础；事物和动作形成心理概念时，事物在时间上先于动作出现。汉语反映并表现这一特点，并以此为基础排列语序，这已不仅仅是理论上的假设，而且有语言事实的支持。汉族儿童早在

2 岁时即出现多种类型的被动句，1.5 岁儿童的语言中也已经出现受事单词句。因此，联系视觉语言学的理论，联系汉语及其句法结构的特点，联系儿童思维的直觉性和具体性，再联系儿童受事单词句和被动句的语言事实，联系儿童主动句同被动句之间的转换不对应现象，我们觉得，受事置于动作之前形成被动句和受事置于动作之后形成主动句是儿童语言反映现实、表现思维的同源而异流的两种结果。这两种句式同以儿童的知觉和认知为基础，被动句反映了心理事件中成分排列的时间顺序，主动句则反映了心理事件中成分排列的空间次序。它们是平行的，而不是派生与被派生的关系。

5. 儿童是怎样习得被动句的

既然我们不同意转换习得说，那么我们就要给出新的解释。

在"儿童习得被动句的心理基础和语言基础"一节中，我们分析了儿童习得被动句的心理基础和语言基础。习得基础只是儿童习得被动句的一个方面。除此之外，儿童习得被动句还需要运用一定的手段和其他的条件。

首先，儿童习得被动句离不开成人语言的示范，同时也需要儿童自身的选择性模仿和替换性练习。儿童对成人的示范性语言的模仿绝不仅仅是学习具体的句子，更重要的是学习构成具体句子的句法结构和词语。除了一般的亦步亦趋式的"示范—模仿"外，我们发现，"提问式示范—替换性模仿"是早期儿童习得句法结构过程中的一种重要的方式。所谓"提问式示范"是指成人向儿童提问时，用提问句示范了一个句法结构框架，但要求答句必须替换结构中的疑问成分，而不能机械模仿。所谓"替换性模仿"则是指儿童在回答成人的示范性提问句时，模仿成人问句的句法结构，而替换掉其中的疑问成分。我们在考察儿童习得定中结构、"的"字结构等句法结构时都发现了这种"提问式示范—替换性模仿"活动。下面是成人与 1.5 岁儿童进行"提问式示范—替换性模仿"活动的例子：

（保育员问被试）鞋子搞哪去啦？

（被试）搞那去了。

（爸爸讲完了"大灰狼的故事"，问被试：大灰狼给谁打死了？被试）给爸爸打死了。

（妈妈指着被试手里的橘子，问被试：橘橘给哪个吃？被试）给爸爸吃，给妈妈吃，给宝宝吃。

成人对儿童进行被动句提问式示范时常用的句式有以下几种：

××你要不要/吃不吃？

这种问句多用于问意愿和要求。例如：

果果你要不要/吃不吃？

××怎么样了？

这种问句多用于问结果。例如：

狼外婆怎么样了？

××怎么搞的？

这种问句多用于问原因。例如：

你的鞋子怎么搞的？

××怎么办？

这种问句多用于问方法和态度。例如：

苹果怎么办？

1.5 岁儿童在替换性模仿这类提问式示范句时，虽然常常在答句中省略掉受事主语，但是提问式示范句和替换性模仿句共同的句法结构以及这种形式的教—学活动无疑为儿童习得被动句打下了坚实的基础。一旦儿童把通过替换性模仿习得的被动句运用于交际，并加上具体的受事主语，儿童被动句的出现也就水到渠成了。

汉语被动句的语序符合事物和动作形成心理事件的自然方法

（事物先于动作出现），汉语被动句遵循根据思维之流安排句法单位顺序的总原则，按事件成分在心理中出现的时间顺序排列句法成分；汉语重意合而轻形合，不强调标记成分以及词语形式上的变化和一致。这些因素都使汉语被动句的习得难度大大减轻。因此，当1.5岁儿童具备了一定的心理基础和语言基础，经过一定时间的选择性模仿和替换性练习，那么在2岁时出现被动句就是一个很自然的结果。这也许是汉族儿童被动句出现得早、类型又多样的主要原因。

注　释：

①朱曼殊，缪小春. 心理语言学［M］. 上海：华东师范大学出版社，1990：318－325.

②王宗炎. 评 K. Brown：《今天的语言学》［J］. 国外语言学. 1986（3）：27.

③朱德熙. 语法讲义［M］. 北京：商务印书馆，1982：187－189.

④戴浩一. 以认知为基础的汉语功能语法刍议［M］//戴浩一，薛凤生. 功能主义与汉语语法［M］. 北京：北京语言学院出版社，1994：196－197.

⑤李向农，周国光，孔令达. 2—5岁儿童运用"把"字句情况的初步考察［J］. 语文研究，1990（4），43－50.

⑥李临定. 现代汉语句型［M］. 北京：商务印书馆，1986；陈建民. 现代汉语句型论［M］. 北京：语文出版社，1986.

⑦游顺钊，徐林译. 基本手势序和词序共性所受的制约［M］//视觉语言学论集［M］. 北京：语文出版社，1994：20－37.

⑧徐通锵. 语义句法刍议［J］. 语言教学与研究，1991（3），38－62.

第十一章　"给"字句习得研究（上）

一、引言

（1）在儿童语言的发展中，动词语义的发展直接影响到动词构句功能的发展和相关语法范畴的形成等方面。本章试图通过动词"给"的词汇意义和语法意义的发展及其相关句式的发展状况的描述，对相关情况做一些探索。

（2）根据动词"给"联系的动作行为来分析，"给"表示的意义有"给予"和"允让"的区别。表示"给予"的"给"（以下记作"给$_1$"）联系的是"愿意给予的意愿以及与此意愿相联系的交付、传递等给予性动作行为"；表示"允让"的"给"（以下记作"给$_2$"）联系的则是"容许（某人做某事）"或"使（产生一定的结果）"等心理上的意志和愿望。

（3）从语义概括的程度来分析，儿童语言中的"给"表达的意义又有具体和概括的区别。意义较具体的"给"一般同具体可感的、以具体实物为对象的动作行为相联系；意义较概括的"给"除了同前者相联系以外，还同较抽象的行为相联系。

（4）根据动词"给"在句法结构中显现的语义及其与相关成分的关系来看，动词"给"的语义又可分为低层语义和高层语义。低层语义指的是"给"在句法结构中显现的"动作行为"意义，高层语义指的是"给"在句法结构中表示的"转移""使令"以及"给予""允让"等意义。在儿童语言的不同的句子集合中，上述意义逐渐显示出来。

（5）上述三个方面的区别在动词"给"的语义发展中表现为时间纵座标上的区别和用法横座标上的区别。本章的任务就是描述这些区别，以及由此对相关句法格式发展的影响，并给以一定的归纳。

本章对动词"给"的语义发展的描述基于这样一个观点：词语的语法意义的发展是受词汇意义的发展所制约的。因此，我们先描述动词"给"的词汇意义的发展，然后再描述其语法意义的发展。

二、"给"的词汇意义的发展

（1）词汇习得是语言习得的基础。词语的意义是儿童早期在对客观事物认识的基础上最早习得的语言知识。词义的习得是有一定的心理基础的。根据有关的研究，大约在一岁末，儿童开始能把自己的动作和动作的对象区分开来，以后又能把自己这个主体与自己的动作区分开来。儿童在与周围人们的交际中，听到人们用一定的词语表示一定的事物或动作行为，儿童借助于语境，通过直觉的和非语言的概括，能获得一般的理解和领悟，即把词语和所指对象联系起来。这种理解和领悟在儿童的认知结构中逐渐巩固和确立后，就成为词汇习得（包括语义习得）的基础。儿童掌握动词"给"的词汇意义也是按上述过程和机制进行的，即在具备了区分动作、动作主体和动作对象这一心理水平以后，在交际中通过对表示"给予""索要"的动作行为的言语的领悟和理解而逐渐掌握"给"的意义的。

（2）"索要"和"给予"这一对动作行为在早期儿童的生活中是频繁地出现的。儿童出于自身生理的、心理的等各方面的需要，经常向父母以及周围的人索要或要求，并期望得到给予或满足。这样，动词"给"就伴随着"索要—给予"行为频繁地出现在成人同儿童的交际话语中。通过多次的语言输入（伴随

着实际的动作行为，同时还有其他相关信息的输入），儿童在理
解、领悟了"给"所代表的动作行为之后，在具备了相应的语
音知识的基础上，到 1.5 岁时，儿童已初步掌握了"给"的意
义，并能运用"给"表达相应的动作行为。例如：

（被试甲抢乙手中的玩具）给我，给我，我要，我要。

（被试走到取样人跟前，把自己的手帕放在取样人的膝盖
上）给叔叔。

（被试甲把皮球递给乙）给呀。

从以上例子中我们可以看到两点：① "给"的意义的习得
同"要"的意义的习得关系很密切，"给—要"这一对逆向词的
意义，作为相互对立又相互联系的两个方面在学习中同时习得。
②在习得动词"给"的意义的初期，儿童对"给"的使用总是
伴随着现场的、具体的给予性动作行为。这说明儿童对"给"
的意义的概括、抽象还是比较初步的。

（3）儿童词汇习得的初期，词语倾向于代表未分类或未分
化的事物或动作行为，在意义上词语与具体的事物或动作行为所
引起的相应的表象等值。以后，当词语逐渐代表一般概念时，在
意义上就与更概括、更分化的认知内容等值。

在儿童语言中，动词"给"的语义在概括程度上的发展表
现在以下几个方面：

①动作的数量和对象的变化。早期儿童使用动词"给"时，
多表示给予单一的物体，而且这些物体是具体的、可见的。随着
儿童思维的发展、认知结构的发展和交际的扩大，动词"给"
所表示的给予行为的数量和对象也发生了变化。例如：

（几个小朋友向被试要皮球，被试说）给许多好不好？（2）

（爸爸在配橘子汁，被试对爸爸说）爸爸，你给我好多。
（3）

（被试甲、乙比赛跳远，甲说）看谁跳得远，跳得远就给他

一百分。(3.5)

（被试甲对乙说）我给你好多钱。(4)

（被试指着桌子上的糖对爸爸说）你把这些全部给我。(4.5)

（被试给爸爸讲幼儿园里的事）我们的操第一，给我们巧克力和一朵花儿。(5)

上面的例子反映了动词"给"所表示的给予行为在数量上的变化以及"给"所表示的给予行为的对象的变化（由具体、单一到抽象、复合）。

②动作行为在时间上的变化。儿童刚刚学会使用动词"给"时，"给"总是同当时、当场发生的给予性行为联系在一起。随着儿童记忆能力和思维能力的发展，动词"给"所表示的给予性动作行为在时间上也不再限于当时当场。例如：

（被试一边吃饼干一边对取样人说）我吃完了再给我。(3)

（被试甲向乙要玩具枪，乙说）这枪没子弹了，修好了再给你。(3)

（被试甲同乙斗嘴）……白鸽侦探给我一个报话机，我就跟黑猫警长讲："报告警长，我们班有个××，你快来打××。"(4)

（被试对爸爸讲）明天我带六块饼干去，然后呢，把三块饼干给××，把三块饼干给我。(4.5)

（被试甲向乙要纸，乙不给，甲说）我给你树叶了嘛。(3.5)

（被试同取样人谈话）我上次到××家去，她给我一个《黑猫警长》的书。(4.5)

（被试向取样人炫耀）我有好多钱，是奶奶春节给我的。(5)

在上述诸例中，有的"给"表示的是未来的给予行为，有的"给"表示的是已发生过的给予行为，有的"给"表示的是假想的给予行为。这些情况标明：儿童对"给"的意义的把握逐渐摆脱具体、显示的给予行为，而与更抽象的、思维中的给予行为概念相联系。

③动作行为在方式上的变化。儿童运用动词"给"的初期，主要用于表示交付性的给予行为，这种行为或者是施发性的（如"给你"），或者是要求性的（如"给我"）。随着儿童认知能力和交际能力的发展，动词"给"的意义开始向两个方向发展：一是同各种更具体的给予行为相联系，这表现了动词"给"表义的精细化；一是同更抽象的给予行为相联系，这表现了动词"给"表义的概括化。例如：

（被试向取样人要笔）再给我笔，我要写。（按被试说的"写"是"画"的意思。）(2)

（被试甲向乙要玩具刀）把刀给我，把刀给我！(3)

（被试甲要乙把玩具刀给丙）快点给他！(4)

（被试给爸爸讲幼儿园里的事）××抢我的手帕，我就报告老师："老师，老师……"，××赶快给我了。(5)

上面例子中有的"给"表示的是重复性的给予行为，有的"给"表示的给予行为有命令性，有的"给"表示的给予行为带有一定的状态。这些方面的变化虽然比较细微，但也反映了动词"给"语义发展的精细化。再看下面的例子：

（被试拿着橘子水对爸爸说）这是老师发给我的。(3)

（被试甲拿着《黑毛警长》的书对乙说）这是爸爸妈妈送给我的。(3)

（被试甲、乙玩《西游记》木偶人，甲说）我不要猪八戒，我把猪八戒还给你。(3)

（被试看着《芭蕉扇》画册讲故事）……她又从嘴里吐出来一个小风扇，铁扇公主就借给孙悟空风扇啦。(3.5)

（被试甲向乙要书，乙说）这不，打谜语的书交给你了嘛。(4.5)

（被试要爸爸讲故事）你要给我讲这个故事，我就送给你这个飞机。(4.5)

（被试给取样人讲班里的事）××画得乱七八糟，她就交给老师，老师就吵她。(5)

（被试对妈妈说）我留给你的瓜子你怎么不吃啊？是留给你的。(5)

（被试给取样人讲《智败二郎神》的故事）……哪吒拿着一束花去献给母亲。(5)

上述诸例中"V给"复合动词的使用情况反映了如下两点：①早期儿童语言中的动词"给"所联系的各种各样的给予性行为由浑然一体而分化为个类不同特点的给予性行为，并由表义较具体的动词（如"送、还、交"等）表示出来。这反映了儿童语义分析能力的发展。②早期儿童语言中较具体的"给"在以后出现的"V给"复合动词中变得抽象、概括起来，一方面"给"逐渐成为"发、送、还、交、借"等给予性动词的上义词；另一方面"给"的意义逐渐虚化为一种交付、传递的关系意义。这是一种更为抽象的意义。

（4）下面我们来分析讨论动词"给"的词汇意义发展的另一个方面——义项的发展，即动词"给"是如何从表示动作行为发展为表示意愿的。

在我们取得的语料中，儿童语言中的动词"给"表示两种意义：

①表示"给予"意义，该意义同给予性动作行为相联系。表示"给予"意义的"给"我们记作"给$_1$"。

②表示"允让"意义，该意义同允许、使让性心理意愿相联系。表示"允让"意义的"给"我们记作"给$_2$"。

给予性动作行为同允让性心理意愿相比，前者显然较为具体可感，更容易同动词"给"发生同时性联系（一边说"给"，一边做出给予动作），因此，儿童首先掌握的是动词"给"的给予意义。从 1.5 岁儿童使用动词"给"的情况来看（参见本书第304 页第 2 点的举例，此处从略），我们可以认为此时儿童已初步习得了动词"给$_1$"的"给予"意义。

表示"允让"意义的"给$_2$"在 2 岁儿童的话语中开始出现。例如：

（取样人对被试说："我们骑马去。"被试说）老师讲，不准动，不给骑马。（2）

（被试玩玩具飞机，拿起飞机说）给妈妈看，好多大飞机！（2）

（被试向取样人要笔和本子）给我写。（2）

（被试坐木马上对取样人说）我不给你骑马。（2）

（被试玩小木琴，一边自言自语）不给你听，打你！（2）

在上述诸例中，前三例中的"给"表示的是较为单纯的"允让"意义，后两例中的"给"表示的则是兼有"给予"和"允让"的双重意义。例如"给妈妈看"表达的意思是"送给妈妈，让妈妈看"，"给我写"表达的意思是"给我（笔和本子），让我写"。动词"给"表达"给予"和"允让"双重意义的情况在较高年龄段的儿童话语中也经常出现。例如：

（被试甲向乙要玩具）给我玩。（2.5）

（被试甲骑自行车，乙也要骑，甲说）骑好了再给你骑。（3）

（被试看图讲故事）奶奶采这么多萝卜她给谁吃呀？给森林里的小朵朵吃。（3.5）

（被试甲想玩乙的玩具刀，乙不给，甲说）我就想玩刀，你又不给我玩。（4）

（被试甲、乙看万花筒，甲说）你不给我看啦？（乙说）我拿着你看。（4.5）

（被试甲在玩弄伞，乙也要玩，甲不给玩，甲说）不给你打。(5)

对于动词"给"表示双重意义这种情况，我们认为这种情况反映了动词"给"的意义发展的两个方面：这种情况的出现，反映了动词"给"的意义从"给予"向"允让"意义的过渡；这种情况的持续，则说明动词"给"的"给予"意义和"允让"意义之间确实存在密切的联系。

现在要问的问题是：动词"给"的意义是如何从"给予"发展到"允让"的呢？

对于这一发展过程，我们的解释是这样的：儿童通过对输入的"语言·形象·动作"的复合信息的理解，并经过模仿、练习和使用，到1.5岁时习得了动词"给"的"给予"意义。此时，儿童的自我意识也已出现并得到初步的发展。这一心理水平的表现之一就是称呼自己用"宝宝"或自己的名字而改用人称代词"我"，并且逐渐懂得哪些东西是属于自己的，哪些东西是属于别人的，并且会用"我的"来指称自己的东西。这可以看作儿童所有权意识的建立。随着儿童自我意识的发展，"给予"已不仅仅是简单的交付、传递，而且还意味着所有权的转移——给予者失去了支配给予物的权力，接受者则获得了对所得物的支配权力。因此，"给予"不仅是让接受者得到某物，而且也意味着让接受者支配该事物。这样，"给予"和"允让"就在心理上建立了联系。这时儿童心理上的发展变化。另一方面，成人语言中对表示"允让"意义的"给$_2$"的使用以及这种用法对儿童的输入，则强化了"给予→允让"之间的语义联系，同时也使儿童从成人语言中证明了从"给予"到"允让"联系的合理性。这样，在儿童心理联系的基础上，在成人语言的强化和示范作用下，儿童通过语言理解和语言练习，终于完成了动词"给"从"给予"意义到"允让"意义的过渡。

三、"给"的语法意义的发展

（1）本章在"引言"中已经指出，动词"给"在句法结构中的语法意义有低层和高层之分。在成人语言中，动词"给"的高层语法意义和低层语法意义是共同包含在句法结构之中的；而在儿童语言之中，从低层语法意义到高层语法意义则有一个发展过程。儿童在习得"给"的词汇意义时，并不仅仅是习得"给"的词汇意义，而且也在逐渐掌握动词"给"的语法意义，即不断地探求动词"给"的词汇意义和句法结构的相关性。这一探求过程也是动词"给"的语法意义从低层到高层的发展过程。表示"给予"意义的"给₁"的语法意义的发展过程明显地显示了这一发展轨迹。下面我们将对此给以较为详细的描述。

（2）在我们取得的语料中，1.5 岁儿童的语言中出现的述宾结构有如下类型：

A. 吃果果/牵宝宝/拿帽帽/关门/打人

B. 坐车车

C. 给叔叔/给你/给我

A 组述宾结构的语义结构是"动作—受事"，B 组述宾结构的语义结构是"动作—处所"，C 组述宾结构的语义结构是"动作—与事"。

从语义结构来看，上面三组述宾结构是不同的述宾结构，但是从形式来看，它们都是"述语＋宾语"形式。那么，我们应该如何看待并分析上述述宾结构呢？

根据有关的研究，儿童到 1 岁末已经开始能够区分自己的动作和动作对象。1.5 岁儿童语言中的述宾结构的状况正和此期儿童的认知水平相对应，即述语动词对应于"动作"，与述语动词组合的名词宾语对应于"动作对象"。如果我们把 1.5 岁儿童语言中的述宾词组看作一个集合，并且在这个集合里描述动词

"给₁"的语法意义，那么我们应该描述为"动作—（对象）"。因为我们在语法形式上找不到足够的标志来证明"吃果果"和"给叔叔"之间的区别，换言之，"吃、拿、打、关、给"等动词在儿童的词类系统中形成了一个范畴，但是这个范畴还没有分化为不同的次范畴。它们虽然各自的词汇意义不同，但是在上述述宾结构中实现的都是共同的"动作行为"意义。当然，我们也不认为此期儿童具有"述语、宾语"以及"述—宾"关系的概念。因为儿童最早概括出来的是句法成分间的语义关系，例如"动作—对象"即是。

（3）在 2 岁儿童语言中，由动词"给₁"构成的述宾结构和主谓结构如下：

给我笔	笔给叔叔
给我这个	这个给你
给我球	球给你
给我两个	树叶给你

根据动词"给₁"在上述句法结构中的状况，"给₁"在 2 岁儿童语言系统中的语法意义应该描述为"动作—（对象₁）—（对象₂）"。同 1.5 岁儿童语言中的情况相比，动词"给₁"的词汇意义在 2 岁儿童语言中相应的句法结构中得到了较多的实现。

3 岁以后，儿童语言中出现了其他含有给予意义的动词以及"V给"式复合词（参见本书第 310 页的第 3 点的举例），动词"给₁"的语法意义也发展到一个较高的层次。根据这些情况，我们把 3 岁以后"给₁"在相关句法结构中的语法意义描述为："（施事）—给予—（与事）—受事"，或"（给予者）—给予—（接受者）—（给予物）"。

2 岁时"给₁"的语法意义和 3 岁以后"给₁"的语法意义虽然同为"给予"，但性质不同。2 岁时动词"给"表示的"给予"是区别性的，这种"给予"意义使"给"同"吃、打、关、拿"等动词区别开来,区别的特征是"给₁"可以联系两个对象和一个主体。这种区别是儿童语言系统中"动作行为"范畴分化的开始。3岁以后动词"给₁"表示的"给予"则是概括性的,即从"给₁、送、发、交、还"等这一类动词中概括而形成。这种概括标志着这一类动词已经形成"动作行为"范畴中的一个次范畴——给予性动作行为。

(4)通过上述分析描述,我们对词语的语法意义由低层向高层发展的机制可以做出这样的解释:词语的语法意义由低层向高层发展的过程,可以看成是词语的词汇意义在句法结构中逐步实现并逐步概括的过程。这里所说的词汇意义并非指个别的、具体的词汇意义,而是指具有一定概括性的类别意义。词汇意义在句法结构中较多的实现,使得儿童最初形成的词语范畴产生分化。这种分化进行到一定的程度,分化的范畴的内容又会逐渐丰富起来,并且在丰富的基础上又会形成进一步的概括。当新的概括的范畴容纳不了逐渐丰富的内容时,又会产生进一步的分化。词汇意义在句法结构中的实现是分化的动力,而分化的结果又是新的概括的起点。分化得越细,则概括的程度越深,语法意义的层次也就越高,而对句法结构的解释能力也就越强。例如,对于双宾语句,"转移"意义显然比"动作"意义具有更强的解释力;而对于"我借他一块钱"这样的歧义句,"取得"意义和"给予"意义显然又比"转移"意义有更强的解释力。因为动词的语法意义层次越高,同其他成分构成的语义关系的层次也越高,而高层次的语义关系是不可能用低层次上的语义关系来解释的。

四、动词"给"的配价功能的发展

(1)词语的配价指的是词语在语义上要求一定数量的、具有一定特性的成分与之组配,词语的配价功能也就是词语在语义上联系一定数量、一定特性的成分的能力。在语义上能够联系一个成分的动词叫作一价动词，在语义上能够联系两个语义成分的动词叫作二价动词，在语义上能够联系三个成分的动词叫作三价动词。

动词根据其配价功能联系一定数量、一定性质的语义成分形成的语义结构叫作动词的配价结构，表现一定的配价结构的句法形式叫作配价形式。一个配价结构可以表现为多个配价形式。例如，动词"玩"联系施事（例如"我"）、受事（例如"皮球"）而形成的配价结构就可以表现为"我玩皮球""皮球我玩"等句法形式。

（2）动词"给$_1$"在语义上可以联系三个成分：施事（给予者），受事（给予物），与事（接受者）。所以"给$_1$"是个三价动词。

在1.5岁儿童的语言中，由"给$_1$"构成的述宾词组只有如下实例：

给叔叔/给我/给××

在这些述宾结构中，与"给$_1$"组配的只有与事成分。"给$_1$"所联系的施事、受事成分则往往由在现场的人和物补足。

词语的配价结构是词语的配价功能的具体体现，也是话语生成的语义基础。所以词语的配价结构要求配价形式同它一致。这种要求推动着词语的配价形式的发展。到了2岁时，动词"给$_1$"的配价形式中有出现了施事、受事成分。这从2岁儿童语言中"给$_1$"的使用实例可以看出：

给我笔/给我这个/给我两个/笔给叔叔/这个给你/我搞好多给你

从上面的实例可以看出，到2岁时，动词"给$_1$"的配价功能已基本发展完备。

（3）动词"给$_2$"在2岁时，从"给"中分化出来。"给$_2$"

在语义上也可以联系三个成分：施事（控制者），兼事（受控对象），受事（受施事控制的兼事的行为）。所以"给$_2$"也是个三价动词。

"给$_2$"的"允让"意义对配价成分有较强的制约力，所以"给$_2$"的配价形式一开始就同"给$_2$"的配价结构有较高的一致性。下面是 2 岁儿童语言中"给$_2$"的配价形式的实例：

我不给你骑马/不给你听/妈妈给我吃，不给你吃/你给我碰一下（手鼓）/给我看看

（4）在动词"给"的配价状况中，有一个现象值得注意，即共价现象。所谓共价现象，指的是两个或两个以上的有价词共有一个配价成分，该成分我们称为共价成分。动词的配价能力（价）是共价现象产生的语义基础，动词的配价形式则是共价现象形成的句法条件。

共价现象在 2 岁儿童的语言中就已经出现。例如：

拿一个给我呀/我叠个小房子给你看/奶奶炒花生给我吃

在上面的例子中，第一例中的动词"拿"和"给"共同联系一个受事"一个"，同时还共同联系一个施事（在句中未出现）。第二例中的动词"叠"和"看"共同联系一个结果、受事双重性质的成分"小房子"，"叠"和"给"共同联系同一个施事成分"我"，动词"给"和"看"共同联系一个兼事成分"你"。第三例的情况同第二例类似，分析从略。

"共价"也可以看作一种构句的句法手法，共价手段可简要表述如下：在构句过程中，根据有价成分的配价能力（价质和价量的统一），依序（包括时间序、空间序、逻辑序等）来调节构句成分的句法位置，使两个或两个以上的有价成分共同关联一个（或几个）配价成分，以构成句法上延展有序、语义上联锁套叠的句法结构，从而达到以较为简明经济的形式传达较为丰富复杂的信息的目的。

五、与动词"给"相关的句式的发展

（1）与动词"给"相关的句式的发展同"给"的意义的发展、配价功能的发展有密切的联系。句式的发展要受到意义的发展和配价功能的发展的制约，尤其是复杂句式的出现，更与动词的共价能力密不可分。动词"给"构成的句式的性质与"给"所联系的配价成分、"给"在句中的位置也有密切的联系。动词"给"所联系的成分的性质、多寡不同，句式的性质也不同；"给"在句法结构中的位置不同，句式的性质也不同。

（2）动词在 1.5 岁儿童语言中已经出现，此时"给"的意义是"给予"（给$_1$）。此期出现的与"给"相关的句式只有一种：

①给$_1$＋N（与事）。此为不饱和双宾语句。例子如下：

（被试把自己的手帕给取样人）给叔叔。（1.5）

（被试把玩具给保育员）给奶奶。（1.5）

（被试甲抢乙手中的玩具）给我。（1.5）

2 岁时，随着动词"给"的意义的发展和配价功能的发展，与"给"相关的句式有了较大的发展。这些发展表现在两方面，一是句式的多样化，二是句式的复杂化。下面分别列出 2 岁以后出现的与"给$_1$"相关的各种句式。

②N$_1$（施事）＋"给$_1$"＋N$_2$（与事）＋N$_3$（受事）。此为双宾语的饱和形式。2 岁时，句式中的施事仍然经常不出现。2.5 岁以后，"给$_1$"联系的三个配价成分基本上都出现在配价形式中。例子如下：

（取样人发糖，被试说）给我两个。（2）

（被试向取样人要笔）再给我笔，我要写。（2）

（被试要玩具）给球我。（2）

（被试画完了一张纸，又向取样人要）再给一个这个。（2）

（被试甲指着乙对取样人说）我给她枪，她要我就给。
(2.5)

（被试甲向取样人告乙的状）他不给我手帕。(2.5)

（爸爸在配橘子汁，被试对爸爸说）爸爸，你给我好多。
(3)

（取样人给被试糖，被试说）你给我这么多糖呀。(3)

（被试甲向乙要纸，乙不给，甲）我给你树叶了嘛。(3.5)

（被试甲、乙比赛跳远，甲说）看谁跳得远，跳得远就给他
一百分。(3.5)

（被试甲对乙说）我给你好多钱。(4)

（被试甲同乙斗嘴）……白鸽侦探给我一个报话机，我就跟
黑猫警长讲："报告警长，我们班有个××，你快来打××。"
(4)

（被试讲故事）公鸡给它一袋芝麻。(4.5)

（被试跟取样人说班里的事）老师又给他一个新碗。(4.5)

（被试同取样人谈话）我上次到××家去，她给我一个《黑
猫警长》的书。(4.5)

（被试给爸爸讲幼儿园里的事）我们的操第一，给我们巧克
力和一朵花儿。(5)

上述诸例中，只有"给球我"一例语序例外。

③N$_1$（受事）＋"给$_1$"＋N$_2$（与事）。此为受事主语
"给"字句。在这种句式中，"给$_1$"联系的三个配价成分一般只
出现两个，由受事成分充当主语。例子如下：

（被试把笔还给取样人）笔给叔叔。(2)

（被试甲把橡皮鸭子给乙）这给你吧。(2)

（被试向乙要树叶）树叶给我。(2.5)

（被试甲把橡皮鸭子给乙）唐老鸭给你吧。(2.5)

（被试甲、乙玩象棋棋子，甲说）这个老将给你。(4)

（被试讲故事）小公鸡说，这袋芝麻都给你了。（4.5）

（被试甲要大皮球）那个大的给我吧。（5）

④N_1（施事）＋把＋N_2（受事）＋"给$_1$"＋N_3（与事）。此为运用介词"把"前置受事成分的"给"字句，也可以看作饱和"给"字双宾语句的变换句式，当然也是"给$_1$"的配价形式之一，"给$_1$"联系的三个配价成分基本上都出现在配价形式中。这种"给"字句式3岁时才出现。例子如下：

（被试甲向乙要玩具刀）把刀给我。（3）

（被试向取样人要纸）你把我的纸给我。（3.5）

（被试要录音）你把这个话筒给我，我来讲话。（4）

（被试跟取样人说班里的事）老师把××的碗给他了。（4.5）

（被试对取样人说）我把一个小橘子给××。（4.5）

（被试指着桌子上的糖对爸爸说）你把这些全部给我。（4.5）

（被试对爸爸讲）明天我带六块饼干去，然后呢，把三块饼干给××，把三块饼干给我。（4.5）

（被试甲吃麻花，乙要，甲说）我把这下面（指麻花的一半）给你。（5）

⑤N_1（施事）＋V_1＋N_2（受事）＋"给$_1$"＋N_3（与事）。此为连谓句中的连动句。句式中的V_1一般表示操作性或处置性的动作行为，"给$_1$"表示前一个动作行为的目的。这种句式的意义是：某人处置某物并转移给某对象。例子如下：

（被试甲把一张纸撕开，对乙说）来，劈一半给你。（2）

（被试向取样人要笔）拿一个给我呀。（2）

（被试捏起食指和拇指放到嘴边做嗑瓜子状，对取样人说）我吃个瓜子给你啊。（2）

（被试抱了两个玩具给取样人）我搞好多给你。（2）

（被试对取样人说）你叠个风琴给我。（2.5）

（被试指着取样人买的果丹皮说）是我买了这个给××的。
（3）

（被试指着公园门口的值班人员对取样人说）你回家拿钱给他，我们就进去了（按指进公园）。（3）

（被试甲、乙做游戏。甲说）我再搞一个能量块给你吧。
（4）

（被试甲看画册，乙说）你看完了给我。（4.5）

在上述这种句式中，"给₁"同 V₁ 共有配价成分施事和受事，并且"给₁"必定居于 V₁ 之后。

⑥N₁（受事）+ "给₁" + N₂（兼事）+ V₂。此为连谓句中的受事主语兼语句式，主语 N₁ 为受事；N₂（兼事）既是"给₁"的与事，又是 V₂ 的施事；"给₁"表示的意义大部分兼有"给予"和"允让"意义。这种句式的意义是：某物给予某人，并允让某人处置该物。例子如下：

（被试见老师发鸡蛋，说）大蛋给我吃。（2）

（被试甲要跟乙换座位，说）给我坐，这个给你坐。（2）

（被试搭棋子）做小楼房，给叔叔住。（2）

（被试把球给保育员）给奶奶打。（2）

（被试玩玩具飞机、火车）这个快给妈妈看，好多大飞机！
（2）

（被试向取样人要笔）把笔给我写。（2.5）

（被试甲向取样人要玩具，乙说）给他玩玩。（2.5）

（被试给取样人一张纸）这个纸给你叠。（2.5）

（取样人拿出玩具，被试说）小白兔给我玩。（2.5）

（被试甲把橡皮鸭子给乙，说）先给你玩一下再给我玩。
（2.5）

（被试等爸爸回家吃饭，对妈妈说）爸爸回来以后，面条给

爸爸吃。（3.5）

（被试对爸爸说）每天鱼眼睛都要给我吃。（5）

上面这种句式也有共价现象："给$_1$"和 V_2 一般共有两个配价成分：一个是主语 N_1（受事），一个是 N_2（兼事，与事＋施事）。

⑦N_1（施事）＋"给$_1$"＋N_2（兼事）＋N_3（受事）＋V_2。此为连谓句中的施事主语兼语句，汉语语法学界也有称为双兼语句的。这种句式的谓语部分可以看作一个双宾结构和一个主谓结构的复合，或者看作在双宾结构后面再联接一个谓词性成分而构成。句式中的 N_2（兼事）既是"给$_1$"的与事，也是 V_2 的施事；N_3（受事）既是"给$_1$"的受事，也是 V_2 的受事。这种句式的意义是：某人给予某对象某物，并允让该对象处置该物。例子如下：

（被试见取样人买了一包花生米）给我吃，给我一个吃。（2.5）

（被试甲给乙一个石头）给你一个石头，给你一个小石头拿着。（2.5）

（被试甲跟乙比宠，甲说）我妈妈给我鱼吃。（2.5）

（被试甲给乙一个树叶）给你一个小树叶玩一玩。（2.5）

（爸爸对被试说：你到别人家里去玩，不许吃人家的东西。被试说）别人要是再给我东西吃，我就不吃。（3.5）

（被试对取样人说）你给我一张纸画画。（3.5）

（被试甲向乙要书）给我一本看看。（3.5）

（取样人问被试甲为什么要乙的手帕。甲说）我讲代他叠好东西，他就不给我手帕叠东西。（"叠好东西"是叠一个好的东西的意思。）（3.5）

（被试讲狼的故事）……老人给三只狼一个猪头吃。（4）

⑧N_1（施事）＋给$_2$＋N_2（兼事）＋V_2。此为连谓句中的施

事主语兼语句。句式中的"给₂"表示允让、祈求等意义，N₂是允让、祈求的对象，V₂是N₂受N₁的允让、祈求后发出的动作行为。整个句式表示的意义是：某人允让或祈求某人做某事。例子如下：

（被试甲向乙要鸡蛋吃）给我咬一点。（2）

（被试向取样人要笔）拿，拿，给我拿。（2）

（取样人逗被试：我到你家吃饭好吧？被试说）我家没有饭，给你吃辣椒。（2）

（被试甲想拍乙手中的手鼓）给我碰一下手。（2.5）

（被试甲站在镜子前照镜子，乙推开甲说）给我看看。（2.5）

（被试甲要乙放下手里的玩具鸭子）给小鸭子站着。（2.5）

（被试甲对乙说）我家放唐老鸭了，不给你看。（2.5）

（被试对取样人说）你们到我家去，我给你们玩玩具。（2.5）

（被试对取样人说）爸爸、妈妈、奶奶给我吃这么大的橘子。（2.5）

（被试甲对乙说）起床了，起床了！老师给我们吃东西。（3）

（取样人不让被试甲和乙抢伞，甲说）我不给××打（伞），我到时间就给××打。（3）

（被试甲给乙玉米花，对爸爸说）爸爸，我给他吃玉米花呢。（3）

（被试对取样人说）今天老师给我们吃大苹果的。（3.5）

（被试跟爸爸谈话）以前我到××家，他给我吃狼耳朵，就是巧克力做的狼耳朵。（3.5）

⑨N₁（施事）＋V₁＋N₂＋给＋N₃（兼事）＋V₃。在这种句式中，动词"给"都是兼表转移意义和允让意义，V₃一般都是

表示处置意义。但是 V_1 的情况却比较复杂。分析起来，有以下几种情况：

a. 句式中的 V_1 表示购求意义。在儿童语言中，最常见的 V_1 是动词"买"。整个句式表示的意义是：购求以获得某物，然后转移给某人，以让某人处置该物。例子如下：

（被试对取样人说）妈妈买泡泡糖给我吃的。妈妈买山芋给我吃的。(2)

（被试甲对乙和丙说）爸爸买铃鼓不给你们两个玩。(2.5)

（甲、乙比宠。甲）我妈妈买山楂片给我吃。(2.5)

（被试感冒了，取样人问：吃药了吗？被试说）是爸爸妈妈买来给我吃药。(2.5)

（被试对取样人说）我爸爸买好多山芋给我吃。(2.5)

（被试对取样人说）我下次买东西给你吃。(3)

（被试对取样人说）妈妈明天买水（指饮料）给你吃给我吃。(3)

b. 句式中的 V_1 表示携带、运送意义。在儿童语言中，句式中常见的 V_1 是"带"。整个句式表示的意义是：携带运送某物并转移给某人，以让该人处置某物。例子如下：

（被试对取样人说）叔叔，我下午带糖给你吃。(2.5)

（被试对取样人说）我下午带这么大苹果给你吃。(2.5)

（被试对取样人说）我明天带香蕉，给他吃，给你吃。(2.5)

（被试对取样人说）叔叔，我明天带枪给你玩。(3)

（被试甲对乙说）你跟我玩，我带《黑猫警长》给你看。(3)

（被试讲故事）孙悟空带了好多东西来了，给唐僧师父吃了。(4)

c. 句式中的 V_1 表示操作、制作意义。这一小类中的 V_1 都有一定的服务性或目的性，即 V_1 为其后的动作行为"给＋兼事

+V$_3$"发出。整个句式表示的意义是：制作某物或做某事，以让某人处置该物或做相关的某事。例子如下：

（被试跟取样人谈话）叠个小船好不好？叠个小房子给你看。（2）

（被试在桌子上做弹琴状）叔叔，我弹琴给你听啊。（2.5）

（被试对取样人说）妈妈也烧牛奶给我喝。（2.5）

（被试向取样人提要求）你写一个大老虎给我看。（"写"意为"画"）（3）

（被试甲对乙说）下午到我家去，拿机关枪给你玩。（3）

（被试对取样人说）你讲个好故事以后，我讲个黑猫警长系列故事给大家听。（3.5）

（被试看到取样人在记录，就说）我找一个好地方给你画。（3.5）

（被试甲对乙说）我找一本书给你看看。（4.5）

（被试对爸爸说）我们留了个大苹果给你吃。（5）

（被试在房间里找蚊子）我找个蚊子给爸爸打，再找个蚊子给妈妈打。（4）

（被试拿笔写字，对爸爸说）写个"田"给你看。（4.5）

（被试讲故事）小山羊说，你把尾巴伸进来给我们瞧瞧。（5）

d. 句式中的 V$_1$ 为"有"，表示领有意义。整个句式表示的意义是：领有某物并转移给一定的对象，让该对象处置该物。例子如下：

（被试对取样人说）我有米老鼠唐老鸭不给你玩。（2.5）

（被试对取样人说）我家有话梅给你吃。（2.5）

（被试对取样人说）我家有好多玩具给你玩，你要玩什么玩具就给你什么玩具。（2.5）

（吃饭的时候，取样人问被试：你吃饭不吃饭？被试说）我

不在这吃饭。我在家里有嘎嘎肉给我吃。(2.5)

（被试跟爸爸谈话）姥姥家有两个解放军帽子，……给两个儿子戴。(3.5)

实际上，儿童语言中同动词"给"相关的句式还有更复杂的情况，并且出现的年龄段也比较早。下面列出的例子是为了说明这种复杂情况的存在，分析从略。

（被试对取样人说）我妈妈上街买榨菜不给你吃。(2)

（被试要吃果丹皮，对取样人说）我要你买果丹皮给我吃。(3)

（被试甲和妈妈到被试乙家玩，被试甲要回家，但是门关着，甲对妈妈说）他把门关上不给我们回家了。(2.5)

（被试看画册，说）老奶奶。（取样人问：老奶奶怎么样?）老奶奶在拿鸡杀了给我们吃。(3)

（被试和取样人来到教室外面，被试说）他们躲在教室里不给我们看见。(3.5)

（被试看着几只鸡说）大公鸡下一个蛋在锅里炒炒给我吃。(3.5)

（被试对爸爸说）妈妈叫我拿书给××看。(3.5)

（被试甲对乙说）我叫我爸爸削个梨子给你吃。(4.5)

（被试对取样人说）我妈妈下班带油条给我吃。(4.5)

六、小结

通过对动词"给"的语义及其相关句式发展状况的考察，对于儿童语言中动词语义的发展，我们初步形成了以下认识：

（1）同其他词类的习得一样，动词的习得也是以儿童的认知水平为基础的。儿童习得动词的认知水平至少包括三个方面：一是能够把动作、动作主体和动作对象区分开来；二是能够区分不同的动作行为，初步把握不同的动作行为的基本特点，形成动

作行为知觉表象的系统；三是能够把一定的动作行为同指称这一
动作行为的语词联系起来。

（2）动词的词汇意义的发展一般表现在如下两个方面：

①动词的语义概括程度的提高。这表现为：a. 动词所表示
的动作行为的对象的范围逐渐扩大，由具体到抽象，由单纯到复
合。b. 动词所表示的动作行为在时间上逐渐延展，由现实到过
去、未来以至于想象时间。c. 动词所表示的动作行为在方式上
的变化，由单一到复杂多样。

②动词语义内容逐渐丰富。这主要表现为词义的引申。动词
词义的引申在语言上表现为指称的动作行为的转移、组合成分的
变化和组合关系的变化，表现在心理上则是一个"联系—并列
同化—分化"的过程。

（3）动词的语法意义的发展表现为动词范畴的建立、分化
和具体的动词对动词范畴类属关系的深化，以及动词的语法意义
由低层次到高层次的发展。动词语法意义的发展以词汇意义在句
法结构中的逐渐丰富为基础。这是一个"概括—分化"交替进
行的过程。

通过对儿童语言中同动词"给"相关的句式发展状况的考
察，对于儿童句式的发展，我们也初步形成了一些看法：

①在儿童句式的发展中，句式的谓语部分（或曰陈述部分）
发展较快，发展的质量也较高。这一点是同主语部分（或曰话
题部分）的发展相对而言的。

②汉语句式的复杂化，无论是从儿童语言发展的角度来看，
或是从句式复合的角度来看，都有其内在的规律。汉语句式分复
杂化较严格地遵循以序排列的原则，即以某种因素或某几种因素
为序，排列句式成分的先后。在制约汉语句式成分语序的因素之
中，有两种因素比较重要，即时间和逻辑。这一点从本章举出的
同"给"相关的复杂句式的例子中可以看出来。

③在汉语中，共价手段在句式的发展和复杂化的过程中起着重要的作用。如果我们认为复杂句式是由简单句复合而来，那么共价手段也是句式复合的一种重要手段。

④在包含动词"给"的复杂句式中，动词"给"在句式中的位置对句式的性质有较大的影响。由于"给"为转移动词，所以在包含"给"的复杂句式中，"给"在其他动词后形成连谓句中的连动句，"给"在其他动词前则形成连谓句中的兼语句式，"给"嵌在其他两个动词之间则形成套叠连谓句。受动词"给"的语义的影响，各种不同的句式也具有不同的整体句式意义。

第十二章 "给"字句习得研究（下）

一、引言

　　介词"给"是现代汉语常用虚词之一，"给"字结构也是常用的介词结构。本章拟对儿童语言中的介词"给"字句的状况进行考察。我们先对介词"给"及其相关的句法结构在儿童语言中的使用情况进行描写，然后对其发展状况做纵向的描述。在此基础上，对相关的问题进行讨论。

二、概况

　　介词"给"的主要作用是同名词性成分构成介宾词组，在句中修饰述语成分；同时也标示出介词宾语的语义性质以及主语成分、述语成分同介词"给"的宾语之间的关系。

　　在儿童语言中，根据主语成分、述语成分同介词"给"的宾语之间的关系，介词"给"的用法可分为如下几种：

　　A. 引进与事。这种用法又分为以下几类：

　　A_1. 引进动作行为的受益者（包括服务对象和帮助对象），意义相当于"为、替、帮"。

　　下面是 A_1 类用法的例句。

　　我给你搽胭脂好不好？（2）

　　给妈妈打针去，妈妈又生病又吃药的。（2.5）

　　你给我开录音机，你给我录音。（3）

　　你给我把伞打开，下雨了。（3.5）

我在家给妈妈扫地。(4)

(被试叫爸爸给自己脱鞋)你给我脱掉,嗨。(4.5)

我妈妈还给我烧山芋稀饭呢。(5)

在我们取得的语料中,同介词"给"用法、意义相近的还有"代""帮"。下面是几组"给、代、帮"交互使用的例子。

我妈妈给你打针。(3)

我看到《末代皇帝》上面,医生代那个生下来的小宝宝打针。(4)

我妈妈打针,帮人家打针。(4.5)

(甲)我会帮妈妈干事情。(乙)我会给妈妈干事。(4)

(甲)我代妈妈烧饭。(乙)我会帮妈妈烧菜。(4.5)

(取样人:××,你的手好脏。被试)我爸爸不给我洗。(3)

我妈妈洗衣服,晒衣服,代我洗脸、搽香。(4)

(甲)我代你画鱼。(乙)别给我画嗨,我自己会画。(4)

我给他叠个东西。(3.5)

我代××叠个东西。(3.5)

(妈妈:医生给我打针了,好疼。被试)我给你揉揉。(3)

(被试在幼儿园碰了脸,回家对爸爸讲)……没有哭,到后来,××看见了……反正××帮我揉的。(4.5)

我给××照相,我给××照一个。(3.5)

上次我爸爸又代我照一张,我爸爸也代我照相。(4)

介词"为"只出现一例,而且是在 5 岁年龄段:

(被试玩布娃娃)我为你做好事,我为你做饭吃,这还不谢谢我?(5)

"给我"作为一个固定的组合,用于加强语气的用法,在我们取得的语料中有以下几例:

(甲争到了自行车,边骑边对乙说)××给我坐真乖。(3)

（被试扮演妖怪）小的们，给我把唐僧捆起来！（4.5）

我是2082，给我抓住坏蛋！（5）

这种用法带有明显的模仿性质。

A_2. 引进交付、传递的接受者，意义相当于"为、帮、替"。例子如下：

老师给我们发点心。（2.5）

（肉包子）我不吃啦，给妈妈留着。（3）

我来给你挑一块（肉）。（3.5）

老师给我打两个"甲"，给我打两个五角星。（4）

你给我拿一把刀。（4.5）

我爸爸给我买一辆自行车。（5）

在我们取得的语料中，同介词"给"的A_2用法相同的还有"代"。例子如下：

我妈妈代我买一个小山羊。（2.5）

我代妈妈端饭。（3）

我代爸爸拿筷子。（4）

后来我爸爸代我送药了。送药吃了。又过一天，我爸爸又代我送药了。天天代我送药。（4.5）

介词"给"的A_1、A_2用法都表示"为、帮、替"这类意义，但是A_1用法引进的是服务对象和帮助对象，A_2用法引进的则是交付、传递的接受者，因而A_1用法和A_2用法构成的句法结构虽然同为"给+O（与事）+V（O）"这一相同的格式，但是二者在语义上并不相同。在A_2用法中，介词"给"还具有一定的"给予"意义，因而其中的大部分例子都可以变换为"V（O）+给+O（与事）"这一格式。例如：

老师给我们发点心→老师发点心给我们

给妈妈留着→留着给妈妈

我来给你挑一块→我来挑一块给你

你给我拿一把刀→你拿一把刀给我

我爸爸给我买一辆自行车→我爸爸买一辆自行车给我

而 A$_1$ 用法构成的"给 + O（与事） + V（O）"格式则不能这样变换。请看：

我给你搽胭脂→×我搽胭脂给你

给妈妈打针→×打针给妈妈

你给我开录音机→×你开录音机给我

你给我脱掉→×你脱掉给我

通过变换比较，我们可以看出二者在语义结构上的区别。

在 A$_2$ 用法的变换式中，介词"给"转化为动词，但我们不能据此来否认 A$_2$ 用法中"给"的介词属性。因为在 A$_2$ 用法中，"给"已经具有"为、替"的意义。关于这一点，我们一方面可以用"为、替"去替换 A$_2$ 用法中的"给"，另一方面，我们也可以从平行的介词"代"的同类用法中看到"给"的"为、替"意义。

A$_3$. 引进动作行为的朝向者，意义相当于"朝、向、对、跟"。例子如下：

小朋友抢我的玩具，我就给老师讲。（2.5）

取样人：你怎么知道你明天去照相呢？被试：我妈妈给我爸爸说、给我爷爷说的。（2.5）

（被试玩玩具电话）我给爸爸打电话，我给妈妈打电话。（3）

（被试看画册）哈，猪八戒给小熊再见。（3.5）

（甲推乙，乙说）我给你爸爸讲。（4）

（被试讲故事）你唱的歌最好听了，给我唱一遍。（4）

（被试讲幼儿园的事）……后来他就给老师讲……（4.5）

这一类用法中的述语动词基本上都是表示言语行为的。

在我们取得的语料中，同 A$_3$ 用法相同的还有"跟"。例子如下：

（被试玩玩具电话）我跟爸爸打电话，我跟奶奶打电话，我跟爷爷打电话。(3)

（被试对爸爸说）我跟你讲，这个五角星我还是这样写好些。(4.5)

（甲、乙做游戏，甲说）我跟你讲个话：我当你的妈妈，你当我的孩子。(4.5)

（取样人：你妈妈在什么地方工作？被试说）不晓得，她没跟我讲。(5)

A$_4$. 引进被陪伴者和协同者，意义相当于"跟、同"。例子如下：

（甲对乙说）你给我打球好吧？(3)

（被试看到妈妈在看书）我来学习，给你一块儿学习。(3.5)

奶奶，我给你谈心。(3.5)

（甲对乙说）我不给你坐一块儿。(3.5)

在我们取得的语料中，"给"的 A$_4$ 用法主要出现在 3～3.5 岁这一段时间，4 岁以后，这种用法则让位给介词"跟"。例如：

我在家里，我跟我爸爸拍球。(4)

（被试对爸爸说）你跟我玩一下行不行啊？(4.5)

人家不跟我们玩。(5)

她跟××住在一家。(5)

A$_5$. 引进动作行为的受损者。例子如下：

（吃饭的时候，甲吃了乙碗里的一块肉。乙说）你给我吃完了怎么办哪？(3)

（甲把乙的积木打散了，乙对取样人说）他给我搞倒了。(4)

（甲把水溅到乙的裙子上，乙说）他给我搞潮了。(4)

（妈妈：怎么脸上这么多灰呀？被试说）××给我搞的。（4.5）

　　B. 引进施事者，表示被动。意义相当于"被、让"。例子如下：

　　笔给小猫吃掉了。（2）

　　脸给小朋友抓破得了。（2.5）

　　苹果给我吃掉了。（3）

　　（小汽车）开得没电，就给人家搬走了。（3.5）

　　××把巴巴（大便）屙在裤子上，给我们闻到了。（4）

　　我讲"××起来"，给老师听到了。（4.5）

　　（被试讲电视内容）后来那个醉鬼给好人搞死了。（5）

　　在这种用法中，整个句子表达的都是已然事实，"给+施事"后面都是述补结构。

　　在儿童语言中，同"给"的 B 种用法相同的介词还有"被"。例如：

　　叔叔的手被开水搞破了。（3）

　　（被试指自己的腿）这个地方被蚊子咬了一块，蚊子真坏！（3.5）

　　我们家一开始有《变形金刚》书，后来被哥哥搞掉了。（4）

　　两棵树被风爷爷吹倒了。（5）

　　那个老太太被汽车撞倒了。（5）

　　（被试讲故事，如同背书）四大金刚被哪吒打得大败，逃回灵霄宝殿。（5）

　　此外还有"叫"，只有一例：

　　（取样人）你脖子怎么啦？（被试）叫蚊子咬的。（2.5）

　　C. 引进受事者，用法相当于"把"。例子如下：

　　（被试看到两个小朋友在打闹）他们俩在打架……我给他们抓起来！（2.5）

（被试说）你的手怎么搞的呀？（取样人说）开水烫的。（被试说）是哪个用开水给你烫的呀？(3)

（被试和同伴斗嘴）她（自己的姐姐）给我一个《黑猫警长》的书，我把它剪下来，然后，我就把它……我就让它给你们吓死啦，吓死你们！(4.5)

你跟人家讲话，老师看见你了，就给你罚站，晓得吧。(5)

在我们取得的语料中，这种用法远远不如"把"使用得多。

介词"给"的各种用法在各年龄段的使用情况见下表。

年　龄　段	用　　法					B	C	合　　计	比例/%
	A_1	A_2	A_3	A_4	A_5				
	数　　量								
1									
1.5									
2	9					5		14	2.6
2.5	14	7	5		1	9	1	37	6.9
3	37	28	7	2	1	11	2	88	16.3
3.5	39	36	8	3		11		97	18.0
4	36	35	7		2	12		92	17.1
4.5	41	38	9		2	14	1	105	19.3
5	40	37	8			19	2	106	19.7
合　　计	216	181	44	5	6	81	6	539	
比例/%	47.8	40.0	9.7	1.1	1.3	15.0	1.1		
	共 452 例，占 83.9%								

通过这张表格和以上描述，我们可以看到，在儿童语言中，介词"给"的基本用法有两种：引进与事和引进施事。这两种用法在介词"给"的全部用法中的比例为：A 种用法为 83.9%，B 种用法为 15%，引进与事的用法显然更多一些。在引进与事这种用法中，A_1 和 A_2 这两种用法是最主要的用法。其中 A_1 用法所占 A 种用法的比例为 47.8%，A_2 用法的比例为 40%。

在我们取得的语料中，引进与事的介词除了"给"以外，还有"代、帮、为、跟"；引进施事的介词还有"被、叫"。在这两种用法的介词中，"给"的使用最频繁，用法也最复杂多样。

三、过程

这里所说的"过程"包括两方面的意思：其一是指介词"给"的各种用法产生出现的先后过程，其二是指各种用法从简单到复杂的发展过程。习得过程既涉及习得的量的发展，也涉及质的变化。

（一）1～1.5 岁年龄段

1 岁未出现"给"字句（包括动词"给"字句），但已出现构成"给"字句所必要的名词，如"爸爸、妈妈、宝宝、蛋蛋"等。如果把这些名词用动词"给"联结起来，就构成了动词"给"字句。例如"蛋蛋给宝宝""爸爸给宝宝蛋蛋"。

1.5 岁年龄段仍未出现介词"给"字句，但出现了动词"给"字句。例如：

（甲和乙夺玩具。甲说）给我，给我，我要，我要。

（被试把手帕放在取样人的膝盖上）给叔叔。

（妈妈：橘橘给哪个吃？被试说）给爸爸吃，给妈妈吃，给宝宝吃。

上面最后一例是通过"结构模仿—实词替换"而产生的，

即模仿问句的结构框架，替换问句中的疑问成分。

（二）2 岁年龄段

2 岁年龄段出现的动词"给"字句已经较为复杂，包括含有与事、受事的双宾语句、受事主语"给"字句、连谓句等。动词"给"在句中分别表示"给予"和"允让"的意思。例子如下：

给我笔。

笔给叔叔。

（甲同乙争椅子）给我坐，这个给你坐。

大蛋给我吃。

（被试要笔）拿一个给我呀。

（被试叠纸船）叠个大船给叔叔看。

奶奶炒花生给我吃，不给你吃。

此期出现的介词"给"字句中，"给"字的用法有 A1 和 B 两种用法。

A_1 用法的例子：

你给我讲一个大公鸡，我给你拍拍手。

我给你搽胭脂好不好？

（被试要取样人帮他要球）再给我要球，要这个球。

B 种用法的例子：

笔给小猫吃掉了。

（取样人说）你的鞋子呢？（被试说）鞋子挂着啦，给奶奶挂着啦。（"奶奶"指保育员）

此期介词"给"表示的意义是双重的。一方面表示"给予""允让"的行为、意愿意义，一方面表示"为、替""被"的关系意义。例如上面 A_1 用法的第一个例子，儿童是把"讲一个大公鸡（的故事）"同"拍拍手"（表示奖赏）来相互交换的。而 B 种用法的第一个例子带有明显的模仿痕迹。"（东西）给老猫

（小猫）吃掉了（拿走了）"是大人哄小孩时经常说的一句话。第二例"（鞋子）给奶奶挂着啦"表达的意思是"鞋子给奶奶啦，鞋子让奶奶挂着啦"。这些情况表明，2 岁是介词"给"的初现的阶段，是由动词"给"向介词"给"过渡的阶段。

（三）2.5～3 岁年龄段

在 2.5 岁年龄段，儿童语言中的动词"给"字句已经达到较高的水平，出现了连动结构和兼语结构相联结的复杂的连谓结构，紧缩句也出现了。例如：

我妈妈买山楂片给我吃。

我妈妈也烧牛奶给我喝。

你演狮子给我们看。

我生病了我妈妈给我吃药。

在 2.5 岁年龄段，儿童语言中的介词"给"字句也有了很大的发展。介词"给"的用法除了已经出现的 A_1、B 两种用法以外，又出现了 A_2、A_3 和 C 三种用法，介词"给"的功能进一步发展、稳定。下面是 2.5 岁年龄段中各种用法的例子：

A_1 用法的例子：

给妈妈打针去。

你给××照相啊。

A_2 用法的例子：

老师给我们发点心的。

这个枪我不喜欢，给我换一个。

A_3 用法的例子：

小朋友抢我的玩具，我就给老师讲。

B 种用法的例子：

取样人：你的脸怎么啦？被试：给小朋友抓破得了。

C 种用法的例子：

（被试看到两个小朋友在打架）他们俩在打架……我给他们

抓起来。

在 A_2 用法中，介词"给"引进的虽然是传递者、交付者，但由于在句中所处的位置不同，意义同动词"给"也就有所区别。试比较：

老师给我们发点心。

老师发点心给我们。

这个枪我不喜欢，给我换一个。

这个枪我不喜欢，换一个给我。

可以看出，当"给＋与事"处于表示动作行为的成分前面对，侧重于表达"服务、帮助"，意义是"为、替、帮"；当"给＋与事"处于表示动作行为的成分时，侧重于表达"传递、交付"，意义是"给予"。二者的分布环境不同，由此而导致"给"在意义上的分化。因此，我们认为，此期"给"在儿童语言中已经分化为动词"给"和介词"给"，从动词"给"到介词"给"的过渡已经完成，介词"给"已经从动词"给"中分化出来。

3 岁时出现了 A_4、A_5 两种用法。

A_4 用法的例子：

你给我打球好吧？

我不给你坐一块儿。

A_5 用法的例子：

你给我吃完了怎么办哪？

他给我搞潮了。

至此，介词"给"的各种用法在儿童语言中全部出现。

从 1 岁到 3 岁，儿童基本上完成了介词"给"及其相关的句法结构从出现、过渡到独立这一过程。在 3 岁时，介词"给"不仅从动词"给"中分化出来，而且具有了它在儿童语言中自成系统的分布环境以及与这些分布状况相对应的意义。

（四）3 岁以后年龄段

1 岁到 3 岁，是介词"给"及其相关结构的概念形成期，此期儿童主要是学习介词"给"及其相关句法结构的基本用法，形成其基本结构模式。3 岁以后，则是儿童对介词"给"及其相关句法结构的发展期。此期，儿童开始把已习得的语言知识综合起来，根据表达的需要，对介词"给"及其相关句法结构做更为复杂的运用。下面我们以 A_1、A_2 和 B 这三种最主要的用法为例来描述介词"给"及其相关句法结构在儿童语言中的发展状况。

1．A 种用法的发展

A 种用法的发展表现在以下几个方面：

（1）"（施事）＋给＋与事＋动作"结构作为一个整体出现在句子中。这一点又分为以下几种情况：

第一，做句子成分，主要是做定语、宾语和谓语，或构成"的"字结构。例如：

我衣服是阿姨给我买的。（3）

妈妈给我买的车子我会骑。（3）

这句话你给我记下来。（3.5）

（被试说了一句调皮话，然后说）给我脱衣服的没听到，没给我脱衣服的听到了。（4）

这个故事我就给小朋友讲完了。……这个做梦的故事我就给大家讲完了。（4.5）

今天小鸭我来给它戴花儿。（4.5）

第二，做紧缩句的一部分。例如：

穿衣服老师没给我拉袖子。（3）

我妈妈看到就给我买了。（3.5）

妈妈给我穿（衣服）我才老老实实。（4）

（被试讲故事）又来了五个小朋友非要打针，医生说："我

给他这个小朋友看完病再给你们五个小朋友看病。"（4.5）

第三，同其他谓词性成分构成复杂的谓词性结构做谓语。例如：

我妈妈没有钱，光给我买东西买的。（4.5）

（被试指着玩具鸭子说）我给它打针打过了。（4.5）

医生给人家看病很累的。（5）

以上是构成连动句的例子。

你给我讲故事听。（3）

妈妈，你给我拿一张纸画画。（3.5）

孙悟空没有衣服穿了，（龙王）就给他找一辆衣服穿。（"辆"是量词误用）（3.5）

我给爸爸买好多东西吃。（4）

我妈妈给我烧山芋吃。（5）

以上几个例子也是连动句。不过这几例中的谓语都是语义非连续性结构，其中包含着双重语义性质的成分。以"我妈妈给我烧山芋吃"这句为例。其中"给"的宾语"我"既是 V_1 "烧山芋"的与事，又是 V_2 "吃"的受事；V_1 中的宾语"山芋"既是"烧"的受事，也是 V_2 "吃"的受事；"给"在句中既表示"为、替"的意思，也含有"让"的意思，即"给我烧山芋，给（让）我吃"，所以"给"在句中也表示双重意义。

今天我要你给我讲一个"真假美猴王"。（4.5）

（被试拿起故事书）让我先看一遍，总是让你们先看一遍再让你们给我讲嘛。（4.5）

有一天，有个妈妈，她生病了，她叫人家给她讲个故事。（5）

以上是构成兼语句的例子。

儿童对"（施事）+给+与事+动作"这一结构的整体运用，说明儿童对这一句法结构体的功能、意义的认识进一步深化，并概括抽象出它的基本结构模式。这一句法结构已成为稳固的、能产的、具备整体外部功能的句法结构模式。儿童在整体运用这一句法结构时，使用了不同的方法，如扩展、联结、套接等，其中又包含着提取、移位、合并等程序，这表明儿童句法合成能力和句法合成手段已大大加强，也表明儿童的语言递归能力的发展。儿童已由初期的词语法阶段（2 岁以前）进入词组语法阶段。

（2）介词"给""把"同用构句。例子如下：

你给我把伞打开。（3.5）

妈妈，把"小熊拔牙齿"给我讲完。（3.5）

你可是给我把话记下来呀？（4）

爸爸，你把手套给我戴上。（4.5）

那本书你把它给我拿过来。（5）

介词"把"的作用之一是根据表达的需要和语法上的要求，控制句中受事成分的位置，调整语句的结构。从上面的举例来看，"把＋受事"既出现在"给＋与事"之前，也出现在"给＋与事"之后。这样，包含与事、受事成分的句子在儿童语言中就有了以下五种格式：

①施事＋给＋与事＋动作＋受事

例：你给我戴上手套。

②受事＋施事＋给＋与事＋动作

例：手套你给我戴上。

③施事＋给＋与事＋把＋受事＋动作

例：你给我把手套戴上。

④施事＋把＋受事＋给＋与事＋动作

例：你把手套给我戴上。

⑤受事＋施事＋把＋复指成分＋给＋与事＋动作

例：手套你把它给我戴上。

这些情况说明，儿童对句子成分的语义性质及其间的语义关系已经能够比较准确地确定，并能运用一定的语法手段来表明句子成分的性质及其间的语义关系。这些情况还说明，儿童在此期已初步掌握句法格式之间的异形同义关系，具有初步的句法变换能力，并初步掌握句法变换所需要的语法手段（如移位、复指等）。

2．B类用法的发展

关于B类用法的发展，我们在本书描述儿童语言中的被动句的章节中有详细的介绍。这里做一简要说明。

在我们取得的语料中，3岁以前，介词"给"引进施事构成的被动句中的述语成分，都是消极意义的或中性的，陈述的都是不愉快的事情或对事物处理的结果。如"（我的脸）给小朋友抓破得了"，"苹果给我吃完了"等等。这种情况说明儿童对介词"给"所表示的被动意义的理解以及对"给"的使用上有语义上的偏向性，介词"给"所表示的被动意义还不能说是纯粹的语法上的被动意义。3岁以后，虽然介词"给"引进施事构成的被动句仍然多用于陈述不愉快的事情和对事物的处置的结果，但是也开始出现表达积极意义的介词"给"被动句。例如：

我今天表扬了，我今天给老师表扬了。（4.5）

（被试指着布娃娃说）她现在给医生诊好了。（4.5）

这类句子的出现，说明儿童已开始从语义偏向性的介词"给"的被动意义逐步向纯粹的语法上的被动意义过渡。

在我们取得的语料中，没有发现对"受事＋给＋施事＋动作"结构做整体运用的情况，但是对这一结构的扩展还是比较普遍的情况。下面是一些例子。

（被试问取样人）饼干吃完啦？（指地板缝）给这个洞里的老鼠吃完啦？（3）

（被试讲故事）他的孩子不见了，原来是给他们两个拖到山

脚下把它宰死了。(3.5)

她一条腿给医生砍掉了。(5)

AA 的画子给一个 BB 抢去了。(按 AA、BB 都是小朋友的代号)(5)

那天我给××打疼死了。(5)

(被试甲、乙比惊险。甲说）我爸爸给大象拿鼻子把他卷死了。(5)

对介词"给"被动句中诸成分的扩展，同样表现了儿童语法递归能力的发展，也表现了儿童构句能力的发展。

现将本章的描述分析小结如下：

介词"给"及其相关句法结构从 2 岁时开始出现，其顺序是：

A_1、B（2 岁）→A_2、A_3、C（2.5 岁）→A_4、A_5（3 岁）

2 岁至 3 岁是由动词"给"向介词"给"的过渡分化期。儿童通过动词"给"的习得，理解并掌握了施事、与事、受事各自的性质，其间的语义关系，以及各自的句法表现形式。在外界语言刺激、客观语境对表达的要求、儿童自身的表达需要、儿童语言系统内知识的综合贯通等这些因素的共同作用下，在动词"给"字句的基础上产生了介词"给"字句。而后，在句法结构的中介作用下，介词"给"的功能、意义逐步稳定，而与之相关的句法结构也逐步发展、定型。最后，介词"给"从动词"给"中分化出来，与其他功能、意义相同或相似的介词（如"代、为、替""被、叫"等）组成了独立的系统。

3 岁以后，介词"给"及其相关的句法结构进入发展阶段。其中 A_1、A_2、B 三种用法以及由此构成的句法结构的发展较为显著。这些发展变化表现在以下几个方面：

(1) 儿童能够把"（施事）＋给＋与事＋动作"格式作为一个整体性的句法结构进行运用。

（2）儿童能够对包含介词"给"的句法结构进行扩展，并能把它与其他结构联结，增加句子的长度和结构层次，构成更复杂的句法结构。

（3）儿童能够根据表达的需要和语法上的要求，运用相应的语法手段，调整结构成分的位置，变换句法形式。

（4）儿童能够认识到结构成分之间语义联系的多样性，并利用这一点，使结构成分语义兼职，负荷双重或多重语义。

这些发展反映了儿童对句法结构的概括、抽象和定型，反映了儿童语法递归能力的发展，反映了儿童对句法结构之间异形同义关系的认识及句法变换能力的发展，反映了儿童对结构成分之间的语法关系、语义关系的认识上的深化，反映了儿童开始从词语法阶段进入词组语法阶段。

四、讨论

（一）儿童习得介词"给"的心理过程和语言过程

（1）从历史演变的角度来说，介词绝大多数都是从动词演变而来。介词"给"就是从动词"给"演变而来的。动词"给"在使用、发展的过程中，其中的一部分用法在分布环境和意义上发生了变化，这部分用法在发展演变过程中逐渐同动词"给"相分离，最后成为介词"给"。

儿童习得语言的过程同语言发展演变的过程并不完全相同，而只是具有某些相似之处。因而我们不能根据"动词→介词"之间的历史演变关系来断定儿童习得介词必定要经过习得动词这一过程。儿童习得介词的过程和类型是多样的。通过习得动词而习得介词只是儿童习得介词的一种类型，而不是全部情况。例如介词"把""被"的习得就没有经过从动词到介词这一过程（介词"把""被"的习得状况请参阅本书的第三章和第四章）。

从儿童习得介词"给"的情况来看，儿童习得介词"给"

是经过了习得动词"给"这一过程的。这种看法是基于以下几点：

①在儿童语言中，动词"给"和介词"给"的语音形式完全相同，换言之，二者之间具有同形关系。

②在儿童语言中，动词"给"和介词"给"在功能、意义上都存在密切的联系。

③在儿童语言中，动词"给"及其句法结构出现在前，而介词"给"及其句法结构出现在后。

④在儿童语言中，存在"给"兼有动词、介词双重性质、表示双重语义的过渡性的情况［参见本章第335页的举例和分析］。

如果这一看法成立，我们下面就来分析由动词"给"到介词"给"这一习得过程中的心理过程和语言过程。

（2）语言知识的习得离不开对客观世界的知觉和认识。但是，当语言符号、句法结构一旦习得之后，尽管它们的发展变化仍将受到客观世界的影响和制约，但在其中起主要作用的语言自身的规律和心理上的作用。这时语言自身的性质以及它作为心理认知结构的一部分的属性所决定的。

根据有关的研究，大约在1岁末，儿童开始能把自己的动作和动作的对象区分开来，以后又能把自己这个主体和自己的动作区分开来。从这时起，儿童开始把自己跟周围客体区分开来，认识了自己与客体的关系。2岁至3岁儿童开始把自己当作主体来认识。儿童在跟其他人的交往中，逐渐懂得了哪些东西是属于自己的，哪些东西是属于别人的，并且学会用"我的"来表示所有。儿童这种自我意识和所有权意识的建立，是儿童通过习得动词"给"而习得介词"给"的心理基础中的一部分。

从1岁到1.5岁，儿童通过对客观世界的认知，通过体态、实物等表象的输入，通过对外部语言刺激的接受、理解和学习，习得了动词"给"和比较简单的动词"给"字句，并逐步掌握了"给"这一符号所表示的动作及其所联系的人和事物的性质：给予者（施事），接受者（与事），给予物（受事）。这样就形成了儿童语言知识结构中的一个知识固定点，该固定点为介词"给"的习得打下了语言基础；而儿童对"给"所表示的"给予"行为以及这一行为所联系的人和事物的性质的认识而形成的知识，则形成习得介词"给"的心理基础的一部分。

（3）由动词"给"到习得介词"给"是一个心理上的同化和分化交互进行的过程。早期儿童对"给予"这一动作的理解一般限制在"给予实物"这一范围内。随着儿童同他人的交往的发展，随着儿童思维的发展，儿童逐渐认识到，"给予"不仅可以是给予实物，而且也可以给予他人某种帮助或服务，这时候，儿童在心理上就开始把"给予帮助服务"同"给予实物"并列起来，二者相互联系并形成并列同化。在这一同化进行的同时，分化也开始了。"给予"这种行为在儿童的认知结构中开始分化为两种：一种是交付、传递的"给予"，另一种是帮助、服务性的"给予"。由于帮助、服务性的"给予"总是代替或为一定的对象做某种事情，于是帮助、服务进一步分化为"代替（别人做事）"和"为（别人做事）"。这时，由于"代替（别人做事）""为（别人做事）"已经逐渐由行为变化为一种关系，同"给予"这种行为有了较大的心理上的举例，具有了较大的分离强度，于是最终同"给予"分化开来。

（4）与上述心理过程相对应，当儿童对给予的认识仅限于给予实物时，与这种认识相对应的句法结构是"给 + 与事 + 受事"，"给"在该句法结构中表示"给予"意义，受事成分为名词性成分，该句法结构为双宾语结构。（在此期儿童语言中，与此双宾语结构的语义结构相同的还有"受事 + 给 + 与事"这一格式。）当儿童把帮助服务性的动作行为同"给予"并列时，与这种心理过程相对应的句法结构是"给 + 与事 + 动作行为"。在这种格式中，"给"的意义开始发生变化。当"给"的意义在这种格式中进一步变化时，就成为"代替、为"的关系意义。这样，在句法结构的中介作用下，"给 + 与事 + 受事"同"给 + 与事 + 动作行为"这两种句法格式中的"给"分离开来。这样，就完成了介词"给"同动词"给"分化开来的语言过程。

无论是"帮助、代替"同"给予"分离开来，还是介词"给"同动词"给"分离开来，都需要一定的分离强度。加大分离强度的因素有以下几点：

①客观世界、外部语言信息的不断输入，并且儿童对这些知识的认识不断地深化。

②从"给予"到"帮助、代替"、从动词"给"到介词"给"的有理联系，儿童对这种联系的认知，以及这种联系在儿童认知系统中的建立。

③儿童自身对动词"给"、介词"给"及其相关句法结构的不断练习和使用。

④儿童语言系统中词语的聚合关系的影响，如"送、发、留、要"和"代、帮、跟、被、把"对动词"给"和介词"给"分化的影响。

以上这四个因素分别从习得环境、学习材料、学习者、语言系统这四个方面共同影响这一分化过程。

介词"给"一旦具有了自己的分布环境和意义，就同动词"给"分离开来，同时又反过来对动词"给"产生一定的影响。引进与事、表示"传递、交付"的"给"本来表示动作行为意义，这种意义的"给"在儿童语言中有两个分布环境：

a. 动作（受事） + 给 + 与事

例：拿一个给我。

b. 给 + 与事 + 动作（受事）

由于 b 格式中的"给"同介词"给"的分布环境有相同之处，因而受到介词"给"的影响，意义逐渐同 a 格式中的"给"有所区别，侧重于表示"帮、替"，于是就形成了介词"给"的 A_2 用法。

（5）如果说，动词"给"的习得方式是概念形成的话，那么由动词"给"到介词"给"，以及介词"给"的各种用法的习得方式则主要是概念同化。儿童在对已习得的语言知识的反复练习和运用中，不断地辨识、分析、概括、抽象，形成新的语言知识固定点，进而去同化更多的内容，以便用有限的语言知识表达尽可能多的交际内容。引进与事的介词"给"的各种用法的发展，就是这种练习、分析、概括、抽象、同化诸环节所组成的过程反复进行的结果。

"你给我讲个故事"（2）属于介词"给"的 A_1 用法（引进帮助、服务的对象）。这类句子中的"给"同时也包含着"朝、向、对"的意义，也就是说，既是"为我讲"，也是"对我讲"。儿童在反复练习、使用"给我讲"这类句子后，逐渐概括、抽象出"给 + 与事 + 言语行为"这一格式，这样就形成了一个新的、次一级的格式，也是一个新的语言知识固定点。当儿童使用这种格式去表达新的类似的内容时，就出现了介词"给"的 A_3 用法——引进动作行为的朝向者：

给我讲（故事）→给老师讲（事情）/给我爸爸说（事情）/给奶奶再见/给爸爸打电话

在"给××打电话"这个句子中，其中的"打电话"是表示双方行为的相向动词性成分。对于这一点，儿童其他方面的知识也有助于对"打电话"的语义特点的掌握。例如儿童学过的儿歌中就有"两个小娃娃呀，正在打电话"这样的句子。当儿童把"给××打电话"概括抽象为"给 + 与事 + 相向、合作行为"格式，并且用这一格式去表达新的类似的内容时，就出现了 A₄ 用法——引进协同者和被陪伴者：

给×× 打电话→你给我打球/我给你谈心/我给你一块儿学习/我给你坐一块儿

介词"给"的 A₅ 用法（引进受损者）和 C 用法（引进受事）是儿童对"给+与事+动作行为"格式进一步概括、抽象后出现的。儿童初期使用"给+与事+动作行为"格式时，有一定的偏向性。格式中的动作行为总是对与事有益。因此，此期格式中的"给"的义域应表示为"给予（与事一定的利益、好处）""为（与事做有益的事）"。当"给"的意义概括为纯粹的"给予"或"为、替"时，那么给予的也可以是某种处置，对与事做的事也可以对与事有损，这样 A₅ 和 C 用法就出现了。这两种用法在儿童语言中都比较少。引进受损者的用法仍然受到儿童对介词"给"的意义概括程度以及表达倾向上的限制，引进受事的用法则受到介词"把"的影响，因为在引进受事这一用法上，无论在使用频率上，还是在用法的复杂程度上，介词"把"都远远超过"给"。

（6）现在我们来讨论儿童习得介词"给"的 B 用法（引进施事，表示被动）的心理过程和语言过程。

语义关系是儿童早期在对实物间关系认知的基础上产生的最基本的概括和抽象。根据有关的研究，大约到第一年末，儿童开始能够把自己的动作和动作的对象区分开来，以后又能把自己这个主体和自己的动作区分开来。随着儿童自我意识的出现和发展，儿童开始能够把语言中的施事、受事、与事、动作行为这些语义成分区分开来，并能理解它们之间的关系。

儿童在掌握施事、受事、与事、动作行为这些语义成分之间的关系的初期，在运用句法形式来处理、表现这些语义成分之间的关系时，其语序为"（施事）+动作行为+与事+受事"（1.5岁）。在我们取得的语料中，施事经常不出现，而由在现场的人补足。儿童在进一步理解、掌握这些语义成分之间的关系，特别是认识到动作行为同受事之间的关系的稳定性和不可逆性（尤其是受事表物而非表人）之后，对语义内容和句法形式的对应关系就有了进一步的认识，在处理这些语义成分之间的语义关系时，就能够运用更多的句法形式。这时，就出现了受事主语"给"字句：

笔给叔叔。（2）

这给你吧。（2）

在受事主语"给"字句中，"给"已经含有被动的语法意义，即是说，该格式表示的意义是：受事被（施事）给予与事。这一变化是由动词"给"到介词"给"的 B 用法的第一步。

随着儿童自我意识中所有权意识的出现和建立，"给予"行为的意义在儿童的认知结构中也得到了深化。"给予"已不仅仅是简单的交付、传递，而且也意味着所有权的转让——给予者失去支配给予物的权力，而接受者则获得了对所得物的支配权力。所以，"给予"就是让接受者得到某物，并且允许接受者对所得物进行支配。这样，"给予"和"允让"就在心理上建立了联系，并且越来越密切地联系在一起。这种联系表现在语言中，就是动词"给"的兼语句的出现：

（被试向取样人要笔）给我写。（2）

奶奶炒花生给我吃，不能你吃。（2）

（被试甲向乙要鸡蛋）给我咬一点。（2）

（被试甲、乙争椅子。甲说）给我坐，这个给你坐。（2）

上述这些例子中，"给"表示的是双重意义：一方面表示"给予"意义，另一方面表示"允让"意义。所以上述这些例子表达的共同的语义是：给与事某物，让与事支配某物。例如"给我坐"的语义是"给我（椅子），让我坐（椅子）"。

动词"给"的"允让"意义产生以后，在语言复习和使用过程中同"给予"意义进一步分化，这时就出现了表示纯粹的"允让"意义的情况：

　　（被试玩小木琴，自言自语）不给你听。（2）

　　（被试坐在木马上对取样人说）我不给你骑马。（2）

　　这时，介词"给"被动句出现的条件基本上都具备了。从心理上说，给予行为已经同允让意愿建立了联系，接受者也已兼有支配者的性质，动作行为同被处置物的不可逆关系也已确立。从语言上说，动词"给"已可以表示被动意义，并且又分化出独立的"允让"意义，动词"给"的与事也兼有了施事的性质。在这种情况下，在外界语言（介词"给"被动句）的引发下，在儿童表达需要的推动下，介词"给"表示被动的用法就出现了：

　　（鞋子）给奶奶挂着啦。（比较：鞋子给奶奶挂）（2）

　　香蕉给我吃了。（比较：香蕉给我吃）（2）

（二）儿童习得介词"给"的手段和机制

　　（1）儿童在语言习得过程中使用了多种手段，从简单的模仿，到复杂的迁移、概念形成、概念同化等。在不同的习得阶段，其习得手段、习得方式不同；对于不同的学习内容，其习得手段、习得方式也不同。

　　在语言习得的初级阶段，儿童语言习得的主要内容是词汇学习和基本的、简单的句法学习。此期的习得方式主要是简单命名和概念形成。与这种习得方式相对应，此期儿童使用的习得手段主要是模仿和较低级的归纳、概括。

　　模仿是在言语理解的基础上进行的。儿童在生活和交际中，通过自己的感觉器官，接受到外部的语言信息和其他信息（如体态信息、实物的形体、色彩等方面的信息等）。儿童通过对外界信息的综合，一方面理解话语；另一方面也通过话语同环境的联系，在理解的基础上对话语进行简单的分析，如话语成分的发音、意义、序列、位置等，并把新接受到的言语信息同以前接受到的言语信息相互比较、辨识，在它们之间建立起各种联系，然后存储到自己的记忆系统中去。当儿童的记忆系统中存储了一定的语句，具备了一定的语言能力之后，儿童在交际中就会把这些语句提取出来，进行运用。儿童初期使用的语句还具有一定的鹦鹉学舌的性质。但正是这些简单的词语和语句，为以后的复杂的语言习得打下了基础。

儿童在交际中对学会的语句进行使用，实际上也是一种语言练习。当然，这种语言练习不是简单的语句重复，而带有发现性。儿童在语言练习中使用的手段有替换（例如：谁的鞋子——我的鞋子）、扩展（例如：给我买个小汽车，红色的小汽车）、移位（例如：给我球——球给我）等。在反复的练习和纠错中，儿童对习得的语言知识的认识也逐步深化，对于已习得的语句的结构、成分和有关的规则也逐步有了较为全面的认识。到了这时，儿童就会进行归纳、概括。

（2）归纳—概括，包括以下内容：

①集合与分类。"集合与分类"是指儿童把已经习得的语句形成集合，然后用一定的标准把语句分成一定的类别。儿童在对语句进行分类时，其主要标准可能是根据不同的成分按一定的语序排列而形成的句子格式。这一点我们可以从儿童在练习中的替换、扩展中看出来。儿童对语句的替换和扩展一般都不改变语句的格式，这说明儿童对句子格式掌握较早，而且也较稳定。句子的语义结构是否为儿童对语句分类的标准，有待于进一步的探索。

②成分归类。"成分归类"指的是儿童对同一类语句中各个位置上的成分进行归类，形成一定的"词类"。归类的标准是功能和意义。对于儿童来说，功能和意义就是替换。这一点我们也可以从儿童的替换练习中看出来。

③定型与定类。"定型与定类"是指儿童在归纳的基础上进行概括、抽象，形成一定的句法结构模式和一定的成分类，成分类包括词语的类别和句子成分的类别。

具体的语句概括抽象为一定的句法结构模式以后，儿童就可以对这些句法结构做整体性的运用。例如：妈妈给我买的车子我会骑/我长大了给妈妈烧饭。因此，对某一句法结构做整体性的运用是完成对该句法结构归纳、概括的重要标志之一。

儿童在对一定的句法结构模式进行替换、扩展练习时，已初步形成了该句法结构模式的雏形；当儿童对某一句法结构进行整体性运用时，则说明儿童对该句法结构形成了更高水平上的概念。

（3）概念同化和概念分化。当儿童通过概念形成的方式，通过模仿和练习、归纳—概括，获得基本的语言知识以后，这些基本的语言知识就成为儿童语言系统的基础。在以后的语言习得过程中，这些基本的语言知识就成为联系其他语言知识的固定点。概念同化和概念分化就成为儿童语言习得的主要方式。

概念同化可分为以下几种类型：

①类属同化。类属同化是把新习得的语言知识归属于已习得的语言知识的某一系统之中，用原有的概念去概括、包摄新的语言知识的同化。语言习得中的类属同化大致可分为词汇类属同化和句法类属同化。词汇类属同化就是把新习得的词语归属到已形成的词汇类别之中。词汇类属同化的条件是新习得的词语的意义、功能同已形成的词语类别具有上下位关系。句法类属同化就是把新习得的语句归属于已习得的某一句法结构模式之中。句法类属同化的条件是新习得的语句同已概括出的句法结构模式有相同的句法形式，并且各句法位置上的成分也有同类关系。类属同化可以使原有的词语类、句法结构进一步充实，也可以使原有的词语类、句法结构得到扩展，并导致分化。例如，儿童在习得介

词"给"的 A1 用法之后,就用它不断地去包摄新的介词"给"的 A 类用法,最终使介词"给"的 A 类用法分化为 A1 至 A5 五种用法。这五种用法所构成的句法结构的语义结构并不相同,但由于它们都具有"N(施事)+给+N(与事)+V"的句法形式,因而彼此之间可以发生句法类属同化。

②总括同化。总括同化是把已习得的语言知识统括到概括程度更高的概念之中,用新习得的概念去包摄以前习得的某部分知识。这种同化在词汇习得过程中比较明显。

③并列同化。当新习得的语言知识不能被原有的语言知识包括,并且也不能统摄某部分原有的语言知识时,儿童就把这种新习得的语言知识同原有的某部分知识平行地联系起来。这种同化方式称为并列同化。例如,介词"给"的 B 类用法在习得过程中就与 A 类用法发生并列同化。

概念分化。语言习得过程中的概念分化主要是伴随着类属同化和并列同化的发展而产生。当类属同化和并列同化发展到一定程度,原有的概念已不能概括或联系新的语言知识,这时就出现了概念分化。类属同化中的概念分化往往是产生高一层概念下的若干次类(如介词"给"的 A 类用法分化为次一级的五种用法)。并列同化中的分化往往是产生几个平行的类别(例如介词"给"的 A、B、C 三种用法的分化、形成)。

儿童语言的发展,除了外部的因素之外,起主要作用的手段主要是替换、扩展、移位、联结、同化(类属同化、并列同化、总括同化)和分化。介词"给"的习得方式和习得手段基本上包括在上述各种手段之中。这些手段的运用,导致了儿童语言的日益复杂和新的句法结构的出现。

(三)介词"给"的习得机制

(1)如果说,词汇学习的心理机制是语言符号同它们所代表的事物、观念在学习者的认知结构中建立了相应的等值关系,并纳入一定的词语系统和观念系统的话，那么句法学习的心理机制则是语言符号根据它的功能、意义所构成的句法结构在认知结构中概括、抽象为一定的句法模式，语言符号同它在句法结构模式中的位置（分布环境）、与模式中其他成分的关系建立起相应的等值关系，句法结构模式则同相应的观念及其间的关系建立起相应的等值关系。

　　虚词是语言符号，而句法功能又是虚词最主要的特征。虚词的这种词汇—语法性质的二重性，决定了虚词习得兼有词汇学习和句法学习的二重性，因而虚词习得的心理机制也兼有词汇学习的心理机制和句法学习的心理机制的双重特征。介词"给"习得的心理机制即是如此。一方面，介词"给"同它所表示的事物间、概念间的各种关系建立起相应的等值关系，并归入相应的介词系统；另一方面，它还同它所联系的成分构成相应的句法结构模式，并与它在这些句法结构模式中所占据的位置（分布环境）、表示的句法关系建立起相应的等值关系；包含介词"给"的句法结构模式也同相应的概念及其间的关系建立起相应的等值关系。

　　（2）儿童在习得介词"给"的过程中，先以概念形成的方式习得动词"给"及其相关的句法结构模式。此时，动词"给"与儿童认知结构中"给"所代表的动作行为和表示的概念建立起等值关系，并且与包含动词"给"的句法结构模式中"给"的功能、意义以及与相关成分的关系建立起等值关系。该过程进一步发展，当儿童以概念同化的方式去习得介词"给"及其相关的句法结构时，这时"给"就同现实中的施事者对受益者之间的帮助、服务行为以及服务于被服务之间的关系建立起等值关系，与受事物同施事者之间的处置与被处置关系建立起等值关系。此后，随着习得介词"给"这一过程中概念同化和概念分化的进行，介词"给"根据其句法功能、语义功能与相关成分构成的语句逐渐概括、抽象为定型的句法结构模式，成为儿童语言系统中稳定的一部分。这时，介词"给"不但与现实中有关的关系相联系，而且也与思维中有关的关系相联系，并且也与语言中的语法关系、语义关系相联系；它所反映的状况和表达的内容，不但联系着现实中的服务者与被服务者等角色以及思维中相应的命题中的诸概念，而且也联系着语言中的施事、受事、与事、动作行为诸成分。这些就是介词"给"习得过程中儿童心理上的基本状况。

　　总之，儿童通过概念形成的方式，通过模仿—练习、归纳—概括，习得了动词"给"字句，其中包括替换、扩展等各种具体手段的运用。然后，通过句法并列同化，把介词"给"的 A_1 用法的语句同动词"给"的双宾语句并列，产生介词"给"的 A_1 类语句，然后把介词"给"的 B、C 两种用法的语句同 A_1 类语句并列同化，又把 A_2、A_3、A_4、A_5 类语句类属同化到 A_1 类语句之中，而后分化为相互区别而又相互联系的各类语句。在句法结构的中介下，介词"给"的功能、意义同介词"给"相关的句法结构的习得同步发展，最终成为既同动词"给"相联系，又与动词"给"相区别的语言符号——介词"给"。

　　通过动词的过渡，通过句法结构的中介，通过概念同化和分化，由动词习得介词，这只是介词习得的一种类型。介词习得的理论，还有待于进一步的研究。

第十三章　比较句习得研究

一、引　言

本章所讨论的儿童比较句，是儿童用于比较的语句（包括语义上表示比较和带有语法标记介词"比"的语句）。我们先介绍现代汉语中的介词"比"及其句式，然后描述、分析儿童语言中的比较句的状况，最后对相关的问题进行分析讨论。

二、现代汉语中的介词"比"及其句式

（1）"比"是现代汉语中用于比较性状、程度的介词，它可以带上宾语进入主谓结构，构成"比"字句，即"主语＋比＋介宾＋谓语"。"比"的前面是一个比较项，一般称"比"字句的左项；"比"字的后面（"比"的宾语）是另一个比较项，也是进行比较的参照项，一般称为"比"字句的右项；"比"字句的谓语表示两个比较项的对比点，多由形容词充当，谓语所表示的性状为"比"字句的左项所具有。例如：

小张比小王高十公分＝小张高十公分

哈尔滨的冬天比北京冷＝哈尔滨的冬天冷

带有介词"比"的比较句的用法可以归纳为如下几种：

①表示两种不同事物的比较，充当"比"的左项和右项的成分可以是名词、动词、形容词、主谓结构等，左项和右项的性质一般都相同（右项中的成分有时有省略），充当比较点的谓语是形容词。例如：

张明比李亮老实。

躺着比坐着舒服。

慢点儿比快点儿安全。

老王办事比小王认真。

②表示周遍意义。"比"字的左项一般由名词充当，表示人或事物；"比"字的右项由代词"谁、什么、哪儿"等充当，谓语可以是形容词或动词。这种比较句表示的意义是：左项表示的人或事物在某一方面高于所有的同类。这种比较含有夸张的意味。例如：

她比谁都能干。

大王比哪个都能吃。

这儿的风景比哪儿都漂亮。

友谊和支援比什么都重要。

③表示同一对象前后不同时期的状况的比较。"比"字的右项一般多为时间词或方位词，谓语多为形容词。例如：

今年夏天比去年热。

他身体比过去结实了。

小明的数学比以前好多了。

我们的生活一天比一天富裕。

④比较的意味较轻，而侧重于描述，表示一定范围内所有的个体都具有某一属性。这种比较句的左项和右项为固定的格式"一量＋比＋一量"。例如：

参赛的歌手一个比一个唱得好。

村里的房屋一家比一家漂亮。

这个班的学生一个比一个聪明。

（2）"比"字句有完全式和简略式之分。当主谓结构或偏正结构充当比较项时，如果"比"字的左项和右项都是完整的主谓结构或偏正结构，那么这样的"比"字句就是完全式；如果

"比"的右项同相对应的左项省去了某些成分，那么构成的就是简略式。试比较下面的例子：

　　完全式　我的钢笔比我的铅笔好用。
　　简略式　我的钢笔比　铅笔好用。

　　完全式　我们赢的球比他们赢的球多。
　　简略式　我们赢的球比他们赢的　多。

　　完全式　我坐着比我躺着舒服。
　　简略式　我坐着比　躺着舒服。

　　完全式　我找他比你找他方便。
　　简略式　我找他比你　方便。

　　"比"字句是现代汉语最常用的比较句。不过，"比"字句并不是现代汉语中唯一用于表示比较的句式。在我们对儿童语言中的比较句考察以后，我们会对这个问题有更全面的认识。

三、儿童习得比较句的心理基础和语言基础

　　（1）儿童比较句是儿童对于事物间差别意识的外化形式。有关的实验表明，婴儿已具有物体形状和大小知觉的恒常性。所谓视觉的恒常性是指客体的映象在视网膜上的大小变化并不导致对客体本身知觉的变化。例如，一块积木离开观察者的距离越远，在视网膜上的映象也就越小，但观察者知觉到的积木的大小并未变化。鲍厄（T. G. Bower）的研究结果表明出生才6周的婴儿已显示了大小知觉的恒常性[1]。这种恒常性为儿童形成事物间的差别意识提供了必要的基础。随着知觉过程的不断深化，儿童对事物间的差别的认识也越来越清晰。儿童对事物间差别的认识首先表现为类型差别意识的建立。类型差别意识的建立表现在初

步的分类能力和归类能力。6 个月的婴儿已经能够认出他们直接
看到的东西和隔着布帘触摸过的东西，7 个月的婴儿能在许多东
西中认出共同的特征，然后利用这些特征进行归类[②]。10 个月的
婴儿已能进行知觉的分类，即从一系列不同的物（但有若干共
同点的刺激物）中鉴别出新刺激物[③]。其次是性质状态差别意识
的建立，具体表现为对物体形体的认识。1 岁半的儿童已能区别
自己的东西和别人的东西，也能感知一定距离、方向的物体。例
如排积木排成一路纵队，有的儿童能排到 6 块积木。2 岁的儿童
能模仿成人执笔画直线和圆圈[④]。最后是数量程度差别意识的建
立。这一阶段表现在 2 岁以上的儿童之中，其比较意识已由以前
阶段的具体的形体差别上升到较为抽象的程度、数量、速度、空
间、时间等方面的差别。这一系列差别意识（类型差别→性状
差别→程度差别）的建立，奠定了儿童习得比较句的必要的心
理基础。

（2）在语言基础方面，1 岁半到 2 岁的儿童已掌握了一些日
常基本词汇，其中包括构成比较句所需要的形容词，例如"人、
小、长、白、红、好、坏、快"等[⑤]。而且这一阶段的儿童已能
说出简单的性质陈述句，即由一个主项同一个谓项构成的简单命
题。这些为儿童习得比较句提供了必要的语言基础。

四、儿童比较句的基本类型及一般发展趋势

从经过整理的儿童语料中我们共得到 200 多个用于表示比较
的句子。根据儿童比较句的形成和发展过程，我们把 2 岁作为儿
童比较句的初级阶段，2 岁半到 3 岁半作为发展阶段，4 岁到 5
岁作为成熟阶段。下面我们就来描述儿童比较句在各个阶段的状
况，以及儿童比较句在类型上的发展变化。

（1）由于类型差别意识和性状差别意识的建立，2 岁儿童已
经能够从同类事物集合中通过比较来选择带有区别性特征的事

物，并赋予定指性，这样，就从对某一个对象所做的单一性质判断进步到同时对两个（或更多）对象做出复合关系判断，从而使比较意识外化为比较句。2 岁的儿童基本上都进入了幼儿园，所以 2 岁又是儿童社会化的开始。这一阶段的儿童开始把自己与其他的人或事物关联起来。在自我意识的驱动下，从自身的需要出发，此期儿童的思维中出现一种很明显的索求心理；而比较意识中的性状差别意识（它泛化为形体差别）使得这种心理呈现为趋大表征，即他们吃东西、玩玩具，都希望得到大的，而不希望是小的。因此，2 岁年龄段的儿童比较句基本上都是以"大、小"作为对比点。例如：

（被试看到老师在发茶鸡蛋，说）大蛋给我吃。（2）

（被试到邻居家要吃月饼）阿姨拿饼，阿姨，不要小的，要大的。（2）

（地板上有几个球，被试在圈椅中指着其中一个大球要取样人拿）要球，要这个球。（取样人有意拿了一个小的）不要这个球，（被试指着大球）要这个球，要大球。（取样人又换了另一个小的）不是这个，（继续指着大球）是这个。（2）

这种比较句反映了儿童比较思维中的取舍意识。"大的"是他所索求的，"小的"已被他从意念中排斥。因而在言语形式上只出现一个比较项。这类比较句可称为差异性单项比较句。有时"大的"、"小的"都出现，但显然"大的"是优先选择项，"小的"是先淘汰而后补充的选择项。例如：

（被试向取样人要饼干）要吃大的，要吃大的饼干，吃两块，吃大的。（吃完后还要吃。也许是怕要求不能满足）吃饼干，吃小的饼干。（2）

如果在比较思维中不掺入取舍意识而只做出性状差别判断，儿童会让被比较的两个对象并存于意念之中，外化为言语形式则是形成差异性双项比较句。例如：

（被试在室外玩过家家，边拾瓦片当菜边自语）大的，小的，这也是大的。(2)

（被试边看图书边指点）小熊，这大熊，这小熊，这个大熊。(2)

（被试骑转盘木马）这大马我骑。这上不动（意为爬不上去），这个上动（意为爬得上去），这小一点，坐这个好。（又换一个）这个高了。（再换一个）这个不高。(2)

前两例是对同类事物做性状差别判断。后一例既表述了较细微的差异（小一点），又有正判断和负判断（高了，不高）的对应。

这一阶段的儿童对于事物之间的关联性还可以以记忆留存的方式形成非直观式思维。例如：

（被试玩弄一大一小两把玩具枪，后来不注意小枪给别的小朋友拿走了）这个大枪。我的小枪呢？(2)

"小枪"并不在他眼前，但他仍能进行关联性思维。此外，他们还能进行能力的比较。例如：

（被试见另一被试爬树）×××会爬树。（取样人问：你呢？）我不会爬树。(2)

2 岁可以看作儿童比较句的初级阶段，其句式还停留在性质陈述句的水平，但能用"1＋1 并列"（即将两个比较对象分别代入并列的两个性质判断格式）的方式构成比较句，这也表明这一阶段儿童还未能习得"2＋1 复合"（即两个比较对象由同一个对比点联接）的关系判断句的典型格式"aRb"（a、b 表示关系项，在比较句中表现为两个比较项；R 表示关系，即比较句中的比较句中的对比点）。但这一现象也反映出他们在言语运用技能上已能借助于已习得的性质判断句的句法格式来负载新的比较意识的语义内容，这是值得注意的。2 岁年龄段的比较句的对比点也很有限，基本上局限于形体比较，主要表现在"大"和

"小"上。

（2）2.5 岁到 3.5 岁是儿童比较句的发展阶段。从语义上分析，此期的比较句已经具有 4 种类型。

①差异性对比比较句。这类比较句仍包含单项比较句式和双项比较句，但双项比较句明显增多，而且对比点也比以前扩大，显示出由性状差别意识向更高层次的程度差别意识进展的迹象。此期比较句的句法结构也相应复杂起来，充当比较项的成分中出现了由"形容词＋的＋名词"构成的偏正词组和"的"字结构。下面是 2.5 岁年龄段的例子：

（被试要求取样人在纸上画图）还画一个电视机。（取样人画了）还有一个天线。（取样人又画了天线）搞个大天线，这个是小天线。（2.5）

（被试要妈妈讲故事）妈妈讲的好听，我爸爸讲的故事不好听。（2.5）

我家有小小的铅笔，有大大的铅笔。（2.5）

（被试拿出一个装板蓝根冲剂的药袋）这是新的，不是旧的，上面有字。（又拿出一条手帕）这个手帕是××买的，这是旧的。（2.5）

（被试伸脚跟取样人比鞋）我是新鞋，你是不漂亮的鞋，我是漂亮的鞋。（2.5）

上面例子中的比较项有的并不是现实语境（在被试眼前或者手头）中的事物，但儿童在言语中仍能反映出来，这表明此期儿童的记忆能力也有明显提高。

空间维度的形容词，儿童继习得了"大、小"之后，又习得了"高、矮"和"长、短"。但在习得过程中，容易发生不同维度的形容词的混淆。儿童有时以"大"代"高"，以"小"代"矮"。例如：

（被试甲、乙站在一起比身高。甲说）我矮。（乙说）我大。

（甲）我吃……吃饭了，长得好高好高哟！（2.5）

我妈妈小，我爸爸大。（3）

我爸爸高，我妈妈小。（3.5）

（被试甲站在公园围墙外的大石头上从窗格往里看，对站在地下的乙说）你矮我高，我高能看到树，你矮看不到。（3.5）

我的筷子长，你的筷子短。（3）

此期儿童也逐步摆脱了2岁时的单纯趋大的心理定式，能够通过比较，以适合自身的需要来"舍大取小"。例如：

（被试发现取样人的居室里有一辆儿童自行车）我要自行车，我要自行车嘛。（取样人有意把被试领到外室的一部成人自行车前，被试却仍往里屋走）我要个小自行车，我要一个自行车。（2.5）

②层级性对比比较句。层级性对比比较句是差异性单项比较句的发展，即在性状的差异上有程度上的层级之分，其表现形式一般为在表示差异的形容词前面加上表示程度层级的副词"最、老、好、太"，并且儿童会运用重叠形式增加程度的层级性。这表明此期儿童已建立起程度差别意识并能使之外化。层级性对比比较句的例子如下：

（被试站在窗台上）我站得最高。（确实高于在场的两名取样人）（2.5）

（被试甲、乙赛跑。甲领先）我第一，我第一名，我跑得最快。（2.5）

我家有变形金刚，我家有好大一个变形金刚。（2.5）

我家有最漂亮最漂亮的玩具。（2.5）

我洗脸了，脸好干净好干净的。（2.5）

在地下蹦，蹦蹦跳跳，我蹦老高老高的哟。（2.5）

"我站得最高""我跑得最快"两个例子中的谓语部分为由结构助词"得"联系述语和补语构成的述补结构，述补结构中的述语和补语都同句中的主语发生语义上的联系，亦即同一个主体同时关联动作和结果（状况）。这种句子的出现，既表明儿童差别意识的建立，也说明儿童句法复合能力的提高。"好大一个变形金刚"置于数量词组"一个"前面，语序正确。这种语序同以前的"一个大汽车"不同，由此我们可以看到儿童语序能力的提高。此例子中还包含着扩展现象（变形金刚→好大一个变形金刚），这又反映了儿童句法扩展能力的发展。后面三例都含有"副词＋形容词"结构的重叠形式，这是儿童综合运用副词和重叠这两种句法手段来强化事物间程度差别的表达。这也反映了儿童运用句法手段能力的提高。

随着儿童程度差别意识的建立，儿童也逐渐具有了"适中"的概念。对于"大"而不合适的东西，儿童能够用副词"太"来表示不适中。例如：

（被试甲拿着一把大玩具枪，乙拿着一把小玩具枪。乙对甲说）这个枪我不喜欢，给我换一个。（甲不情愿地把自己的大枪递给乙）这枪你要不要？我的枪太大了。(2.5)

被试甲的意思是他的枪对于他自己来说是合适的，对于乙（女孩）来说则是太大了，不合适。"适中"概念的建立，表明儿童思维在精密方面的发展。

单项层级性对比比较句到3.5岁时发展为递进性双项层级比较句，即用程度副词"更"替换了"最"。这表明儿童对同中有异的差异性关系已能认识并予以表达。例如：

（被试跟爸爸赛跑）我跑得快，你跑得不快。（爸爸跑了几步说：我跑得快吧。被试说）爸爸跑得快，我跑得更快。(3.5)

明天妈妈不喊我我就起来，明天我起来更早了。(3.5)

③同一性对比比较句。比较句是对比较项所表示的人或事物加以对比的结果的外化形式。比较项在对比点上可以是差异性的，也可以是相似性的或同一性的。此期儿童已能使用"a 跟/

像 b 一样的""ab 是一样的" 等形式来表述同一性对比，这表明
儿童对人或事物间异中有同的关系已能认识，并已初步习得了
"2＋1 复合"的关系判断式。同一性对比比较句的例子如下：

（被试要取样人用纸叠一个跟别人一样的花样）给我弄一个
跟她一样的。(2.5)

（被试指着取样人手中的笔记本说）我家有个跟你这个一样
的。(2.5)

（被试指着取样人手中的铅笔说）我家里有一个大棍子像铅
笔样的。(2.5)

（被试看图书讲故事）我讲三个小朋友听。……这两个故事
是一样的吧？一样的。(2.5)

（两个取样人站在上下两级台阶上，让被试说哪个高。被试
指着站在下级台阶上的取样人说）你再上去一点就两个一样高
了，他高你矮。(3.5)

3 岁年龄段儿童还出现了"跟 b 一样的 a"这样的同一性对
比比较句：

（被试甲、乙看到取样人手中的圆珠笔。甲）叔叔，我家也
有笔一个样的。（乙说）我家也有笔跟这一个样。（甲说）我家
也有一个跟你一样的笔。(3)

这表明，此期儿童已经把"跟……一样"格式合成为一个
较稳定的、具有整体功能的句法结构；同时，"有笔跟这一个
样→有一个跟你一样的笔"这种句法移位现象说明儿童对句法
成分的予以性质及其间的语义关系能够准确地分析、确定，初步
掌握了句法结构之间的异形同义关系，具备了初步的句法变换
能力。

此期儿童还能够用副词"也"表述同一性对比。例如：

（被试跟爸爸一起跑步，被试跑在前面）我跑得快，你跑得
不快。（爸爸紧跑几步赶上，说：我跑得快吧。被试说）你跑得

快，我也跑得快。（3）

把上例同前面的例子"爸爸跑得快，我跑得更快"相比较，我们可以看出二者之间明显的联系以及前后之间的发展关系。

此期儿童还能够以自身作为比较项进行超越现实时空的比较。例如：

（被试甲从台阶上往下跳，乙不敢跳，甲说）他长高了，长我这么大，他就敢跟我蹦。（2.5）

④"比"字句。"比"字句在语义上兼有差异性对比和层级性对比的性质。"比"字句是带有比较语义标记的比较句，即典型的"aRb"关系判断，因此我们把它单独列出来分析讨论。

"比"字句是"2＋1复合"比较句，也是一种关系判断句，这种判断句是建立在差异性双项比较句（即"1＋1并列"比较句）的基础上的。2.5岁年龄段儿童的语言中就已经出现了"比"字句。最初的"比"字句中两个比较项都是由单个的名词充当，其中的一个常常是说话人自己，这显然跟儿童的"自我中心"的思维方式有关。例如：

（被试站在窗台上，指着一棵冬青树说）大树这么高，我比大树还高。（2.5）

3岁以后，儿童语言中出现了正反对比点的"比"字句，比较项的构成成分也逐渐复杂，从指称范围来说，可以旁及他人；从成分的性质来说，也出现了偏正词组、主谓词组充当比较项的情况；从比较点来说，除了性状比较以外，也出现了动作行为的比较。例如：

（被试甲指着乙对取样人说）她是妹妹，我是姐姐。我比她高。我比她矮我就不是了（意思是如果我比她矮我就不是姐姐了）。（3.5）

我爷爷奶奶还要比我爸爸妈妈年纪大一些。（3.5）

××写字好整齐哟，××写字比我还整齐呢！（3.5）

2.5 岁到 3.5 岁是儿童比较句的发展阶段。此期儿童语言中的比较句的语义类型大体上已经具备，但各个类型之中的发展还很不平衡。从类型分配的情况来看，差异性对比占 42%，层级性对比占 27%，同一性对比占 19%，"比"字句占 12%。此外，各类型之中的小类也还很不完备。这说明儿童语言中的比较句还有待于进一步发展。

（3）4 岁到 5 岁是儿童比较句的成熟阶段，比较句的各个类型在此阶段都有长足的进展。从结构上看，比较句的完全句、简略句、否定句、变式句在此期都出现了，句子长度也有所增加；从语义上看，表达的内容日益丰富，比较的范围也日趋扩大，能够从性质、状况、动作、行为、视觉、味觉、数量、程度、速度、时空等多方面进行比较。

①差异性对比比较句。此期，在差异性对比比较句中，单项对比比较句已基本上转化为层级性对比比较句，双项比较句已占绝大多数，对比点继续增多。例如：

（被试说）反正我吃过兔子肉，兔子肉好辣，我不敢吃。后来我吃羊肉，羊肉好甜，羊肉外面皮辣，小兔子肉辣，兔子的皮不辣。（4）

（被试看《看图说话》的画册）妈妈没告诉我，我就晓得轻重，树叶子不是轻吗？石头不是重吗？（4.5）

（被试听了爸爸妈妈讲的笑话后说）我也讲一个，我讲的笑话是短的。（5）

老虎厉害，狮子也厉害，大灰狼不厉害。（5）

②层级性对比比较句。在层级性对比比较句中，表示层级程度的副词除了前期的"最"以外，又出现了"最最""特别"，这表明儿童思维中的程度的层级越来越精细。例如：

橡皮泥是用土做的，黑土。这橡皮泥可最脏的了。（4）

小精灵最最厉害了。（4）

我最最不喜欢你。(4.5)

(被试对取样人说) 你不认识×××，是女孩子，她特别坏，她会抠，她会掐人。(5)

×××才特别坏呢！因为×××有时候还打我的胸口呢！(5)

此外，此期层级性对比中所涉及的范围也从以前常用的"我家"扩展到更大的社会背景。例如：

我跟×××关系好，我跟×××最好。(4)

我在班上最大。(4)

××在我们班上是最调皮。(4.5)

(被试用纸叠飞机、飞镖) 这个飞机是世界上最好的飞机。世界上最长的飞镖就这么长。(4.5)

我是男孩子中间最爱劳动的一个。(5)

反正全国就是××第一好，×××也第一好，我也第一好。(5)

这种情况表明此期儿童的社会化意识进一步加强，思维的广度也进一步拓宽。

③同一性对比比较句。

与上一阶段相比，同一性对比比较句在此期的发展主要表现在以下三个方面。

第一是两个比较项都可以扩展为由名词性偏正结构充当，并且出现了简略形式。例如：

鸭子的脚跟鹅的脚差不多，鹅的翅膀跟鸭的翅膀也差不多。(4.5)

(被试指着画册上的图形说) 这个剪子跟我们家剪子一样的，这个钟也跟我们钟一样的。(4.5)

你们家那个床单、床单啊，跟我舅舅家的那个床单一模一样。(5)

那个电视上装的那个玻璃（按指"彩电视力保护屏"）跟我

家的也是一样的。(5)

　　在上面三个例子中，a、b 两个比较项的构成成分完全相同或偏正结构的中心成分相同，述语同一性对比比较句的完全形式；在最后一例中，b 跟 a 相比省略了中心词"电视上装的那个玻璃"，是同一性对比比较句的简略形式。

　　第二是出现了"跟……一样"的同义格式"有＋a＋那么＋形容词"；此外，"跟……一样"经常作为一个整体结构使用，做状语。例如：

　　大海有多深？跳下去有头那么深。大家千万不要跳下去。(4.5)

　　××是个大个子，他第一高，我第二高，还有个小东西跟我一样高。(4)

　　(被试分糖)一个，两个，三个，我跟你一样多。(4.5)

　　(被试甲、乙分吃瓜子。快吃完的时候，甲问乙)我跟你比比可一样多？(比过之后)一样多。我们的瓜子一样多。(4.5)

　　(被试甲、乙一人拿一个苹果。甲对取样人说)我比他人大，东西(指苹果)一样大。(5)

　　上面例子所反映的情况表明，儿童此期的句法变换能力和句法合成能力得到了进一步的发展。

　　第三是出现了比较句的否定形式，包括用反问表示的否定。例如：

　　(被试甲、乙看电视。屏幕上出现了香港夜景，甲说)比北京漂亮些。(乙说)比北京漂亮啊？(甲说)北京哪有这漂亮嗨。(4)

　　"北京哪有这漂亮嗨"表达的是否定意义"北京没有这漂亮"。

　　(被试甲、乙看取样人家的折叠桌。甲说)我们家那个…那个桌子比……比……跟这个桌子这下面这东西(指折叠桌子

交叉的桌子腿）不一样。（乙说）红颜色是颜色，又不是那个。颜色不一样，但是桌子和腿一样呗。（5）

上例是同一性对比比较句的否定形式。从例句中我们可以看出，被试一开始想用"比"字句，后又改用同一性对比句。这表明此期儿童选择合适句式的能力也有较大的发展。

下面这个例子是儿童根据不同的语义表达分别选用同一性对比句和"比"字句：

小鸭和鹅哪个特点是一样的？小鸭子的眼睛跟鹅的眼睛差不多，鸭子的脚跟鹅的脚差不多，鹅的翅膀跟鸭的翅膀也差不多。我下面讲哪个特点不一样的。鹅比鸭子大些，鹅生的蛋比鸭子生的蛋也要大些。（4.5）

④"比"字句。

这一阶段的"比"字句在数量上和质量上都有了明显的进步，其发展主要表现在以下几个方面。

第一是结构类型增多。同成人"比"字句的情况相比，覆盖率达到三分之二强。

第二是对"比"字句的简略式使用更为熟练。例如：

（被试看武打电视片）原来男的比女的厉害，怎么现在女的比男的厉害呀？（4.5）

（妈妈认为被试画的树叶子太大了，被试说）老师画的树叶子比我们还大呢！（4.5）

我的本领比你大，我叫的声音比你大。（4.5）

（被试甲、乙手里各拿一根棍子。甲对取样人说）我的棍子比他长。（4.5）

我的变形金刚是玩具变形金刚，真正的变形金刚比我们人还高呢！（5）

按照"比"字句的省略规则，当"比"字前面的比较项（左项）带有主谓结构做定语时，"比"字后面的比较项（右项）可以省略到只保留主谓结构中的主语。如上面"老师画的树叶子比我们还大"的完全式是：

老师画的树叶子比我们画的树叶子还大

它既可以简略为：

老师画的树叶子比我们画的还大

也可以简略为例子中的情况。

当比较项的中心语是定语的自身领属物时，"比"字的右项可以只保留左项中的名词或代词。

当"比"字的左项和右项都是名词性偏正结构，但比较项的中心语不是定语的自身的领属物而是身外领属物，且右项和左项的中心语相同而定语不同时，右项则只能省略中心语，而让定语部分的"的"字结构充当右项。例如：

我的棍子比他的长

第三是对比点的范围进一步扩大。例如：

黑的虫比白的虫看得见（意为看得清楚）。(4)

下次我爸爸代我买个大螃蟹，比你那个螃蟹还大些。(4)

我大老虎，我张开嘴比你还大些呀！(4.5)

今天的咖啡比昨天的咖啡还好喝些。(4.5)

（被试喝桂圆精冲剂，喝到接近杯底时说）现在比上面的还甜些。(4.5)

（被试甲、乙谈话。甲说）我妈妈说我长大了到上海上学。（乙说）我妈妈说我长大了到外国上学。上海上学很远的，外国上学比上海还远。(4.5)

我们人比你们还多，一手拿三个刀。(4.5)

家家（指外婆）比家爹（指外公）哪个老啊？(4.5)

（爸爸问被试：门怎么响了？被试说）没有人，没有来人，是人家的门，响得更响，比我们家响，传到我们家来了。(5)

从上面的例子我们可以看出，此期"比"字句中的比较点有形体、视觉、味觉、距离、听觉、年龄、数量等，这反映了儿童认知的发展和语义能力的发展。

　　第四是在对比点之后附加上了表示数量或程度的成分"些、一些、一点、好多"等。使比较趋于精密。例如：

　　（被试甲、乙比棍子长短。甲说）我这个比你还长一点。(4)

　　军马是打仗的，它跑得好快，比人马跑得还快些。(4.5)

　　这个吃到嘴里比红枣还甜些。(4.5)

　　她是小黄牛，我是大黄牛，我比她大一些。我是爸爸，她是妈妈，因为她是女的，我是男的，爸爸比妈妈大一些。(5)

　　第五是把"比"字结构作为一个整体成分使用，这反映了儿童句法合成能力的发展。例如：

　　比你还大的就是机器昆虫。(4)

　　（被试甲、乙斗嘴。甲说）那我下次买老大的，比天还大的变形金刚。（乙说）我买比那变形金刚还大的。(4)

　　那万一好深好深的井，比大人还深的井呢？(4.5)

　　要真是一个狼来了？我请好怕人的狼，它嘴巴比大鲨鱼嘴巴、比大鳄鱼嘴巴、比大鲸鱼嘴巴还要大的狼的嘴巴。(4.5)

　　我就跑，我跑得比他还快些。(4.5)

　　（被试的爸爸、妈妈分别要去看下午1：45和6：45的电影，被试说）爸爸下午看电影比妈妈去得早。(4.5)

　　（被试甲、乙赛跑。甲说）我穿球鞋比她跑得还要快。（乙说）那我穿皮鞋跑得比你还要快。

　　我碰他一下，他就打我；我轻轻地拍一下，他就打我；"嘣"，我碰他一下，"嘣"，就还我一下。我碰得比他更多的时候，碰他一下，他就重重地打我一下。(5)

　　这些情况不仅反映了儿童句法合成能力的发展，而且反映了儿童句法递归能力和构句能力的发展。

作为成熟阶段的标志，4～5岁儿童语言中的比较句相对来说有三个特点：一是四大比较类型（差异性对比、层级性对比、同一性对比、"比"字句）的发展基本平衡，各类型的小类渐趋完备；二是"比"字句的出现频率明显增加，在类型分配中所占比例大幅度上升，占此期比较句总数的46.3%（其中差异性对比比较句占11.5%，层级性对比比较句占24%，同一性对比比较句占18%）。与2.5～3.5岁阶段的分配比例相比，"比"字句所占比例上升了34.3%，层级性对比比较句和同一性对比比较句略有下降，基本持平，而差异性对比比较句则大幅度地下降了30.5%。这一变化表明4～5岁年龄段的儿童已不再满足于再用低级的"1＋1并列"的方式来表达差异性对比，而更倾向于运用"2＋1复合"的高级比较句。三是各种类型中的比较句式都大量出现词组充当句子成分的现象，成分相同、语序不同的同义句式也出现了相当数量，比较点的范围扩大，句子的语义结构也更为复杂。

儿童比较句从2岁时开始出现，到5岁时已相当成熟，其发展速度是惊人的。本节我们大致展示了儿童比较句的发展状况。下面我们将对有关的问题进行讨论。

五、关于儿童比较句的若干问题

（一）儿童比较句的特点

（1）比较句中的对比点主要是由形容词充当的。就儿童习得比较句而言，他们一方面要习得相应的句法结构，另一方面还必须习得一定数量的形容词（其中包括空间维度形容词大、小、高、矮、长、短、粗、细、高、低、厚、薄、宽、窄等）。根据有关的研究，形容词在儿童词汇习得中，其比例一直大大低于动词，略低于副词[6]。掌握复合关系判断的表达式和形容词习得这两个方面构成的双重难度使得儿童比较句中的对比点十分有限。

从我们考察的结果来看，2 岁儿童只有"大、小、高、好"4 个
比较点，其中"大、小"出现的频率占 90% 以上；2.5～3.5 岁
阶段，增加了"新、旧、漂亮、好听、好看、破、矮、快、多、
香、干净、远、整齐、长、短、早"16 个，4～5 岁阶段增加了
"差、黑、辣、甜、酸、好喝、轻、重、厉害、狠、老、尖、
坏、调皮、响、鼓、喜欢、爱"19 个，前后累计也不过 40 个左
右。对比点的有限，直接影响了儿童比较句语义内容的表达。

　　我们在考察中发现了一个有意思的现象，即儿童语言中的比
较句中的对比点往往倾向于积极意义，也就是说，儿童常常选用
积极意义的形容词充当对比点。例如在 2.5～3 岁阶段儿童的比
较句中，作为对比点，"大"占 40%，"高"占 10%，"快"占
8%，"多"占 6.5%，"长"占 4%，合起来几乎达到 70%，相
对于消极意义形容词充当比较点的情况，总体上占绝对优势。另
外，像"深、远、老、早、尖、狠、厉害、漂亮、整齐"等形
容词，一直没有出现与其积极意义相对的消极意义的反义词。根
据我们的分析，这种现象的产生，可能与儿童比较句中的对比点
所表示的性状的具有者——第一比较项（左项）有关。通观儿
童比较句，绝大多数比较句的第一比较项是由表示"我"或与
之相关的人或事物的成分充当的。例如，在"比"字句中，这
类比较句占 56%。这是因为，儿童"自我中心"的意识使得他
们常常把自我放在第一比较项的位置上与别人相比，并且有意选
择积极意义的形容词作为对比点以显示唯我独大、唯我独强、唯
我独美，这种情况反映了语言思维的一致性。其他方面的因素可
能还有一些。例如，成对的两个互为反义的形容词不一定是同时
习得的，儿童最先获得的常常是这类形容词所属的范畴，尤其是
空间维度形容词"高/矮"属高度，"长/短"属长度，而对同一
范畴中的两个词的相对意义不能区分；同时，由于积极形容词所
描述的是延伸度最大一端的物体，容易吸引儿童注意，使儿童产

生一种优先选择显著对象的非语言倾向。另外，在成人比较句中，积极意义的词语充当对比点的频率也明显高于消极意义的词语，人们习惯说"a 比 b 高""c 比 d 长"，而较少说"a 比 b 矮""c 比 d 短"。

（2）在儿童比较句中，除了差异性双项对比比较句在 2 岁阶段就出现了"A，不 A"（A 代表形容词）构成的否定形式外，其他肯定句式的否定形式普遍出现较晚。同一性对比比较句到 5 岁才出现"a 跟 b 不一样"的句式，到 5.5 岁才出现"范围 + 没有这么 A 的"句式。例如：

今天××嘛，给我一张大纸，这么大，你看，我们家没有这么大的吧？

"比"字句在我们的考察中，还没有发现确切的否定式。3.5 岁年龄段曾出现了"a 比过 b"的用例：

（被试跟爸爸比吃饭）这回决定（意为"绝对"）比过你。（爸爸说：我再盛一碗。被试说）再盛一碗，我决定比过你。（3.5）

4.5 年龄段出现了"a 比不上 b"的用例：

我来叠飞机，最尖的飞机，看你比不上我。（4.5）

（被试与别人比赛飞纸飞机）你的飞机比不上我。（飞过以后）你的飞机比不上我吧。（4.5）

不过这种句式不是严格意义上的"比"字句否定式，因为这种句式中的"比"是动词而不是介词。

4 岁年龄段出现了用"比"字句的反问形式表示否定意义的用例。例如：

（被试甲看见屏幕上出现了香港夜景）比北京漂亮些。（被试乙接话）比北京漂亮啊？（4）

又如：

（被试甲、乙比憋气鼓腮帮子。甲说）你还能比我还鼓啊？

(4.5)

　　"（香港夜景）比北京漂亮啊？"表达的语义是"（香港夜景）不比北京漂亮"，"你还能比我还鼓啊？"表达的语义是"你不比我鼓"。但说话的儿童都没有直接使用"比"字句的否定形式。儿童未能平行习得"比"字句的否定形式，可能是由于"比"字句中，肯定式的左项具有对比点所表示的性状，而否定式的左项则不具有对比点所表示的性状，倒是右项具有对比点所表示的性状。例如：

　　香港比北京漂亮 = 香港漂亮

　　香港不比北京漂亮 = 北京（更）漂亮（一些）

　　这种由于添加"不"而形成的句法形式和语义内容上的不对称性打破了理解"比"字句肯定式的语义定式，构成"比"字句否定式的理解难度。由于语言理解先于语言学习，所以这种理解难度直接影响了儿童习得"比"字句否定式。这也许是儿童习得"比"字句否定式滞后的主要原因。

　　其他几种比较句的否定形式的习得也同样有滞后的现象。造成这种现象的原因除了句法、语义上的因素以外，还涉及言语运用的因素。一是由于比较总是着眼于共同点或差异点，对比的双方总要具有某种性状或达到某种程度才有比较的可能，因而在言语交际的实际运用中肯定性的对比无疑是绝大多数。从成人比较句来看，否定句式所占比例也很小，而且也不是与肯定句式——对应的。相应而言，儿童比较句当然也不例外。二是儿童比较句中的第一比较项大多是由表示自我的词语充当，儿童的自我中心意识使他们不愿意让自己不具有哪些积极意义的性状，因而势必较多地选用肯定式。三是比较句类型之间在语用功能上的互补因素所致。例如"比"字句的典型格式"a 比 bA"的否定式"a 不比 bA"在儿童"比"字句中一直没出现。除了我们在上面分析过的否定式的语义理解难度之外，还很可能是由于儿童在习得

"a 比 bA"句式之前，已经先习得"aA，b 不 A"和"aA，bB"（B 是 A 的反义形容词）这类差异性双项对比比较句，而"比"字句的性质究其根本仍是差异性对比，于是之外类带有否定意义的差异性对比比较句就与"比"字句的肯定式互补运用，从而形成低层次句式和高层次句式共存共用的现象。

（3）儿童比较句的另一个特点就是句式与句义的不对称性。这一点主要表现在"比"字句中。在本书第 359 页第四点中我们已经指出，4～5 岁年龄段的比较句是儿童比较句的成熟阶段，其中"比"字句的结构类型已能覆盖成人"比"字句结构类型的三分之二。但是在语义表达方面，儿童还是显得相当幼稚，从而形成结构习得和语义习得的不对称性，"比"字句的句式同句义的不对称性。

拿"a 比 bA"这一句式来说，在成人"比"字句中，当其中的 b 由"谁、什么、哪"等充当时，表示 a 在某一方面高于一切的句义，例如"那个丫头片子，比谁都坏"；当其中的 a 指人或物，b 指时间时，则表示同一人或物现在和过去相比较，例如"你比从前胖了"。这两种句义在儿童比较句中只出现了同一事物现在和过去相比的用例，如"今天的咖啡比昨天的咖啡好喝些"→今天的咖啡比昨天的好喝；表示 a 高于一切和同一个人现在和过去相比较的句式在儿童语言中一直没有出现。原因可能在于前一句义的 b 是周遍性的，泛指任何人或事物；而儿童的比较意识还未能进步到较为抽象的泛指程度。尽管他们能说出"比天还大的变形金刚"这样的比较句，但仍局限于定指性的人或事物的比较，还不能说成"比什么都大的变形金刚"。后一句义的例子"你比从前胖了"是"你现在的身体比你从前的身体胖了"的简略式（完全式在实际交际中基本上不说）。按照"比"字句的简略规则，被简略的只能是右项中与左项相同的词语，因而在"你现在的身体比你从前的身体胖了"这一说法中，按照简略规则左项中的"现在"和右项中的"从前"都不能省略，但实际上人们在实际运用中却常常简略左项中的"现在"，形成如下简略式：

你的身体比从前胖了

你比从前胖了

这种简略式属于"比"字句中有一定条件简略的特例，左项和右项的组合关联上具有相当难度，可能超出了儿童思维关联和句式变换的能力，因而难以平行习得。

（4）儿童在运用比较句上也有一定的特点，特点之一就是倾向于使用简略式。儿童习得"比"字句是从单个名词或代词充当左项、右项的简单的"比"字句（例如"我比大树高"）开始的，然后才平行习得由名词性偏正结构或主谓结构充当比较项的较为复杂的"比"字句（包括完全式和简略式）。儿童习得完全式和简略式以后，在运用中通常倾向于选用简略式而回避完全式。我们对4.5～6岁儿童语言中的"比"字句做了个统计，其中简略式占58%，完全式占42%，而且还有继续向简略式倾斜的趋势。我们曾得到两个很有趣的用例：

（被试从幼儿园回家后告诉爸爸妈妈）今天我们吃包子了呢。那个包子很脆，那个包子比你们大，肉比你们多，味道比你们香。(5.5)

（被试和取样人一起吃红萝卜，被试拿手里的萝卜跟取样人手里的萝卜比）我比你大。（取样人说：啊？你比我大呀？被试更正说）我的萝卜比你大。（取样人说：萝卜比我大呀？被试又更正说）我的萝卜根比你大。（取样人说：还不对。被试又说）我吃的萝卜比你大。（取样人说：还不行。被试又说）我吃的萝卜比你吃的萝卜大。(5.5)

在例子中，被试所说的"那个包子比你们大"等三句中的"你们"实际上指"你们在教工食堂买的包子"，因为平常被试吃的包子都是从教工食堂买的。"你们在教工食堂买的包子"这个主谓结构做定语的偏正结构被被试简略到只保留定语部分的主语。在另一例中，取样人多次否定被试的说法，意在让被试说出完全式；而被试没有觉察到句子中被简略的右项有什么不合适的地方，直到左项再也无可改易时，才领悟到可能需要补充右项。这种情况说明儿童对于运用"比"字句的简略式已经形成了一种定式。造成这种情况的原因大致有两个：一个是儿童的语言能力发展不足而致，这一原因主要是针对儿童语言中那些简略过当的简略式而言；另一个原因就是语言运用的经济性原则在起作用，在不影响信息传递的情况下，人们通常都采用简略的形式，儿童也不例外。在儿童看来，只要能够双方明白，能简略到什么程度，就简略到什么程度。

（二）综观儿童语言中的比较句的状况和儿童对介词"比"的使用情况

我们认为，在儿童习得比较句的过程中，从心理机制方面而言，其比较意识是不断地从低层次差别意识向高层次差别意识发展的，即从类型差别意识进步到较为具体、精细的性状差别意识，再由此深化到较为抽象、也更为精细的程度差别意识。差别意识每一层次的提高，又都是同比较句类型及句式的增加和复杂密切相连的。从语言习得机制来说，在习得手段上，除了替换、扩展、移位、变换之外，联结、复合和删略显然起着更为重要的作用。2 岁儿童已能同时考察两个对象并辨认出其中的差异，但其思维能力还限于只能分析不能综合的水平，因而他们还不能运用关系判断式来表述比较的结果，而只能运用已习得的句法格式直接还原思维结果，即采用"1 + 1 并列"的方式，把两个各自独立的性质命题联结起来，分别表述两个比较对象之间的差异。这就是为什么初级的儿童比较句一般表现为差异性双项对比的原因。随着儿童智力的发展，其思维能力逐渐达到分析—综合的水平，因而势必寻求与之相应的高层次的言语表达形式，这种追求成为儿童习得"比"字句的动力。2.5 岁年龄段以后的儿童在心理上已经具有初步的性状差别意识和程度差别意识，在语言上，已经习得的差异性双项对比比较句和层级性双项对比比较句又为学习"2 +1 复合"形式的关系判断式提供了必要的语言基础。他们已能对比较思维的结果进行复合和删略，他们把两个比较复合于一个单句之中，对二者的共同的性状进行同义项删略，从而构成"我比大树还高""你写字比我还整齐"这样的关系命题（等于层级性双项对比比较句"大树高，我更高"，"我写字整齐，你写字更整齐"）；对二者不同的性状进行反义项删略，即保留互为反义的性状中的一个，让保留的性状隐含被删略的性状，从而构成"我比你高"这样的关系命题（等于差异性双项对比比较句"我高，你矮"）。至此，儿童比较句的语言形式不再是思维结果的直接还原，而是思维结果的综合提炼。这也从一个方面表明儿童思维发展和语言发展是具有相关一致性的。

注 释：

①李丹. 儿童发展心理学 [M]. 上海：华东师范大学出版社，1987：177.

②S. 贝格利，J. 凯里. 婴儿的智能 [M] //朱智贤. 三岁前儿童心理的发展. 北京：北京师范大学出版社，1982：58 -59.

③G. M. 奥尔森. 婴儿的知觉：记忆和认知的实验研究 [M] //朱智贤. 三岁前儿童心理的发展. 北京：北京师范大学出版社，1982：54.

④步结果等. 一个月—六岁儿童婴幼儿智力调查的初步结果 [M] //朱智贤. 三岁前儿童心理的发展. 北京：北京师范大学出版社，1982：137.

⑤吴天敏，许政援. 初生到三岁儿童言语发展记录的初步分析 [M] //朱智贤. 三岁前儿童心理的发展. 北京：北京师范大学出版社，1982：99.

⑥吴天敏，许政援.《初生到三岁儿童言语发展记录的分析》中，词类习得的变化比例为：1 岁半至 2 岁阶段动词为 31.5%，形容词6.5%，副词为9.3%；2 岁至 2 岁半阶段三类词的比例分别为：33.2%，5.2%，9.6%；2 岁半至 3 岁阶段三类词的比例分别为：27.6%，7.2%，11.1%。朱智贤. 三岁前儿童心理的发展 [M]. 北京：北京师范大学出版社，1982.

⑦李丹. 儿童发展心理学 [M]. 上海：华东师范大学出版社，1987：140 – 141.

第十四章　空间句习得研究

一、引　言

这里所说的空间句是运用空间介词、方位词、方位词组构成的表示空间内的位移状况、处所变换的句子。本章考察儿童语言中的空间句的状况，目的在于考察儿童对空间介词、方位词的习得状况以及儿童语言中的空间句的结构类型、语义特点及其发展过程，分析儿童空间方位意识的形成及其对空间关系的理解和表达。在此基础上，探讨儿童习得空间句的机制。

二、现代汉语中的方位词、空间介词和空间句

世间的万事万物都存在于一定的时间和空间之中，而人类作为时空感知的主体，很早就形成了方向、位置、处所的认识，并用语言形式给以表述、固定。

（1）在现代汉语中，方位词可以按其构成分为单纯方位词和合成方位词两类。单纯方位词有：

东　西　南　北　上　下　左　右　前　后　里　外　中
内　间　旁

合成方位词有两类，一类带有前缀"以、之"或后缀"边、面、头"，如下：

以东　以西　以南　以北　以上　以下　以前　以后　以内
以外

之上　之下　之前　之后　之外　之内　之中　之间

上边　下边　左边　右边　前边　后边　东边　西边　南边
北边　里边　外边　旁边

上面　下面　左面　右面　前面　后面　里面　外面　东面
西面　南面　北面

上头　下头　前头　后头　里头　外头　东头　西头　南头
北头

另一类是复合的，如下：

东南　西北　东北　西南　上下　前后　左右　里外　内外
底下　头里　中间　当中

方位词附在表示地点、处所、单位、群体等类名词的后面，
就构成了表示方位的方位词组：

村东　城西　山前　屋后　柜子里　大门外

北京以南　车站以西　教室里边　桌子上面　邮局旁边　群
众中间　干部之中

（2）在现代汉语中，方位词或由方位词构成的表示方位、
处所的方位词组常常跟空间介词组合，表示起点、终点或所在。
空间介词主要有：

a. 从　自　自从　由

b. 到　往　向　朝

c. 沿　沿着　顺　顺着　对　对着　在

其中a组表示起点，b组表示终点，c组表示所在。空间介
词同方位词或方位词组构成的空间介词词组修饰动词或动词性成
分，就构成可以表达动作的趋势方向、处所变换和位置移动的词
组或句子。例如：

从空中运输/列车从隧道里穿过

走到院子里/爬到山顶上

往箱子里放/朝东面走/沿着河边散步

三、儿童习得空间句的心理基础和语言发展过程

（1）空间句是表达动作行为趋向、处所变换、位置移动的句子。儿童要习得空间句，必须对趋向性动作和处所方位都有所感知、认识，并且将其外化为语言表述形式。1 岁多的幼儿还处于感知—动作阶段，其自身的动作是一个尚未完全分化的整体，但他们此时已具有一定的空间感知能力。他们已经知道有些东西是容器（如杯子、盒子等），有些是承受的面（如桌子、床等），许多东西有正常的取向（如瓶子通常是立着的），等等。儿童在多次的感知中逐渐建立起自己的空间意识。虽然这种空间意识同相关的动作意识一样，是未经分化的，在外化为语言时不能同时表达动作和空间两个方面，而只能说出一些隐含着空间因素的单词句，如"出去""来呀""下""下走"等。但是，正是这种初级的空间意识，构成儿童习得空间句所必要的心理基础。进入 2 岁以后，儿童的动作感知能力和自身活动能力逐步增强，儿童的活动空间也由室内向室外扩展，幼儿好动好奇的心理又促使他们喜欢户外活动，这种"外骛"心理是幼儿学习空间句的心理上的直接动因。

（2）空间句的构成包括如下语义成分：主动者或位移物，受事者，动作行为，动作行为所趋的方向或处所（包括起点、终点、经历点、目的地等），也包括空间成分的语义标记——空间介词。

儿童在同成人和大龄儿童的交往中，经常会接触到一些空间句，这些空间句告诉他们自己和别人身在何处，走向何方，从哪里来，到哪里去。凭借语境和体态等因素，儿童能够对这些空间句所表达的语义做直观的理解和初步的领悟。通过反复的言语输入和语言理解，儿童把动作行为和方位处所日益紧密地联系在一起。因为动作行为总是发生或出现在一定的空间之中。

儿童通过一定阶段的语言理解和语言练习，到 1.5 岁年龄段，儿童的语言中首先出现了隐含空间的趋向动词句。例如儿童想到外面玩会说"出去"，招手叫人时说"来，来呀"，要从板凳上下来时会说"下""下走"。稍后又出现了不带空间介词的空间句，例如"街街玩""这边走""放里面""坐这边来"。这种无标记空间句只要添加相应的空间介词就会成为有标记的空间句。例如：

街街玩→（到）街街（去）玩

这边走→（从）这边走

放里面→放（到）里面

坐这边来→坐（到）这边来

随着儿童交际的扩大，语言输入的量也逐步加大，而儿童的语言理解能力也日益增强。1.5～2 岁年龄段的儿童已能初步区别动作发生的处所及相关的动作者或受事者，并初步掌握表述这些关系和特征的词语。此期儿童的语言中已经出现了几种与空间句构成密切相关的动词性结构，如下：

名词＋移动动词：小鸟飞／叔叔跑了／她下来／爸爸来了

动词＋方位词：坐这里／坐后面／站高头

动词＋趋向动词：爬进去／放进去／站起来／爬下来／抱起来／上街去／走过来

趋向动词＋动词：下走／出去玩

掌握构成空间句所必要的成分只是习得空间句的一个方面。因为空间句的构成还必须有一定的空间标记——空间介词。儿童掌握空间介词是通过句法替换和句法同化的途径实现的。

"在"是儿童较早习得的一个动、介兼类词。在 2 岁前儿童的语言中，"在"是一个动词，表示人或事物静态地存在于某个处所。儿童经过模仿和反复的练习，首先掌握了表示静态存在的"在（动词）＋空间"结构。例如：在家／在这里／帽帽在手上。

"在＋空间"这一结构为儿童习得表述动态趋向的句法结构提供了必要的结构基础。在语言学习和语言运用过程中,儿童进一步将"在＋空间"结构扩展为"在＋空间＋动词"结构,用以表示动态发生。"在"在该结构中作为表示空间关系的介词,引进动作行为发生或进行的方位处所。例如:

> 我在这儿坐/在这上面写/在这边画

随着交际的发展和语言学习的进展,儿童所接触的空间句和空间介词也越来越多。在掌握"在＋空间＋动词"结构的基础上,在交际表达的推动下,儿童通过句法替换,用后习得的"从、往、到"这三个空间介词替换"在",或者说把"从、往、到"同化到"在"的句法位置上,形成"从/往/到＋空间＋动词(＋趋向动词)"这一空间句的基本结构,用以表述动态趋向的语义。其中"在"表示所及或现场,"从"表示起点或经历,"往"表示方向或目标,"到"表示终点或目的地,从而形成一个带有空间关系标记的空间趋向表述系统。

据此,我们认为,儿童习得空间介词和空间句可能有一个由空间隐含(有动作无方向,例如:出去,来,下)到无空间标记(有动作有空间,但空间成分无标记,例如:街街玩,这边走),再到有空间标记(有动作有空间,空间成分有空间标记,例如:到街上去玩,从这边走)的发展过程,这个过程也就是儿童逐步习得空间句的过程。

四、儿童对空间介词和空间句的习得状况

(1)在我们所取得的语料中,经过整理共得到带有空间介词的空间句376个。其中1~1.5岁年龄段未发现带有空间介词的空间句。出现在儿童空间句中的空间介词有"从、往、到、朝、对、向、沿"7个,由"从、往、到"构成的空间句占绝大多数。其中"到"字句238个,占63%;"从"字句73个,

占20%；"往"字句42个，占11%；"对"字句12个，"朝"字句5个，"向"字句3个，"沿"字句1个。

（2）儿童习得空间介词和习得空间句是同步发展的。随着空间介词"从、往、到"的习得，"从"字句、"往"字句、"到"字句在2岁儿童语言中同时出现，并以各自不同的功能被选择运用。为了表示动作行为进行的目的处所，就选择"到"字句（例如：妈妈到那里，外面上班去了/小狗到里面玩玩）；要表示动作行为的趋向，就选择"往"字句（例如：我往旁边坐/××往哪里跑）；要表示动作行为的起点或经历的处所，就选择"从"字句（例如：从那边进去/从哪儿上啊/从那儿上吧）。不同的空间介词构成的不同表达功能的空间句在儿童的使用中并不混乱。例如儿童语言中出现了"到里面玩玩"，还没有发现"从里面玩玩""往里面玩玩"的非句。不同的空间介词在相同的功能环境中还可以替换使用，例如：往哪边去？我也从那边走。（3）也没有发现"到那边走"的非句。由此可见，虽然儿童在较短的时间里通过模仿、练习和替换习得空间句，但是其习得质量却是很高的，其习得效果也是很稳固的。这种短期—高效的学习机制确实是值得我们研究的。

（3）儿童语言中的空间句中出现了一些表示空间方位的词语。根据我们获得的语料看，出现较早和出现频率较高的有"里、上、外、下、前、后"6个。下面用表格展示各年龄段的空间句中"从、往、到"与这6个空间方位词组合运用的情况以及各年龄段中的空间词空间句和非空间词空间句的数量。（见表1）

从表格中的情况可以看出，儿童对空间方位词基本上是"里—外""上—下""前—后"相对习得，对应词之间的习得间隔一般在半年左右。如2岁前的儿童就已经具有"里面"的概念，因而能在2岁时大量地将它运用于空间句。例如：

抱我到这里面去。(2)

小白兔有点害怕了，它跑到里面去了。(2)

小狗到里面玩玩。(2)

稍晚一些，2岁儿童也初步具有了"外面"的概念。例如，我们让被试看"房屋"的看图识字卡片，被试说"外面看的"。这正是概念对实物的直观反映，因为房屋从外面看去正是卡片上所描绘的样子。2~2.5岁儿童的自发性语言中也出现了含有"外面"的空间句。例如：

妈妈到那边……外面上班去了。(2)

我自己走，走到外面就跟你再见。(2.5)

儿童掌握"里""外"的空间概念，习得方位词"里、里面""外、外面"，前后相隔的时间并不长，这是由于空间方位概念的系统性和方位词语的内在联系所决定的。从我们考察的结果来看，儿童掌握"上、下""前、后"这两对方位概念和相应的方位词语，基本上也是成对习得的。

表1 儿童语言中空间句的概况

结构类型	年 龄 段							合 计
	2	2.5	3	3.5	4	4.5	5	
从往+里到			1	1	1	1	1	5
	1			2	2		5	10
	13	16	7	12	9	3	3	63
从往+上到				3	6	1	2	12
		2					1	3
	4	5	1	8	5	3	4	30

续上表

结构类型	年龄段							合计
	2	2.5	3	3.5	4	4.5	5	
从		1						1
往+外						1	1	2
到	1	1	3	1			1	2	9
从								
往+下				1	1	1	1	4
到		3	2	2	2	1	2	12
从								
往+前						1	1	2
到		1	1			2	1	5
从			1		1	4	2	8
往+后						1	1	2
到		1				2		5
合计	19	29	17	32	27	20	29	173
不带空间词、方位词的空间句	7	23	22	46	20	34	31	183

注：该表格中未包括"朝、向、对、沿"构成的21个空间句。

（4）儿童空间句的结构类型和语义特点。我们所获得的儿童空间句中，由空间介词"从、往、到"构成的空间句占96%。因此，我们着重分析这三类空间句的结构类型和语义特点。

①"从"字句。"从"字空间句根据结构成分可以分为A、B两类。

A. 从 + 空间 + 动词 + （趋向动词）

A 类"从"字句根据语义特点，又可以分为三个小类。

a. 空间介词"从"引进的空间成分表示动作行为的起点，动作行为者一般为施事。例如：

我从床上起床的。（2.5）

你骑车子，我从后面来冲啊。（3）

我敢从这个地方蹦下来。（4）

小猫从炉台上跳下来咬它一口。（4）

突然一个大灰狼从大树后出来。（4.5）

b. 空间介词"从"引进的空间成分表示动作行为的经历点，动作行为者一般为施事。例如：

（被试指着公园的门）从那边进去。（2）

（被试要往冬青树里面钻）从这里钻进去睡觉。（2.5）

（被试看见有的小朋友在高坡上）我也要上去。从哪儿上啊？从那儿上吧？（2.5）

从那边绕过去。（3）

我从阶梯上走下来。（3.5）

我能从这门缝里穿过去。（3.5）

打得坏蛋们都吓得跑哇，从桥上一走一走。（4）

（被试指着录音机的带仓说）磁带主要从这儿过啊过，唱啊唱。（4）

c. 空间句涉及施事、受事两者，空间介词引进的空间成分表示事件发生的源点，同时是受事存在的处所。例如：

我有糖，我从家里带来的。（3）

孙悟空从嘴里吐个小风扇给那个老牛啦。（3.5）

从它肚子那块挖开，把小鸭子给救了出来。（4.5）

（被试甲、乙斗嘴。被试甲说）我跑到太阳里面去。（被试乙说）我从太阳里面把你这个肉心子抓出来。（5）

B. 从 + 空间1 + （动词）+ 到 + 空间2

B类"从"字句中含有两个空间成分，"从"引进的空间成分表示起点或经历点，"到"后面的空间成分表示终点或目的地。这类空间句到3.5岁年龄段才出现，用例也较少。下面是几个例子：

从那边到我们幼儿园也能看到这个。（3.5）

（被试要取样人跳越地上的水泥格子）叔叔，你从这个跳到最远一个嗨！（3.5）

老师带我们从这条路一直走到那里去的。（4）

（被试问取样人）你可能从这跳到下边？（4.5）

②"往"字句。"往"字空间句中表示空间部分的结构为"往 + 空间 + 动词"。"往"引进的空间成分表示两种意义：

a. 表示动作行为的方向。例如：

他往那边去了。（2.5）

往天上打老鹰。（2.5）

（被试站在一条下坡路的上方）往下冲。（4）

弓箭射到我这儿，我就往后一退。（4.5）

然后对直往前跑。（4.5）

过了桥就拐弯，往右边拐。（5）

b. 表示施事前去的处所，或受事进入、所及的处所。例如：

我往旁边坐。（2）

（被试摔积木）往地下一摔，咚，摔那小空里边啦。（3）

小青蛙然后往家里去了。（3.5）

手帕往口袋里塞塞。

孙悟空一变，小猴子都往他身上去了。（3.5）

那个狐狸就把那块肉往嘴里一放，麻雀就吃不到了。（5）

③"到"字句。"到"字空间句在语义上主要表示前往或到达。"到"字空间句根据结构成分可以分为两类。

A. 到＋空间＋（趋向动词）＋动词＋（趋向动词）

A类"到"字句中的空间成分表示两种意义。

a. 动作行为者前往的处所或目的地。例如：

妈妈到那里……外面上班去了。（2）

到什么地方去玩玩？（2）

我到前边来了。（2.5）

我六一节到赭山公园去玩的。（2.5）

到那里边玩去。（2.5）

爸爸带我到菜场去吃豆腐脑。（2.5）

我要到高头去玩，不回幼儿园。（3）

我到楼底下散散步。（3）

大灰狼又到森林里去采蘑菇。（3）

我到上边去。（3.5）

（被试拿到一本画报）我到屋里看去喽。（3.5）

我要到萝卜地里去拔萝卜。（3.5）

他们就到卖武器的商店去买武器。（3.5）

叔叔，我带你到后面去玩。（3.5）

我妈妈在江东船厂上班，在那工作的。有一天她到重庆去拿
档案。（4.5）

b. 动作行为者往返行为的折返点。这类情况出现较晚，用
例也较少。例如：

到厨房里搬个小板凳来。（3.5）

（被试想吃巧克力豆）那你到冰箱里去拿两个出来。（4）

你去到厨房里拿一个筷子来。（4）

B. 动词＋到＋空间

这类空间句中的空间成分也表示两种意义。

a. 前往的处所或位移的终点。例如：

（被试摆弄火车积木）火车快要下来了，火车开到地下了。(2.5)

我走到前边去带路好吗？(3)

（被试要取样人跳路上的水泥格子）叔叔，你跳到这个格子。(3.5)

b. 施事使受事位移所到的处所。例如：

（被试指着圈式座椅对取样人说）把你抱到这里面去。(2)

（被试往椅子下面扔积木）甩到里面去哦。(2)

水壶是倒水的，我把它放到厨房里去。(3)

（被试想上树）叔叔，你把我举到这上面。(3.5)

我拿好多水放到那个洒水车里面。(4)

他就把豆腐用手庳、庳、庳到地下去了。(5)

从儿童对"从"字句式、"往"字句、"到"字句这三种句式的使用来看，儿童对"到"字句的使用情况正常，没有出现误用的情况；而对"从"字句、"往"字句则有误用的情况。例如：

（被试出了幼儿园大门往右指）从这走。(2)

（被试在里屋把童车往外屋推）从外面出去玩玩。(2.5)

（被试看到汽车来了）车来了，往边上玩。(3.5)

上面例子中的"从这走"误把方向成分作为经历点，应当为"往这走"，"从外面出去玩玩"中的"外面"为要到达的处所，儿童误用了空间介词"从"，应当为"到外面出去玩玩"；"往边上玩"中的"边上"是位移到达的处所，如果用空间介词"往"，后面要用趋向动词或位移动词与之相配。例如"往边上去""往边上跑"。例中的动词"玩"既不是位移动词，也不是趋向动词，所以造成误用。这些情况表明，3.5岁以前的儿童对空间句各个类型的语义特点以及空间结构同动词组合的句法语义限制尚未完全掌握，其语言生成能力还有待于进一步提高。

五、儿童习得空间句的几个特点

（一）感知先于表述，理解先于产生

"空间和时间是人类语言从观念上把握情景和事件的最重要的认知领域中的两个领域。……心理学家指出，人类中心论和拟人论在人类对时空的感知中和语言中起着重要的作用。感知和语言都决定于生理构造。人类因自身的生理构造而用特殊的、一贯的方法来感知客体、人、空间、时间，和它们的相互关系。人类所生活的物质世界和人体的生理构造施加一定数量的约束于人类的感知和语言。孩子在说出各种空间关系之前显然已经知道这些关系。例如，英语环境里的孩子在两岁或两岁半之前不使用表示空间的前置词，但是据 Clark（1977）的记录，在那以前的相当的时间，孩子就表现出已经知道有些东西是容器，有些是承受的面，许多东西有正常的取向。……人类既有同样的生理构造，我们就有充分的理由相信，汉族儿童生来的认知能力跟英国儿童一样。因此，除非有进一步的实验证据证明不是如此；我们也有把握假定，汉族孩子在学习用汉语表达空间关系之前，对空间关系也掌握了 Clark 所报道的那种先验的知识。"①

我们考察的结果表明，汉族儿童在习得空间句之前，对于自身所处的空间环境及相关的空间关系的确定已经有所感知和理解。他们最早是借助于手势指示希望趋向的某个处所，其后能够用单词句表述某个处于一定环境的具体的空间位置，如"街街""椅椅""床床""杯杯"等，这时儿童对处所的感知是一种泛化的空间意识，凡是空间中的存在物都是他们的感知对象，他们可以区分这些对象是容纳性的（如杯子、盒子、碗）或承附性的（如床、桌子、椅子），只不过这时他们还只能以静态存在的方式来认知；同这种认知水平相对应，这时儿童是用"在 + 处所"的形式对认知的结果加以外化表述。随着儿童对空间关系

认识的逐步深化，他们逐渐缩小感知和表述、理解和生成之间的距离，完成了"在"对空间介词的同化，从而形成空间句的基本结构并不断扩展变化，直至掌握较为完备的、具有内在联系的空间表述系统。

（二）对处所的习得易于方位

儿童空间认知能力的发展与空间句的习得有着直接的关系。儿童空间句中，最早出现的是表示目的处所的"到"字句，确切地表示目标方向的空间句到 2.5 岁才出现（例子见前所举），这显然与处所较为具体而方位较为抽象有关。就某一具体的处所而言，是不需要参照物来定位（两个物体按某种特定方向相联系）而可以独立存在的，如"幼儿园""公园""我家""菜场"等，它们可以像亲属称谓、食品器具名称之类语义复杂程度较低的普通名词那样较为容易地习得，儿童很容易把这些处所名词纳入"在＋处所"这一句法结构之中，以表述静态存在的空间关系的一般性质。此外，由于一般处所名词都具有容纳或存附的性质特征，因而有些处所名词虽然带有"里、上、下"之类的空间方位词，但语义上并不涉及空间方位参照关系，例如：家里＝家/幼儿园里＝幼儿园。又如"地下、地上、头上、天上"等，其词汇意义在很大程度上与儿童理解语言的非语言策略相一致，都可以把它们在语义上与处所名词的单纯形式等同起来，从而使词义变得相对简单而较为容易习得。例如：

（取样人问被试：爸爸呢？被试答）在家。（取样人又问：妈妈呢？被试又答）在家里。(2)

到公园里去，大狗，还有小狗。(2)

手帕掉到你腿上去了。(2)

（被试追小蝴蝶）它飞到我头上去了。(2.5)

（被试往上甩树种）把这个甩到天上去。(2.5)

2～2.5 岁的儿童有时还用指示代词"这、那"来指代称说某个具体的处所。例如：

　　她跑这来了。（2）

　　（被试指着身边的小床对妈妈说）坐这边来。（2）

　　（被试一下把几个玩具都抱起来）我全抱到奶奶那边去。（2）

　　（取样人带着被试穿过一个圆洞门，被试说）不到这个，这个到过了，老师带我到过了。（2.5）

　　（被试甲招呼被试乙）到这边，下来，下。（2.5）

　　在一定的语境中，他们还常常用"里面""上面"来指称当前语境中语义为"××里面/上面"的某一具体处所。例如：

　　（被试看到别班的小朋友走进了幼儿园）跑到里面去，跑到里面去了。（2）

　　（被试把石头往垃圾筒里塞）放里面了。（2.5）

　　（取样人问被试：电扇呢？被试指向天花板）在上面。（2）

　　（被试拿着笔在坐椅上画）我在上面写，在这写。（2）

　　从以上情况可见，由于"里（面）""上（面）"及其组合形式"名词＋里（面）/上（面）"较少构成方位参照关系，因而习得难度较小，故在儿童获得方位词的顺序中分别位居一、二。

　　相比较而言，"外"和"下"的语义理解则较为困难。除了单纯形式"外面""下面"，其组合形式"名词＋外面/下面"一般都构成方位定向参照关系。例如"屋里"和"屋外"，"屋里"不存在参照关系，而"屋外"则是以"屋"为参照物，指示的处所是屋子外面的空间。又如"床上"和"床下"，"床上"不存在参照关系，"床下"则是以"床"为参照物，指示床下面的空间。从我们获得的语料来看，儿童是先习得单纯形式"外面""下面"而后才习得带有方位参照关系的组合形式"名词＋外（面）/下（面）"的。这显然也是因为"外面""下面"

和"里面""上面"一样，在容纳或承附特征上可以泛化为一般处所，因而较易习得。由于"外""下"的语义理解与儿童的非语言策略不一致，所以理解难度增大，习得难度也大。"外""下"在儿童习得方位词的顺序中分别位居三、四。

空间方位词"前""后"的方位定向参照特征较之"外""下"更为突出，因而习得难度更大，在习得顺序中位居五、六；在习得过程上，也是先习得单纯形式"前面""后面"，而后才习得组合形式"名词＋前（面）/后（面）"。

综合以上的分析，我们可以看出，儿童对于处所的习得明显地易于对于方位的习得；在空间方位词的习得过程上，儿童一般是先习得单纯形式，而后再习得其组合形式；在使用的数量上，单纯形式的运用也大大多于带有方位参照关系的组合形式。

（三）对终点的认知早于起点

起点和终点是一对相对应的概念，但是儿童对这一对概念却不是同时掌握。从我们获得的语料来看，儿童对终点的认知要早于起点。

在2岁儿童的空间句中，表示目的处所（亦即终点）的"到"字句相当发达，而表示起点的"从"字句则没有出现，只出现了表示经历点的"从"字句（如"从那边进去"）。较为明确地表示动作行为的起点的"从"字句到2.5岁才出现（如"我从床上起床的"）。随着儿童对起点的认知，儿童推进到把起点和终点联系起来，这种思维上的联系表现在语言中，就是如下这种格式的出现：

从＋空间＋动词＋到＋空间，例如：

你从这个跳到最远一个（水泥格子）。

其中"从"引进的空间是起点，"到"引进的空间是终点，二者同现在同一个格式中。再进一步，儿童把经历点同起点、终点联系起来。这种联系表现在语言中，就出现了如下格式：

去/到 + 空间 + 动词 + 来，例如：

你去厨房拿一个筷子来。

该格式表示由起点（一般是施事所在的地方）经历某一处所到达终点，然后再折返起点，其中的终点（如上例中的"厨房"）相对于全部行程来说，也是经历点。

通过对儿童掌握终点、起点、经历点及其间的联系，以及相应的语言表达式过程的分析，我们可以看出，儿童空间认知水平的不断提高，直接推动了儿童习得空间句的进程，使儿童空间句的结构成分逐步增加，结构形式逐步扩展，语义内容逐步复杂，表达能力逐步加强。

（四）对句法结构的习得快于相关词汇

从本章以上的描述来看，2～5岁儿童语言中的空间句在结构类型上基本覆盖了成人空间句的结构类型，但在相关词汇的习得上则表现出明显的差距。例如空间介词"朝、对、向、沿"和双项空间复合（"从……到……"）的结构类型在使用频率上明显偏低；对空间方位词的组合形式，尤其是带有方位定向参照的组合形式，还未能达到完全习得、熟练运用的程度；对于语义难度更大的"左、右"和"东、南、西、北"等方位和方位词，则基本上尚未习得。这表明儿童对于空间句结构类型的习得大大快于相关词汇的习得。结构类型相对多样而词汇相对贫乏是儿童空间句的一个特点，这同其他句法结构的习得状况也是一致的。

注　释：

①戴浩一．以认知为基础的汉语功能语法刍议（上）［J］．叶蜚声译．国外语言学，1990（4）．

第十五章　汉语时间系统习得状况的考察

一、引言

汉语的时间系统是通过时态助词、时间副词、时间名词、时序词及其相关的句法结构共同表现出来的。基于这一观点，本章拟通过对汉族儿童习得时态助词、时间副词、时间名词、时序词及其相关句法结构的状况的考察，探讨儿童习得汉语时间系统的过程和机制。

从我们取得的语料来看，儿童语言中出现最早的表达时间的成分是时态助词（1.5 岁时出现），其次是时间副词（2 岁时出现），时间名词出现较晚（2.5 岁时出现），时序词及其相关的句法结构则出现得有早有迟。我们的描述和考察基本上按照上述语言项目出现的顺序，时序词及其相关句法结构的状况则最后单独描述。

二、儿童习得时态助词的状况

（一）“了”的习得和时间表象的萌芽

按照汉语语法学界的看法，汉语中的虚词“了”分为两个：一个是语气词，出现在句子的末尾，表示事态已经出现变化或变化结束，或表示将出现新的变化，这个“了”一般叫作“了₁”；一个是动态助词，出现在动词和动词性词组的后面，表示动作行为的完成，这个“了”一般叫作“了₂”。“了₁”和“了₂”表示的语法意义都同时态有一定的联系，其中"了₁"的语法意义同时态的联系更为密切。

"了"在1.5岁汉族儿童的语言中开始出现，出现的位置都是句子的末尾，"了"前面的成分有两类：一类是"名词/代词＋动词/形容词"构成的主谓词组。例子如下：

（被试跌倒了）跌跤了，妈妈，我跌跤了。（1.5）

（被试看到取样人出去了）叔叔跑了。（1.5）

（被试的鞋子掉了）鞋掉了。（1.5）

（被试到一个地方坐下）我坐这里了。（1.5）

（被试把玩具猫摔在地上）猫咪疼了。（1.5）

一类是动词和动词性词组。例子如下：

（被试吃完饼干后把手摊开给人看）没有了。（1.5）

（被试看到小朋友打架）打人了。（1.5）

（保育员问被试还睡不睡，被试说）睡好了。（1.5）

（被试看到电灯灭了）关上了。（1.5）

（被试打死一个小虫子）打死了。（1.5）

还有一例是形容词：

（被试拍球拍不起来）坏了。（1.5）

从上面的例子来看，1.5岁儿童语言中出现的"了"都是"了₁"，表示的语法意义是"事态已经出现变化或变化结束"。"了₁"的出现，说明儿童对"时间"和"变化""状态"已经有了初步的认识，因为上面例子中的"了₁"所表示的"事态已经出现变化或变化结束"的语法意义都同说话的时间密切相关。

1.5岁儿童语言中的"了₁"都是表示事态已经出现变化或变化结束，表示即将出现新的变化的用法到2岁时开始出现。例如：

（妈妈来接被试，被试对取样人说）我要走了。（2）

（被试把手帕搞成老鼠的样子吓唬取样人）小老鼠吓你了！

要吃你了。(2)

"了$_2$"出现得比较迟，到 2.5 岁时才在儿童语言中出现，但是显示出较高的水平。无论是出现的位置，还是所附着的动词，都具有极高的正确率。例如：

（被试把树枝插在沙土中）我栽了好多树。(2)

（被试拔了一把草）我搞了好多好多的狗尾巴草 (2)。

（被试讲家里的事）我们家拖了地板。(2)

（被试跟取样人谈话）昨天我妈妈在合肥买了一只小黑狗。(2)

（被试跟取样人谈话）昨天我爸爸讲了一个故事。(2)

（被试打蚂蚁）打死了一个蚂蚁。(2)

从 3.5 岁开始，汉族儿童话语中开始出现"了$_1$"和"了$_2$"出现在同一个句子中的用例，例如：

（被试讲学游泳的事）我在池塘里游泳。我现在就学会了$_2$游泳了$_1$。(3.5)

（被试讲故事）孙悟空带了$_2$好多东西来了$_1$，回去就给唐僧师父吃了$_1$。(4)

（被试指着"熊猫照相"的玩具说）这老早就摔断了$_2$熊猫的腿了$_1$。(4.5)

（被试不愿意先录音，对取样人说）因为我已经录了$_2$好长时间了$_1$。(5)

从上面的例子中我们可以看出，3.5 岁的儿童已经把"了$_1$"和"了$_2$"区分开来，对虚词"了"的使用趋向于成熟，基本上习得了虚词"了"。

儿童习得虚词"了"不仅表明了儿童对陈述语气和动作行为完成态的掌握，同时也表明儿童开始掌握汉语的时间系统。虽然"了$_1$"侧重于表示陈述语气，但同事件的已然态有密切的联系；虽然"了$_2$"是动态助词，表示动作行为的状态，同过去的时间没有必然的联系，但是由于受到"了₁"表达功能的影响与制约，3.5 岁以前儿童语言中的"了₂"表示的完成态同过去时间绝大部分是一致的。所以，我们认为：当儿童语言中出现"了₁"时，儿童的认知系统中也初步具有了"说话时间"这一时点和"已经、已然"这样的时间因素；当儿童语言中出现了表示"即将出现新的变化"的"了₁"时，儿童的认知系统中也初步有了"就要、将要"这些时间因素，并且同"说话时间"这一时点联系起来；当儿童能够把"了₁""了₂"区分开来时，则表明儿童对"说话时间""已经、已然"和"将要、就要"这些时间因素认识得更加清楚。即是说，儿童的时间系统已经开始建立。

（二）"过"的习得和时间系统的扩充

根据汉语语法学界的看法，汉语中的动态助词"过"也分为两个：一个表示动作行为的"完成态"，通常叫作"过₁"；一个表示动作行为的经历态，通常叫作"过₂"。

汉族儿童在 2 岁时开始使用动态助词"过₁"。例如：

（被试听完取样人讲的故事之后说）这个老伯伯讲过了。(2)

（被试看到取样人甲买来了山楂片，对取样人乙说）买过了。(2)

（被试用粉笔在地上乱画一通，然后说）字写过了。(2)

（被试推木马）这个我开过了。(2)

（被试吃饭前洗了手，对取样人说）手我洗过了。(2)

从我们取得的语料来看，2 岁儿童语言中的"过₁"无一例外地都同句尾语气词"了₁"同现。这一现象说明：表示完成态的"过₁"在儿童语言中出现之前，儿童就已经能够区分动作行为的完成与非完成；虽然"了₁"表示的完成主要与"变化"相联系，但同动作行为的"完成"也是相通的。二者在 2 岁儿童语言中的同现，并且在句法位置上紧密相连，这种情况不是偶然的。这一情况说明：儿童已经初步认识到了"变化"和"动作行为"在状态、时间上的共同点，因为"变化"的阶段（开始、持续、结束）和"动作行为"的状态（起始、持续、完成、经历）确实有相通之处。

"过$_1$"在2岁儿童语言中出现后，一方面保持着已有的用法，另一方面开始向"过$_2$"分化。

"过$_1$"表示"完成"的语法意义，"过$_2$"表示"经历"的语法意义，这两种语法意义之间有着内在的联系。事件完成之后，事件本身也就成了事件参与者的一种经历。因此，"经历"意义是建立在"完成"意义的基础之上的。但是，"过$_2$"表示的"经历"意义要比"过$_1$"表示的"完成"意义更概括、更抽象，一方面，具有"经历"意义的动作行为的次数必定大于一，也就是说，具有"经历"意义的动作行为的次数总是大于具有"完成"意义的动作行为的次数；另一方面，具有"经历"意义的动作行为距离说话的时间也要远于具有"完成"意义的动作行为距离说话的时间。因此，儿童习得"过$_2$"的难度更大一些。"过$_2$"的习得要求儿童的记忆保持的时间要有较大的延伸，同时要求儿童的思维具有较高的抽象能力，能够从自己完成过的多次的事件中概括出"经历"意义。

儿童2岁时初步习得"过$_1$"，此时儿童还没有习得"过$_2$"。遇到应该使用"过$_2$"的时候，他们就用"过$_1$"来替代。例如：

（取样人问被试：你吃过蜜没有？被试答）吃过了。（2）

（取样人问被试：你骑过三轮车吗？被试答）我骑过了。（2）

当儿童开始朦胧地意识到"完成"和"经历"的区别时，"过"在儿童语言中开始分化为"过$_1$"和"过$_2$"。这种分化在儿童语言中的表现，就是"过$_1$"和"过$_2$"的混用。例如：

（被试边看画册边讲话）桃子我吃过$_2$的，香蕉我也吃过$_2$的，橘子我也吃过$_1$了。（取样人问：你可吃过橘子的？被试答）我吃过$_1$了，我没吃过$_2$梨子。(2)

随着儿童思维能力和语言能力的发展，经过多次的使用和纠错，儿童逐渐认识到"过$_1$"和"过$_2$"在意义上（"完成"和"经历"）的区别，发现"过$_1$"和"过$_2$"在分布上的区别（"过$_1$"可以和"了"同现，而"过$_2$"则排斥"了"），最后终于把"过$_1$"和"过$_2$"分化开来。根据我们的观察，"过"分化为"过$_1$"和"过$_2$"的过程到 2.5 岁时已经完成。2.5 岁的儿童能够正确地使用"过$_1$"和"过$_2$"。例如：

（被试洗好脸对妈妈说）妈妈，我洗过$_1$脸了。(2.5)

（被试对取样人讲自己的情况）吃过$_1$饭以后到幼儿园去了。(2.5)

（取样人问被试：虾虾好吃吗？被试说）好吃，我吃过$_2$的。（取样人：鱼呢？被试说）也好吃，我吃过$_2$的。（取样人：小猫呢？被试说）没吃过$_2$。(2.5)

2.5 岁以后，儿童一直保持着对"过$_1$"和"过$_2$"的正确使用，并且"过$_1$"逐渐同表示"完成"的时间副词"已经"同现，"过$_2$"出现的句子中也逐渐出现了表示过去时间的时间词语"小时候"等。例如：

（被试指着画册上的汽车问）我小时候可坐过这个车？(3)

（被试指着画册上的轮船说）我小时候没坐过轮船。(3)

（被试甲、乙看画册，画面上是西瓜。甲说）西瓜昨天晚上我吃过的。（乙说）香蕉我也吃过的。(3)

这些情况表明，3 岁儿童已经正确习得了动态助词"过"，掌握了同"过"相联系的动作的状态"完成"和"经历"，以及相关的时间概念"过去、昨天、小时候、以前"等。经历态的习得，则说明"时段"表象在儿童的时间系统中也开始萌芽。

儿童时间系统初步得到了扩充。

（三）"着"的习得和时间系统的扩充

根据汉语语法学界的看法，汉语中的动态助词"着"也分为两个：一个表示状态的持续或静态的存在，亦即表示"持续态"，这个"着"叫作"着$_1$"；一个表示动作行为正在进行，亦即表示"进行态"，这个"着"叫作"着$_2$"。

汉族儿童在 2 岁时开始使用动态助词"着$_1$"。这时使用的"着$_1$"都是附着在动词的后面，既有表示动作行为的状态的持续的用法，也有表示静态的存在的用法。例如：

（被试怀里抱着一本教科书，对取样人说）叔叔，我拿着爸爸书。(2)

（被试看到一只小猫跑走了，就去找）小猫呢？等着我。(2)

（被试看到一个小女孩坐在手推车里）还有一个小妹妹，还有阿姨推着。(2)

（被试甲让乙看画册）××跪着看。(2)

以上是表示状态持续的例子。下面是表示静态存在的例子：

（被试看到图画上一个小孩口衔玉米缨子）小哥哥长着胡子。(2)

（取样人问被试：你的鞋子呢？被试说）鞋子挂着啦，给奶奶挂着啦（"奶奶"指保育员）。(2)

2.5 岁以后，"着$_1$"相当多地用在连谓结构中。例如：

（被试讲黑猫警长的故事）……（黑猫警长）把狐狸搞到大黄狗家里，驾着摩托车来了。(2.5)

（被试坐在转盘的椅子里，说）我就站着骑！(2.5)

（被试仄着肩膀走路。取样人问：××怎么啦？被试说）我是歪着走。(2.5)

（被试看到爸爸来了）爸爸来接我来了。（爸爸问：爸爸怎

么接你呀？被试说）爸爸骑着自行车来接我。（3）

（被试指着画册上的小松鼠说）手里拿着梨子拉小提琴。（3）

表示动作行为正在进行的"着₂"在2.5岁时开始出现，3岁以后，"着₂"的使用就比较常见了。下面是一些例子：

（被试指着风扇对取样人说）风扇开着在（这是方言的说法）。（2.5）

（被试站在门口往外看。取样人问：××，你在干什么？被试说）我等着爸爸妈妈来接我。（2.5）

（隔壁的大哥哥向被试打手势，被试对爸爸说）张伟看着我，张伟喜欢我。（3）

（被试指着画册上的黑猫警长说）他骑着车子，他骑的摩托车。（3）

（取样人指着画册问被试：这个人干什么？被试说）他拖着羊。（取样人问：羊怎么样？被试说）它走不动啦。（3）

（妈妈下班回来，问被试：饭烧好没有？被试说）爸爸的花生米还在锅里炒着呢。（3.5）

（被试的鞋子掉了一只）哎呀，我的鞋子丢啦，我的鞋子真的掉啦！（坐在地上穿鞋）我坐在地下。（看到取样人来了，说）刚才跑着，我的鞋子掉啦。（3.5）

（来到公园后门。被试慢慢地向门口走去）我悄悄地……（看到了值班人员）有人在看着，就不给进去了。（3.5）

（被试看画册《渔夫和金鱼》讲故事）……老头走着走着，碰到老婆。（3.5）

（被试看到妈妈在记录）妈妈，你可是记着我的话？（3.5）

通过对儿童使用动态助词"着"的分析，我们可以得出如下几点认识：

（1）当儿童能够正确使用"着₁"的时候，说明儿童已经能够把握状态的持续和延续。这种情况同时也说明，同状态的持续和延续密切相连的"时段"表象在儿童时间系统中进一步得到巩固和发展。

（2）当"着₁"开始、并且大量进入连谓句时，这说明儿童已经认识到状态和行为的并行、并存关系，同时也说明"同时"这一时间表象在儿童的时间系统中已经产生。

（3）当儿童能够正确使用"着₂"的时候，"同时"表象在儿童的时间系统中已经得到巩固；同时，"现在"（说话时间）也已经出现，并逐步得到发展、巩固。

三、时间副词的习得状况

时间副词在 2 岁儿童语言中开始出现。此期出现在儿童语言中的时间副词有表示动作行为在说话时间进行或状态持续的"在"和表示短时间内即将出现状况或即将行动的"马上"。例如：

（外面有汽车声。取样人问：外面什么响？被试说）大汽车在响。(2)

（被试爬板凳。取样人问：××干什么？被试说）我在爬凳凳。(2)

（被试看见小鸟飞）小鸟哪，飞小鸟哪，在飞。(2)

（取样人问被试：爸爸呢？被试说）走了。（取样人问：妈妈呢？被试说）在烧饭。(2)

（被试自言自语）马上开船喽，呜呜！(2)

（被试玩打电话的游戏）喂喂，我马上来。(2)

（被试要回家）我马上回家画画。(2)

（取样人问被试：要是大灰狼来了怎么办？被试说）我马上拿棍子打这个大灰狼。(2)

到 2.5 岁时，儿童语言中又出现了表示情况即将发生或即将行动的"要、就、快要"和表示完成的"已经"。例子如下：

（被试对取样人说）我叠火车轧你。火车来了，火车快要下来喽！（2.5）

（被试想回家了）我妈回来了，我等一下要回家了。（2.5）

（回到教室，没人。被试说）老师打水去了，就来了。（2.5）

（被试用积木搭楼房）我的大楼房要倒掉了！（2.5）

（妈妈出门，被试说）小老师已经走了。（2.5）

（被试指着衣服拉链说）妈妈、爸爸、奶奶还给我安起来，已经坏了。（2.5）

从上面的描述和举例可以看出，儿童首先学会使用的时间副词是表示当时时间的"在"和表示即将时间的"马上、就"，然后是表示完成时间的"已经"。这表明儿童对距离说话时间较近的现在时间和即将到来的时间较易掌握，而过去时间由于距离说话时间相对较远，所以掌握得稍迟一些。

四、时间名词的习得状况

根据我们取得的语料来看，时间名词在儿童语言中出现的时间要比时间副词迟一些，到2.5岁时才开始出现。2.5岁时儿童语言中出现的时间名词有指说话的时候或目前的时间的"现在"，指说话前不久的时间或刚过去的时间的"刚才"，指过去某一时间之后的时间的"后来"，还有"明天"。例子如下：

（取样人扶着被试下了几个台阶，被试说）我现在会下了。（2.5）

（被试甲不愿意把枪给乙，说）她要我就给，现在是我的枪。（2.5）

（被试问取样人）刚才看的什么？刚才看的什么书啊？（2.5）

（被试讲到公园去的情况）后来停电了，我们就出来了。（2.5）

（被试跟取样人说话）……后来小朋友叫我搭积木。（2.5）

（被试讲故事）解放军还拿枪，啪，打死了，它后来又站起来了。（2.5）

"明天"在儿童语言中初现的时候，不是确指，而是泛指未来的时间。例如：

（被试和爸爸分手时说）爸爸，明天来接我啊。（"明天"实指下午。因为在幼儿园睡午睡，一觉醒来，就成了"明天"）（2.5）

（被试对取样人说）明天带香蕉，给他吃，给你吃。（2.5）

（被试向取样人要笔，没要来）明天叫妈妈买这个（指笔）。（2.5）

（被试对取样人说）明天我们就春游了（实际上还要过一段时间）。（3）

（被试要吃泡泡糖，取样人说：长大了才能吃。被试说）明天我就长大了。（3）

到3岁时，儿童语言中又出现了"今天""昨天"和"从前""小时候"。

在儿童语言中，"今天"是一个时段，其中包括早晨、上午、中午、下午和晚上，儿童使用"今天"时，一般都指具体的时间。例如，如果是同吃饭相联系，那么"今天"指今天中午（儿童一般中午在幼儿园吃午饭）；如果同看电视相联系，那么一般指今天晚上；如果同家长接送相联系，一般指今天早晨或今天下午。例如：

（被试向爸爸提要求）爸爸，你今天跟我一起上学去好不好？（3）

（被试给妈妈讲幼儿园里的事）我今天出血了，因为打针出

血了（打针指的是检查身体取血样）。（3）

"昨天"在儿童语言中初现的时候也不是确指，而是泛指过去的时间。例如：

（被试玩玩具，对取样人说）昨天我妈妈在芜湖买了一只小黑狗（实际是较早以前买的）。（3）

（被试看到以前骑过的大石头，对取样人说）我们昨天骑大马（实际上是几天以前的事）。（3）

儿童语言中的"小时候"也并非确指婴幼儿时期，而往往指以前的时间。例如：

（被试指着画册上的汽车问）我小时候可坐过这个车？（3）

（被试指着画册上的轮船说）我小时候没坐过轮船。（3）

"从前"在儿童语言中一般出现在故事的开头，一开始是一个习语性的时间词，随着儿童对"从前"认识的清晰化，"从前"也被儿童用来指说话时间前较远的不确定的时间。例如：

（被试讲故事）从前有一个大公鸡和一个孔雀在树林里头玩……（3）

（被试指着床上的几件衣服说）这是我从前穿的衣服。（3.5）

3岁以前，儿童对时间名词的使用基本上都是泛指的用法。3.5岁以后，儿童对时间名词的使用开始出现确指的用法。例如：

（被试甲、乙谈话，甲说）我早上喝牛奶，吃饼干。（3.5）

（被试早晨起床时对爸爸说）我早上起床都不要妈妈喊。（3.5）

（吃中午饭时被试问爸爸）今天晚上可有"野马"（电视节目《动物世界》）？（3.5）

（被试对取样人说）晚上天就黑掉了，我就睡觉了。（3.5）

（被试到医院打针，看到好多人在排队）今天又有打针的，

像昨天一模一样。(4)

（被试问取样人）今天过完了就是明天吧？(4.5)

（被试对爸爸讲自己上学带饼干的计划）我今天带明天不带，后天带大后天不带，隔一天带一次。(4.5)

从上面的描述中我们可以看出，表示相同时间的时间名词要比时间副词出现晚，这一现象说明时间的表达要相对容易一些，而时间概念的形成的难度要更大一些。

五、时序词和时位结构的习得状况

儿童语言中表示时间顺序和时间位置的方位词有"先、再、以前、以后、最后"等。

"先"表示时间顺序在前，初现在 2.5 岁儿童语言中。例如：

（被试甲、乙爬石头。甲先爬上一块大石头，说）我先上车，我先下车。(2.5)

（被试给取样人讲打针时的情况）……把这个衣服先脱掉……(2.5)

（被试甲把玩具兔子给乙）先给你玩一下再给我玩。(2.5)

（被试叫妈妈放故事磁带）先听《哪吒三兄弟》，然后听《葫芦兄弟》。(3.5)

（被试甲要取样人先讲自己挑选的故事）你先讲这个再讲它。（乙说）先讲她的等会儿再讲我的。(3.5)

"再"表示时间顺序在一定的动作行为之后。初现于 2.5 岁儿童语言中。例如：

（被试咳嗽。取样人说：你又咳嗽了。被试说）咳许多咳嗽。吃过药以后再打针。(2.5)

（被试拿着取样人的笔）叔叔，把这个写完了再给你。(2.5)

（妈妈喊被试吃饭，被试说）我洗过脸再吃鸡蛋。（3）

（被试跳台阶）我先跳下去再上来的。（3.5）

"以前"表示时间的用法出现在3岁儿童语言中，指早于说话的时间。例如：

（取样人问被试：你几岁了？被试说）我4岁。（停一下又说）我以前还是3岁。（3）

（被试向爸爸汇报到邻居家的情况）以前我到××家，他给我吃狼耳朵。（3.5）

（取样人问被试：你们家有花生米吗？甲说）我家也有花生米。（乙说）我以前也吃过花生米的。（3.5）

表示在某一时间之前的"以前"方位结构到3.5岁时出现。例如：

（被试在地上看到一个塑料扣子）是我老早以前穿的那个菊花衣服上的扣子掉下来了。（3.5）

（被试跟取样人谈话）睡觉以前嘛，我叫妈妈给我讲故事。（4）

（被试跟爸爸讲幼儿园里的事）我们吃饭以前，李老师就来了。（4）

"以后"初现在2.5岁儿童的语言中，而且都是在方位结构之中，表示在某一时间之后。例如：

（被试咳嗽。取样人说：你又咳嗽了。被试说）咳许多咳嗽。吃过药以后再打针。（2.5）

（被试剥树种）我剥好以后把棍棍（树枝）甩掉。（3）

（被试对取样人说）你写一个大老虎，写完以后吃饭，吃饭以后走。（3）

（被试对取样人说）我妈妈说放学以后带我去洗个澡，再带我去玩滑滑梯。（3.5）

（被试等爸爸回家吃饭，对妈妈说）爸爸回来以后，面条给

爸爸吃。(3.5)

（被试对取样人说）你讲个好故事以后，我讲个黑猫警长系列故事给大家听。(3.5)

（被试讲故事）晚上以后呢，狐狸叫起来了，它的痰盂被打掉啦。(3.5)

（被试讲故事）……后来一看到以后呢，它们就一下把大灰狼打了五枪一百枪，就把大灰狼打死啦。(3.5)

（早晨起来，爸爸给被试穿衣服。爸爸说：先穿坎肩。被试说）穿好坎肩以后，再去穿裤子，对吧？(3.5)

（被试甲、乙谈论饮食。甲）花生这么小怎么放酱油啊？（乙说）那你把汤先放进去以后，倒掉，然后再放酱油。(3.5)

表示将来时间的"以后"到4.5岁才出现。例如：

（被试甲、乙谈话。甲说）我以后就到上海去上学。(4.5)

表示时间终结阶段的"最后"出现在3.5岁儿童的语言中。例如：

（被试向爸爸汇报到邻居家的情况）以前我到××家，他给我吃狼耳朵，就是巧克力做的狼耳朵，我不吃，他给我吃，……最后我吃喽。(3.5)

（被试给妈妈讲幼儿园里的事）……我们追××，最后搞了一头汗。(3.5)

（被试讲故事）……最后嘛，他到公园玩得好快活……(3.5)

六、结论

上面我们分类描述了构成时间系统的因素在儿童语言中产生、发展的情况。下面我们把这些因素在不同年龄段的同现状况分列如下：

年龄段	动态助词	时间副词	时间名词	时序词和时位结构
1.5 岁	了$_1$			
2.0 岁	过$_1$，过$_2$，着$_1$	在，马上		
2.5 岁	了$_2$，着$_2$	就，要，快要，已经	现在，刚才，后来，明天	先，再，-以后
3.0 岁			今天，昨天，从前，小时候	以前
3.5 岁			早上，晚上	最后，-以前
4.0 岁				
4.5 岁			下午，中午	以后

在 5 岁儿童语言中，上述四个时间因素的对应情况如下：

时间助词	时间副词	时间名词	时序词和时位结构
着$_1$		现在，今天	

续上表

时间助词	时间副词	时间名词	时序词和时位结构
着₂	在	现在，今天	
了₁	马上，就，要，快要	明天	以后，－以后
了₂，过₁，了₁	已经	刚才，后来，昨天，老早	以前，－以前最后
过₂	（曾，曾经）	小时候，从前，早上，中午，下午	以前－以前，－以后

从上面的表格可以看出，儿童时间系统中的对应关系基本上还是比较整齐的。

上表中，表示"经历"意义的时间副词"曾、曾经"空缺。这主要是因为"曾、曾经"有较浓的文言色彩，主要用于书面语，在成人口语中很少使用；再者，时间副词的习得兼有语法习得和词汇习得的性质，儿童对于没有听说过的词语是不能创造出来的。这样，由于儿童很少或甚至没有输入过表示"经历"的时间副词"曾、曾经"，那么"曾、曾经"在儿童语言中的空缺也就很自然了。

从前面两节关于"了""过"习得情况的描述中我们可以看到，在1.5岁儿童的话语中就已经出现了表示已然的语气词"了₁"，2岁儿童的话语中出现了表示完成意义的动态助词"过₁""了₂"。不过"了""过"与动作行为和事件的状态的关系更为密切。"状态"和"时间"虽然密切相关，但在汉语中并不是同一个概念。在语言中，同"状态"相对应的范畴是"态"（体），同"时间"相对应的范畴是"时"。当儿童能够使用动态助词"了""过"表达事件和动作行为的完成状态时，我们还不能说儿童已经掌握了"过去"的时间概念；当儿童能够使用表示现在时间的时间副词"在"表达相应的事件和动作行为发生的时间、用"已经"表示事件、动作行为的完成和时间的过去时，我们不仅可以认为儿童掌握了现在时间、过去时间的概念，而且也可以认为儿童已初步掌握了事件和动作行为的进行状态和完成状态。

下面将儿童掌握汉语时间系统的过程与机制概括如下：

一种语言的时间系统是通过时态助词、时间副词、时间名词、时序词及其相关的句法结构共同表现出来的。本文通过对汉族儿童习得时态助词、时间副词、时间名词、时序词及其相关句法结构的状况的考察，认为儿童习得汉语时间系统的过程是对时态助词、时间副词、时间名词、时序词及其相关的句法结构进行掌握并用于表达的过程，这个过程既是交错进行的，又基本上同步进行的。时态助词、时间副词、时间名词、时序词及其相关的句法结构的习得进度同时态关系、时间关系、时间概念的习得进度基本上是一致的。汉族儿童首先通过动态助词和时序词的习得，产生时点（说话时间）表象，并逐步掌握动作行为的先后关系及其同时间的关系；然后通过对时间副词的习得对已有的时间关系和时间表象加以巩固和扩充；通过时间名词的习得，对时间关系和时间表象加以固着；而时序词及其时位结构的习得，则使儿童掌握了更方便的标示时间概念的手段，从而逐步掌握汉语的时间系统。

主要参考文献

（1）安德森，J.R.．认知心理学［M］．杨清，张述祖译．长春：吉林教育出版社，1989．

（2）鲍尔，G.H.希尔加德，E.R.．学习论［M］．邵瑞珍等，译．上海：上海教育出版社，1987．

（3）曹日昌．普通心理学［M］．北京：人民教育出版社，1980．

（4）陈建民．现代汉语句型论［M］．北京：语文出版社，1986．

（5）陈帼眉．学前心理学［M］．北京：北京师范大学出版社，1988．

（6）陈宗明．逻辑与语言表达［M］．上海：上海人民出版社，1984．

（7）戴浩一，薛凤生．功能主义与汉语语法［M］．北京：北京语言学院出版社，1994．

（8）范继淹．范继淹语言学论文集［M］．北京：语文出版社，1986．

（9）范晓．三个平面的语法观［M］．北京：北京语言学院出版社，1996．

（10）格莱因，W.C.．儿童心理发展的理论［M］．计文莹等译．长沙：湖南教育出版社，1983．

（11）龚千炎．中国语法学史稿［M］．北京：语文出版社，1987．

（12）龚千炎．语言文字探究［M］．北京：北京语言学院出版社，1994．

（13）龚千炎. 汉语的时相　时制　时态［M］. 北京：商务印书馆，1995.

（14）桂诗春. 心理语言学［M］. 上海：上海外语教育出版社，1985.

（15）桂诗春. 实验心理语言学纲要［M］. 长沙：湖南教育出版社，1991.

（16）赫葆源，等. 实验心理学［M］. 北京：北京大学出版社，1983.

（17）胡裕树. 现代汉语（增订本）［M］. 上海：上海教育出版社，1993.

（18）胡裕树，范晓. 动词研究［M］. 开封：河南大学出版社，1995.

（19）李丹. 儿童发展心理学［M］. 上海：华东师范大学出版社，1987.

（20）李临定. 现代汉语句型［M］. 北京：商务印书馆，1986.

（21）李临定. 现代汉语动词［M］. 北京：中国社会科学出版社，1990.

（22）李宇明. 儿童语言的发展［M］. 武汉：华中师范大学出版社，1995.

（23）李子云. 汉语句法规则［M］. 合肥：安徽教育出版社，1991.

（24）利伯特，R. M.. 发展心理学［M］. 刘范等译. 北京：人民教育出版社，1983.

（25）卢利亚，A. P.. 神经语言学［M］. 赵吉生，卫志强译. 北京：北京大学出版社，1987.

（26）陆俭明，马真. 现代汉语虚词散论［M］. 北京：北京大学出版社，1985.

（27）陆俭明. 八十年代中国语法研究［M］. 北京：商务印书馆，1993.

（28）吕叔湘. 现代汉语八百词［M］. 北京：商务印书馆，1981.

（29）马庆株. 汉语动词和动词性结构［M］. 北京：北京语言学院出版社，1992.

（30）孟琮，等. 动词用法词典［M］. 上海：上海辞书出版社，1987.

（31）皮亚杰，J.，英海尔德，B.. 儿童心理学［M］. 吴福元，译. 北京：商务印书馆，1986.

（32）皮亚杰，J.. 儿童的语言与思维［M］. 傅统先，译. 北京：文化教育出版社，1980.

（33）邵敬敏. 汉语语法学史稿［M］. 上海：上海教育出版社，1990.

（34）邵瑞珍，等. 教育心理学［M］. 上海：上海教育出版社，1983.

（35）沈阳. 现代汉语空语类研究［M］. 济南：山东教育出版社，1994.

（36）沈阳，郑定欧. 现代汉语配价语法研究［M］. 北京：北京大学出版社，1995.

（37）宋玉柱. 现代汉语特殊句式［M］. 太原：山西教育出版社，1991.

（38）王苏，汪安圣. 认知心理学［M］. 北京：北京大学出版社，1992.

（39）欣茨曼，D. L.. 学习与记忆心理学［M］. 韩进之，等，译. 沈阳：辽宁科技出版社，1986.

（40）邢福义. 语法问题探讨集 ［M］. 武汉：湖北教育出版社，1986.

（41）邢福义. 语法问题发掘集 ［M］. 武汉，湖北教育出版社，1992.

（42）邢福义. 汉语语法学 ［M］. 长春：东北师范大学出版社，1997.

（43）徐通锵. 语义句法刍议 ［J］. 语言教学与研究，1991（3）：38 – 82.

（44）许政援，等. 儿童发展心理学 ［M］. 长春：吉林教育出版社，1987.

（45）游顺钊. 视觉语言学论集 ［M］. 北京：语文出版社，1994.

（46）袁毓林. 现代汉语祈使句研究 ［M］. 北京：北京大学出版社，1993.

（47）袁毓林. 一价名词的认知研究 ［J］. 中国语文，1994（4）：241 – 253.

（48）袁毓林. 谓词隐含及其句法后果 ［J］. 中国语文，1995（4）：241 – 255.

（49）袁毓林. 话题化及相关的语法过程 ［J］. 中国语文，1996（4）：241 – 254.

（50）张斌，胡裕树. 汉语语法研究 ［M］. 北京：商务印书馆，1989.

（51）张伯江，方梅. 汉语功能语法研究 ［M］. 南昌：江西教育出版社，1996.

（52）张涤华，胡裕树，张斌. 汉语语法修辞词典 ［M］.

合肥：安徽教育出版社，1988.

（53）朱德熙. 语法讲义 [M]. 北京：商务印书馆，1982.

（54）朱德熙. 现代汉语语法研究 [M]. 北京：商务印书馆，1981.

（55）朱德熙. 语法答问 [M]. 北京：商务印书馆，1985.

（56）朱德熙. 语法丛稿 [M]. 上海：上海教育出版社，1990.

（57）朱曼殊. 儿童语言发展研究 [M]. 上海：华东师范大学出版社，1986.

（58）朱曼殊，缪小春. 心理语言学 [M]. 上海：华东师范大学出版社，1990.

（59）朱智贤，林崇德. 思维发展心理学 [M]. 北京：北京师范大学出版社，1986.

（60）朱智贤. 三岁前儿童心理的发展 [M]. 北京：北京师范大学出版社，1982.